1인자를 만든 2인자,

유방의 참모들

..

WISDOM
CLASSIC
16

유방을 한고조로 만든 18인의 필승 전략

1인자를 만든 2인자, 유방의 참모들

초판 1쇄 발행 2015년 8월 21일 초판 2쇄 발행 2015년 8월 28일

지은이 오치규
펴낸이 연준혁

출판2분사분사장 이부연
1부서편집장 김남철
편집 신민희 디자인 이세호

펴낸곳 (주)위즈덤하우스 출판등록 2000년 5월 23일 제13-1071호
주소 경기도 고양시 일산동구 정발산로 43-20 센트럴프라자 6층
전화 031)936-4000 팩스 031)903-3893 홈페이지 www.wisdomhouse.co.kr

값 15,000원
ISBN 978-89-6086-848-9 03320

국립중앙도서관 출판시도서목록(CIP)

1인자를 만든 2인자, 유방의 참모들 : 유방을 한고조로 만
든 18인의 필승 전략 / 지은이: 오치규. -- 고양 : 위즈덤
하우스, 2015

ISBN 978-89-6086-848-9 03320 : ₩15000

전략가[戰略家]
성공 전략[成功戰略]

325.211-KDC6
650.1-DDC23   CIP2015021391

1인자를 만든 2인자,
유방의 참모들

| 유방을 한고조로 만든 18인의 필승 전략 |

오치규 지음

위즈덤하우스

유방을 만든 것은 18인의 참모들이었다
..

이 책은 한고조漢高祖 유방劉邦과 그의 참모들에 대한 이야기입니다. 미미한 유방이 대단한 항우項羽를 이기고 천하를 평정할 수 있었던 것은 유방의 참모들 덕분이었습니다. 유방은 항우처럼 영웅적인 개인으로서가 아니라 유방의 사람들과 함께 어울려 조직적으로 싸움을 했기 때문에 승리를 차지할 수 있었습니다.

이 책에서는 유방을 앞세우고 겸손하게 2인자의 위치에 머무는 데 만족했던 유방의 참모들이 어떤 역할과 활동을 통해 유방을 1인자로 올려놓았는지, 그들의 태도와 행동방식을 통해 우리가 어떤 교훈을 얻을 수 있을지 살펴보고자 했습니다.

항우처럼 초월적인 기개와 힘을 가진 영웅도 많은 사람들의 결집된 힘을 당해낼 수는 없었습니다. 그래서 유방의 사례는 우리에게 큰 힘을 줍니다. 항우처럼 대단한 영웅이 되는 것은 힘들지만 좋은 사람들을 모으기 위해 노력하거나, 그 좋은 사람들 중 하나가 되기 위해 노력하는 일은 지금 당장이라도 실천할 수 있기 때문입니다.

중국을 최초로 통일했지만 20년을 지속하지 못한 진秦나라 말기, 항우와 유방이 천하를 다툰《초한지楚漢志》는 우리나라에도 이미 많이 소개되어 있습니다. 우리가 즐겨온 장기將棋도 초한의 쟁패爭霸를 소재로 한 것이고, 시중에는 다양한 초한지 각색본이 계속해서 출간되고 있으며, 게다가 〈샐러리맨 초한지〉(2012)라는 드라마가 방영되기까지 한 것을 생각해보면《초한지》는 이미 우리 문화의 일부가 되어 있다고 할 수 있습니다.

대부분의《초한지》들은 사마천司馬遷이 쓴《사기史記》의 역사 기록을 바탕으로 하고 있습니다. 형편없는 사람이었던 유방이 뛰어난 전략가 장량張良과 전쟁의 신神 한신韓信의 도움으로 강하지만 자만했던 항우를 이겼다는 줄거리에 초점을 둔 이런《초한지》들을 읽다보니 유방 자신이나 유방을 도운 사람들의 다양한 성격과 역할에 대해서는 놓치고 넘어가는 경우가 많았습니다.

실제《사기》를 꼼꼼히 읽어보면 유방은 우리가 생각하는 이상으로 큰 인물이었고, 유방의 참모들의 역할 역시 다양하고도 놀라운 것이었습니다. 경직되고 거친 태도로 일관해 망하게 된 시황제始皇帝나 호해胡亥, 항우와 달리 유방은 부드럽게 많은 사람들을 포용했고, 그의 사람들은 유방이라는 넉넉하고 큰 품 속에서 자신들이 가진 모든 역량을 발휘해 대업을 이룰 수 있었습니다. 역사는 유방에 대해 이렇게 서술하고 있습니다.

애초에 고제高帝는 문학文學(유학)을 익히지 아니하였으나, 성정은 밝고 통달하여 모의를 좋아하고 남의 말을 들을 수 있어서, 감문監門과 수졸에서부터도 보면 옛 친구처럼 하였다.

유방은 별 볼 일 없는 자들도 격의 없이 친구로 대하는 소탈한 사람이었고 이런 유방에게 많은 사람들이 모여들었습니다. 애초에 작은 동네의 친구들로 구성된 조직이 거대한 대륙의 혼란을 종식시키고 400년이나 지속된 대한제국大漢帝國을 탄생시키고 그 기틀을 다질 수 있었다는 것은 놀라운 일이 아닐 수 없습니다. 그래서 유방과 그의 사람들의 성공담을 살펴보는 것은 사람들을 모아 일을 성취하려는 우리에게 큰 의미가 있습니다.

유방은 사실 거의 모든 면에서 항우에 비해 열세였습니다. 유방은 유계劉季(유씨 집안의 막내)라는 자字를 가졌을 뿐 변변한 이름도 가지지 못한 인물이었습니다. 유방의 아버지도 마찬가지여서 그저 태공太公이라 불릴 뿐이었습니다. 하지만 항우는 초楚나라의 장군인 항項씨 집안의 후예로 진秦의 60만 대군과 결전을 벌인 항연項燕 장군의 손자였습니다. 유방은 유약한 한량이었고 겨우 10리를 관장하는 정장亭長을 해본 것 외에는 별다른 경험과 능력이 없는 자였지만 항우는 산을 뽑고 세상을 뒤덮을 대단한 기세(역발산기개세力拔山氣蓋世)를 가진 영웅이었습니다.

유방은 마흔이 다 된 초로의 나이에 거병을 해 세상에 나왔지만 그보다 15세 어린 항우는 젊은 패기와 정력으로 가득했습니다. 유방은 우유부단한 자였지만 항우는 대단한 결단력과 담력을 가지고 있었습니다. 유방이 진나라의 수도인 함양을 차지한 후 별다른 계책도 없이 함곡관에서 항우의 진군을 막았다가 항우에게 죽을 뻔한 일이나, 항우의 본거지인 팽성을 차지해 여자들과 유희를 즐기다가 항우의 3만 정예병에 60만 대군이 처참하게 패해 겨우 목숨을 건진 일 등을 살펴보면 그가 얼마나 한심한 인간인지 알 수 있습니다.

하지만 유방은 항우가 가지지 못한 결정적인 미덕을 두 가지 가지고 있었습니다. 노자老子적인 상선약수의 부드러운 덕과 유방의 참모들이 바로 그것이었습니다. 유방은 부드럽고 온건한 성격으로 사람들과 잘 어울리는 대인장자大人長者였습니다. 그래서 유방의 곁에는 많은 사람들이 모여들었고 그들은 역할을 잘 분담해 자신의 역량을 아낌없이 발휘해 유방과 함께 험난한 싸움을 잘 헤쳐나갔습니다.

"왕후장상의 씨가 어찌 따로 있겠는가[王侯將相, 寧有種乎]?"라고 외치며 처음 봉기한 진승陳勝 이후에 많은 사람들이 명분과 실력을 내세우며 봉기했지만 유방처럼 작지만 다양한 사람들로 이루어진 조직으로 봉기한 경우는 드물었습니다. 유방은 항우처럼 영웅적인 개인으로서가 아니라 다양한 능력을 가진 사람들과 함께 싸움을 시작했습니다. 유방은 그 조직을 개방적으로 운영했고 그것은 서서히 커지고 정비되어 마침내 중국이라는 거대한 대륙을 통일하고 운영할 만큼 성장해나갔습니다.

하후영夏侯嬰은 유방의 마차를 몰며 늘 수행했고, 번쾌樊噲는 측근에서 유방을 보호하며 함께 싸움을 했습니다. 소하蕭何는 세심하게 유방의 뒤를 돌보았고 군량과 보급을 책임졌습니다. 유방의 아내 여후呂后는 유방의 가정을 잘 돌보았고 강하게 권력을 지켰습니다. 장량은 유방이 가야 할 큰 방향을 제시하며 전체적인 전략을 짜주었고, 진평陳平은 기묘한 계책으로 복잡하고 어려운 일들이 실행될 수 있도록 해주었습니다. 한신은 열악한 상황을 잘 이용해 싸움에서 늘 승리해 대세를 판가름지어 주었고 역이기酈食其는 칼과 창이 아닌 말과 논리로 싸움을 해주었습니다. 조참曹參은 장군으로 큰 공을 세웠고 또한 승상으로서 좋은 정치를 했으며, 관영灌嬰은 묵묵하고 성실하게 주어진 임무를 잘 수행해주었습니다. 주발周勃은 든든하게 조직의 중심이 되어주었고 여후에게 빼앗겼던 유씨 정권을 다시 회복해주었으며, 노관盧綰은 형제처럼 유방의 곁을 지켜주었습니다. 팽월彭越은 항우의 후방을 괴롭혔고, 항우의 오른팔이었던 영포英布는 유방에게 투항해 항우의 세력을 결정적으로 약화시켜주었습니다. 수하隨何는 영포를 포섭하는 어려운 임무를 완수했고, 누경婁敬은 깜짝 등장해 새로 출범한 나라의 기틀을 잡아 주었습니다. 선비인 숙손통叔孫通과 육가陸賈는 싸움보다 더 어려운 치세治世가 어떻게 가능한지 유방에게 가르쳐주었습니다.

유방은 이렇게 잘 분화되어 운영되는 조직을 가지고 있었기에 열세였던 판세를 뒤집어 승리를 차지할 수 있었습니다. 좋은 지도자의 지휘 아래 좋은 사람들이 모여 조화롭게 역할을 분담해 대의를 이루어 나가는 것은 참으로 아름다운 일입니다. 유방과 그의 사람들, 즉 유방의 참모들은 이런 좋은 모범을 우리에게 보여준 것입니다.

우리가 항우와 같은 영웅이 되거나 유방과 같은 너그러운 지도자가 되는 것은 힘들더라도 누구나 유방의 참모들이 될 수는 있습니다. 우리는 다양한 능력을 가지고 있으므로 자신에게 맞는 역할을 파악해 회사나 조직에 기여할 수 있을 것이니 말입니다. 회사나 조직에서 자신에게 맞는 역할을 잘 수행하며 절실하게 필요한 사람이 되어 전체 발전에 이바지할 수 있다는 것은 참으로 멋지고 신나는 일이 아닐 수 없습니다.

유방의 참모들의 행적을 살펴보는 것은 우리가 그런 사람이 될 수 있는 좋은 계기를 제공할 수 있으리라 기대합니다. '유방의 참모들'을 통해 자신은 장량이 될 수 있을지, 한신이 될 수 있을지, 아니면 하후영이 될 수 있을지를 생각해보는 것은 재미있고 좋은 간접경험이 될 것입니다.

유방의 참모들은 노자적인 미덕을 가지고 항상 자신보다 상황과 조직을 우선시하며 대범하고 자연스럽고 조화롭게 처신해 대업을 이룰 수 있었습니다. 유방과 그의 참모들을 살펴보면서 항상 협량하고 조급하게 행동하는 자신을 많이 반성했습니다.

저의 부족한 성품을 이어받지 않고 유방과 그의 참모들처럼 여유 있게 남들과 협력하는 좋은 삶을 살았으면 하는 마음에서 이 책을 저의 딸 서윤과 아들 서현에게 바치고 싶습니다. 항상 바쁘게 돌아다니면서 아빠로서 역할을 제대로 하지 못하는 것에 대한 사과로 받아주었으면 좋겠습니다. 그리고 항상 좋은 책이 나오도록 모든 여건을 만들어주시는 위즈덤하우스의 연준혁 사장님과 편집부 여러분께 감사의 말씀을 전하고 싶습니다.

사람들과 어울리며 실천을 통해 좋은 일을 성취한 사람들을 살펴보는 것은 참 즐거운 일입니다. 이런 즐거움에 동참해주시고 성원해주신 많은 분들께도 감사의 말씀을 전합니다. 이해와 인정, 사랑이 있는 곳에 결실이 있는 삶이 가능하다는 것을 언제나 느끼게 됩니다. 독자 여러분의 애정 어린 반응을 기대합니다.

2015년 8월
오치규

| 차례 |

진시황의 시대, 그리고 유방의 등장
. .

시황제의 통일과 혼란

. .

기원전 221년, 진秦나라 장군 왕분王賁은 연나라를 점령한 후 남하를 하다 갑자기 방향을 돌려 제齊나라를 공격합니다. 진군이 갑작스럽게 수도 임치성까지 이르자 제왕 전건田建은 항복했고, 진왕秦王 정政은 재위 26년 만에 마침내 천하를 통일하고 시황제가 됩니다.

시황제는 육국六國을 멸할 수밖에 없었던 이유를 앞서 상세히 말한 바 있습니다. 한왕韓王이 영토와 옥새를 바치며 신하가 되겠다고 간청했지만 곧 조趙·위魏와 연합해 배신했고, 조왕趙王과 초왕趙王 역시 맹약을 어기고 모반했으며, 위왕魏王도 복종을 약속했지만 곧 한韓·조趙와 함께 진을 습격했습니다. 연燕나라의 태자 단丹은 형가荊軻를 자객으로 보내 자신을 암살하려 했고, 제왕齊王은 진나라와 왕래를 끊고 반란을 일으키려 했습니다. 생사가 걸린 타협 없는 투쟁이 이어진 것이었고, 진나라가 결국 이를 종식시켜 승리를 차지한 것이었습니다.

육국의 사람들은 시황제의 영토 야욕을 비난하고 대항했지만 시황제는 스스로 세운 갈석산碣石山의 공적비에서 이렇게 자신의 통일을 찬미하고 있습니다.

마침내 황제께서 군대를 일으켜 무도한 자를 베어 죽이고 반역한 자를 없애고 문치와 법으로 죄 없는 자들을 보호하시니 백성들의 마음이 모두 복종했다. 은혜로 공로를 헤아려 상이 소나 말까지 미치니 황제의 은택으로 토양을 기름지게 했다. 황제께서는 위엄을 떨치시고 덕으로 제후들을 제압하셔서 처음으로 천하를 통일하여 크게 태평하게 하셨다. 성곽을 허물고 하천 제방을 터서 통하게 하여 험난하고 막힌 길을 없애셨다. 땅의 형세가 이미 평탄해졌으므로 백성들의 요역이 없어지니 천하가 두루 편안했다. 사내는 밭에서 즐거워하고, 아낙은 집안일을 정돈하며, 일에는 각기 순서가 있게 되었다.

"덕으로 제후들을 제압"했다는 말은 거짓이었지만 시황제는 이런 평화로운 사회를 이루기 위해 여러 개혁들을 단행합니다.

우선 더 이상 전쟁이 없어야 한다는 단호한 의지의 표현으로 병장기를 녹여 동상과 종을 만듭니다. 진정한 통일을 이루기 위해 전국을 하나의 행정제도로 일원화해 다스리는 군현제郡縣制를 실시합니다. 법령을 정비하고 도량형과 화폐제도를 통일하고 수레바퀴의 간격을 동일하게 하고 문자를 정리합니다. 도로망과 운하를 건설하고 천하의 부호들을 함양으로 이주시켜 제국의 면모를 갖추게 합니다.

시황제는 또한 새로운 명칭들을 도입해 분위기를 일신하려 합니다. 백성들을 '검수黔首(관을 쓰지 않은 맨머리)'라 부르게 했고, 자신은 왕 대신 '삼황오제三皇五帝'를 줄여 '황제皇帝'라 부르도록 했습니다. '짐朕'이라는 말은 독점적인 일인칭 대명사로 바꾸었고 자신의 명命은 '제制', 령令은 '조詔'라 칭하도록 했고 '옥새玉璽'라는 말도 황제에게만 사용하도록 했습니다.

명칭이나 도량형, 법률제도 등은 일상적인 삶과 연관된 것이어서 조심스럽게 바꾸어야 합니다. 하지만 시황제는 자신의 명령으로 모든 것을 뜻대로 바꿀 수 있다고 믿었습니다. '황제'라는 명칭만 하더라도 긴 세월 동안 권위를 가진 '왕'이라는 명칭과는 다른 낯선 것이었습니다. 낯설고 새로운 것은 늘 반감을 가져오게 마련입니다. 시황제는 전통을 존중하는 온건함이 부족한 자였습니다.

시황제는 심지어 왕이 죽은 후 정하는 시호諡號를 폐지했는데, 그것은 아들이 아버지의 일을, 신하가 군주의 일을 논하는 것을 막기 위함이었습니다. 그래서 자신은 첫 황제를 의미하는 시황제로, 그 후세들은 순서대로 2세부터 만세까지 칭하도록 명합니다. 시황제는 비판이나 평가에서 벗어나려 했습니다. 그는 고립을 자초하고 있었습니다.

그가 채택한 군현제도 불완전한 것이었습니다. 믿을 수 있는 왕자들을 제후왕으로 봉해 각지를 통치하는 분봉제分封制를 채택하자는 주장이 있었지만 시황제는 이사李斯의 주장대로 천하를 36개 군으로 나누어 직접 통치하는 군현제를 실시합니다.

군현제는 새로운 제도였고 권력 분립이 아닌 집중에 근거한 제도였습니다. 분봉제는 비록 분열의 가능성이 있지만 중앙의 권위가 붕괴될 때 분봉왕들이 모여 새로운 황제를 옹립해 천하의 질서를 유지할 수 있는 제도입니다. 한나라 초기 독재정치를 했던 여후가 죽은 후 이런 일이 나타납니다. 하지만 군현제는 중앙의 권위가 붕괴되면 순식간에 전체 권력이 붕괴될 수 있다는 점을 시황제는 고려하지 않았습니다.

그리고 중앙에서 파견한 지방관들은 '진나라의 관리'였지 그 지역민들의 관리는 아니었습니다. 그래서 시황제가 죽은 후 각지에서는 지방관을 죽이면서 봉기가 시작되었습니다. 항우와 유방 역시 지방관을 죽이고 봉기했습니다. 시황제는 거미줄과 같이 복잡한 권력망으로 세상을 안정적으로 지배하는 분봉제의 장점을 알지 못했습니다.

당시 거대한 중국 대륙은 진나라와 한韓·위魏·조趙·연燕·제齊·초楚 등 육국의 다양한 문화로 이미 분화된 상황이었습니다. 진의 획일적이고 중앙집권적인 군현제와 법은 각 지역의 다양한 정치적·사회적·문화적 다양성을 부정했습니다. 그래서 각 지역의 사람들은 진의 지배를 폭력적인 것으로 받아들였습니다.

이런 점을 알았던 시황제는 진나라의 역사서를 제외한 육국의 역사서를 모두 불사르게 합니다. 그는 각 지역의 문화적인 전통을 파괴하고 하나의 공동체를 만들려고 시도했지만 이는 성급한 것이었습니다.

시황제는 또한 대규모 토목공사를 일으켜 민생을 피폐하게 했습니다. 시황제는 통일한 천하를 살피기 위해 각지를 순행했고 이를 위해 거대한 치도馳道들을 건설했고 이 도로들을 통해 각지를 다니며 명산대천에서 제사를 지내고 자신을 찬양하는 공덕비를 세웠습니다. 기원전 214

년 시황제는 장수 몽염蒙恬을 시켜 북방의 흉노를 막기 위해 그 이전부터 부분적으로 존재하던 성들을 기초로 서쪽의 임조臨洮에서 동쪽의 요동遼東에 이르는 거대한 만리장성을 축조하기 시작했습니다. 그리고 지금의 계림지역에 상강湘江과 이강漓江을 잇는 거대한 운하를 건설하기도 합니다.

시황제는 관중에 300채, 함곡관 동쪽에 400여 채의 궁전을 지었습니다. 그리고 함양에는 황제의 대단한 권위를 자랑하기 위해 거대한 아방궁을 건설했는데, 동서의 넓이가 500보이며 남북의 길이가 50장丈으로, 위쪽에는 1만 명이 앉을 수 있고 아래쪽에는 다섯 장 높이의 깃발을 꽂을 수 있는 어마어마한 규모였습니다. 자신의 무덤인 여산릉 또한 대단하게 조성했는데 북산北山에서 석재를 캐내고 촉蜀, 형荊 지역에서 목재를 운반해오는 대규모 공사였습니다. 죄수 70여 만 명을 동원했고 많은 백성들도 징발되었습니다. 영포(혹은 경포黥布)도 이때 여산릉에서 부역을 하던 죄수였고 유방도 패현의 죄수들을 호송해 여산릉으로 가다가 산으로 도주해 거병하게 됩니다.

시황제의 대단한 토목공사는 사비를 털어 실업자를 구한 로마 황제 아우구스투스의 토목공사가 아니었습니다. 그것은 백성의 고혈을 짜는 토목공사였습니다. 한때 쌀 한 섬에 1,600전錢이나 될 만큼 물가가 오르기도 했습니다. 병역[戍], 막대한 조세를 수운으로 나르는 노역[漕], 육송으로 조세를 나르는 노역[轉], 토목과 건축의 노역[作] 등으로 민생은 피폐해졌고, 노역을 피하는 길은 결국 유민이 되거나 도적이 되는 길밖에 없었습니다.

이런 대규모의 시설들을 건설하며 시황제는 과대망상적인 행동을 합니다. 그는 거대한 건물들에 둘러싸여 신선이 되어 영원히 살려고 시도합니다. 제나라 출신 방사方士 서불徐市에게 동해로 가서 신선의 약을 구해오도록 했고, 서불이 돌아오지 않자 다시 연나라 출신 방사인 노생盧生에게 신선을 찾도록 지시합니다.

하지만 신선이나 불사약을 찾지는 못했습니다. 오히려 노생은 "원하건대 머무시는 궁궐을 다른 사람들이 알지 못하게 한 후에야 아마 불사약을 얻을 수 있을 것입니다"라며 은둔을 부추겼고, 시황제는 이때부터 깊이 은둔하며 자신을 '진인眞人'이라 부르도록 명합니다.

이런 독단의 정치를 유생들이 비난하자 시황제는 의학·복술蔔術·농사 등 실용적인 서적을 제외하고 박사博士와 관청이 아닌 개인이 소유한 시詩·서書·제자백가諸子百家의 서적들을 모두 불태우도록 했고, 심지어 두 사람 이상이 모여 시와 서에 대해 토론만 해도 사형에 처하도록 했습니다.

그리고 기원전 212년 후생侯生과 노생 등이 시황제를 비난하고 도망치자 시황제는 여러 학자들을 심문해 그들이 요언을 퍼뜨려 백성을 선동한다는 죄목으로 연루자 460명을 잡아 이들을 함양성 안에 구덩이를 파묻어버리기도 했습니다.

시황제는 후일 왕조의 지배 이념의 역할을 충실히 한 유학을 제대로 이해하지 못했고 받아들이지 못했습니다. 시황제의 장자 부소扶蘇는 "천하가 막 평정되었으나 먼 곳의 백성들은 아직 따르지 않고 있으며, 유생들은 모두 암송하며 공자를 본받고 있는데, 지금 황상께서 법을 엄격하게 하여 그들을 옭아매니, 신은 천하가 안정되지 않을까봐 두렵습니다"라고 간했지만 오히려 시황제는 부소를 꾸짖고 상군上郡에 있는 몽염 장군에게로 쫓아버리고 맙니다.

시황제는 유교적인 덕치가 아니라 엄격한 법치를 추구했습니다. 진나라는 100여 년 전에 이루어진 '상앙변법商鞅變法'에 기초한 성문법 체계를 가지고 있었는데, 약 30여 종의 법들이 각 방면의 삶을 구체적으로 규율하고 있었고 강력한 규제는 진나라가 천하를 통일하는 데 크게 기여했습니다. 하지만 통일이 완수된 후에 그 법들은 오히려 더 가혹해졌고 백성들은 이를 견딜 수 없었습니다.

느슨한 관습법에 익숙했던 육국의 백성들은 진의 엄격한 법을 가혹하게 느꼈고 이에 저항하기 시작했습니다. 하지만 시황제는 백성들을 여유 있게 풀어주지 못했고 더 각박하게 통제했습니다. 사마천司馬遷은 시황제의 정치에 대한 가생賈生의 평가를 《사기史記》에서 다음과 같이 싣고 있습니다.

진나라 왕에 이르러 여섯 대가 남긴 공적을 이어받아 긴 채찍을 휘둘러 천하를 제어하고 이주二周(동주와 서주)를 삼켜서 제후들을 멸망시켰으며 지존의 자리에 올라 육합六合(천지와 사방)을 통치하고 몽둥이와 매를 들고 온 천하를 채찍질하니, 위세가 사해에 떨쳐졌다.

시황제의 정치는 '몽둥이와 매'의 정치였습니다. 사실 그는 천하를 차지할 때에도 단순히 군사력만이 아니라 여러 모사謀事를 함께 사용했습니다. 사마광司馬光은 시황제가 천하를 차지한 방법을 이렇게 적고 있습니다.

왕은 끝내 이사의 꾀를 써서 몰래 변사들을 파견하여 금과 옥을 가지고 제후들에게 유세하게 하고 제후의 명사들 가운데 내려올 수 있는 사람은 재물을 후하게 주고 그들과 연결하게 했고, 하려 하지 않는 자는 예리한 칼로 찌르고, 그들의 군신을 이간시키는 계책을 쓰고, 그런 다음에 훌륭한 장수로 하여금 그 뒤를 이어 쫓게 하니, 몇 년 사이에 끝내 천하를 겸병했다.

전쟁에서 이기기 위해 뇌물과 자객, 이간계를 거리낌 없이 사용할 수도 있지만 통일 후에도 여전히 이런 폭력을 백성을 지배하는 수단으로 사용했다는 것이 문제였습니다.

시황제는 사적인 관계에서도 각박했습니다. 그는 자신이 왕이 되는데 큰 공헌을 한 자신의 생부라 알려진 여불위呂不韋를 봉국인 낙양으로 보냈다가 변란을 일으킬까 두려워 죽게 해 몰래 장사를 지냅니다. 그리고 장례식에 참석한 신하들을 모두 내쫓아버렸습니다. 또한 자신의 생모와 정을 통한 노애嫪毐가 반란을 일으키자 연관된 사람들을 잔인하게 진압했고 노애와 생모 사이에 태어난 배다른 두 동생을 죽이고 모친을 유폐시키기도 했습니다.

시황제는 토목공사로 많은 것들을 건설했지만 그의 정치는 건설의 정치가 아니라 파괴와 살육의 정치였습니다. 기원전 212년 동군東郡에서 "진시황이 죽어 땅이 나뉜다"는 문구가 적혀 있는 운석이 떨어지자 근처에 거주하는 사람들을 모두 잡아 죽이고 돌을 불태우도록 했고, 자신이 태어난 조나라의 수도 한단邯鄲을 점령했을 때에는 과거 외가와 원한이 있던 사람들을 찾아 모두 생매장시켜버리기도 했습니다. 한번은 형산, 남군을 지나 장강을 건너려 상산사湘山祠에 이르렀지만 큰 바람을 만나 강을 건너지 못하자 상산의 신神인 상군湘君에 노해 죄수 3,000명을 보내 나무를 모두 베게 해서 상산을 붉은 벌거숭이로 만들어버린 적도 있었습니다. 시황제는 천하를 통일한 후 제후국들의 권위를 무너뜨리기 위해서 성곽을 모두 허물어버리기도 했습니다. 전쟁으로 많은 것들이 파괴되어 황폐화되었으므로 이제 새로운 건설이 필요한 시점이었지만 시황제는 남은 것들까지 모두 허물어버린 것이었습니다.

시황제 측근에서 도왔던 후생과 노생은 "진시황의 사람됨은 천성적으로 고집이 세고 사나우며 자기만 내세우는 데다 제후에서 일어나 천하를 병탄하고 마음 내키는 대로 행함으로써 예부터 아무도 자신을 능가할 자가 없다고 여겼소"라며 시황제의 거칠고 각박한 성격을 비판한 적이 있었습니다. 그리고 이런 각박한 지배는 그의 개인적인 성격 탓도 있었지만 오행五行에 따른 철학 때문이기도 했습니다.

시황제는 오덕五德의 순환 과정을 고찰해 화덕火德인 주周나라와 달리 진나라는 수덕水德을 따른다고 여겨 모든 제도들을 수덕에 맞게 고쳤는데, 강인하고 엄격하게 모든 일을 법에 의해 결정해야 하고, 각박하게 일을 해야 하며, 인의·은덕·우호 따위가 없어야 수덕에 부합한다고 여겼습니다. 그래서 법령도 엄하게 했고 법을 어긴 자는 오랫동안 용서를 받지 못하게 했습니다.

시황제는 부드럽고 자연스럽게 돌아가는 물의 미덕을 알지 못했습니다. 그의 물은 세차게 몰아치며 해안을 강하게 때리는 파도나 언덕을 단숨에 깎아버리는 세찬 급류였습니다.

시황제는 날카로운 칼과 창으로 천하를 통일했고 또한 그런 방식으로 천하를 다스릴 수 있으리라 생각했습니다. 유방의 책사 육가陸賈는 천하를 통일한 유방에게 "말 위에서 천하를 얻으셨지만 어찌 말 위에서 천하를 다스릴 수 있겠습니까?"라며 힘과 권력만으로 천하를 다스릴 수 없다고 유방을 설득했지만 시황제에게는 육가가 없었고 육가의 간언을 들을 여유도 없었습니다. 시황제는 포악한 무단정치로 천하를 통치하고 소유하려 했습니다. 그의 이름이 '정政'이었음에도 그는 정치적인 타협과 안배의 미덕이 무엇인지 몰랐습니다. 천하는 그 누구의 소유도 아니며 마음대로 되는 것이 아니기에 그의 패망은 예고된 것이었습니다.

유방, 부드러운 천성으로 항우를 이기다

..

시황제는 막내아들 호해胡亥, 환관 조고趙高, 좌승상 이사와 함께 장강을 건너 오吳에 이르는 긴 순행을 하다 사구평沙丘平에서 병이 들어 죽게 됩니다. 승상 이사는 천하에 변란이 발생할까 두려워 시황제의 사망을 비밀로 하고 발상을 하지 않습니다. 그만큼 시황제의 권력은 불안정한 것이었습니다.

시황제는 죽기 직전 부소에게 돌아와서 상사喪事에 참여하고 자신의 시신을 함양에 안장하라는 내용의 새서璽書(옥새가 찍힌 문서)를 써서 조고에게 맡겼지만 조고와 이사는 새서의 내용을 고쳐 부소와 몽염에게 자살을 명하고 호해를 태자로 세웁니다. 부소는 몽염의 만류에도 불구하고 아버지의 명을 거역할 수 없다며 자살하고 맙니다.

등극 자체가 불법이었던 호해는 아버지의 정치를 시정하지 못하고 오히려 더 극단으로 치닫습니다. 호해는 시황제를 여산릉에 안장하며 자식이 없는 시황제의 후궁들을 함께 순장해버렸고 공사에 동원된 장인과 노예들 역시 모두 가두어 죽여버립니다. 그리고 시황제가 총애한 몽염과 그의 동생 몽의蒙毅를 죽여버리고 여러 공자들과 공주들을 살해해 후환을 없앱니다. 아방궁 공사를 재개하고 형벌을 더욱 가혹하게 하고 세금 징수도 늘입니다.

처음 호해는 스스로 정치를 해보려 하기도 했고 시황제를 본받아 지방을 순행하기도 했습니다. 하지만 "짐은 이제 천하에 군림해 있으므로 이목耳目에 좋은 것을 다하고, 마음에 즐거움을 다하며, 종묘를 편안히 하여 만민을 즐겁게 하고 길이 천하를 보유하여 천수를 다하고자 하는데"라며 일신의 안락을 추구하겠다고 천명합니다.

이사는 호해에게 현명한 군주란 독려하고 술책을 시행할 수 있는 사람이라고 충고했고 호해는 이사의 아부하는 말을 채용해 백성들에게 세금을 혹독하게 거두는 자를 밝은 관리라고 여겼습니다. 또 사람을 많이 죽이는 자를 충신으로 여겨 형벌을 받은 자가 길에 반쯤이나 되었고 죽은 자들이 저잣거리에 잔뜩 쌓여서 진의 백성들은 놀라고 두려워 반란을 생각하지 않을 수 없는 지경에까지 이르렀다고 역사는 적고 있습니다.

호해는 자신의 약점을 드러내지 않기 위해 신하들 앞에 나타나지 않고 조고를 통해 정사를 처결합니다. 조고는 아방궁 공사를 중단하고 민생을 수습하라는 이사를 허리를 자르는 요참형으로 죽이고 그의 일족도 모두 죽입니다. 간언하는 우승상 풍거질馮去疾과 장군 풍겁馮劫을 죽도록 했고 자신이 승상에 올라 정치를 좌우합니다.

결국 호해의 통치 기간 동안 위로는 군후君侯와 공경公卿, 아래로는 서민에 이르기까지 사람들은 모두 스스로 위태한 마음을 품게 되었고 궁핍하고 고단한 실정에 처해 모두들 자신들의 지위에 대해 불안한 마음을 품어 동요했고 그 결과 천하에 난이 일어나게 되었습니다. 조고의 명으로 호해를 살해하러 온 조고의 사위 염락閻樂은 "당신이 교만하고 방자하며 사람을 죽이는 데 무도하여 천하가 모두 당신을 배반했으니 당신 스스로 생각해보시오"라며 비굴하게 목숨을 구걸하는 호해를 꾸짖었는데 호해의 정치가 얼마나 잘못되었는지 보여주는 말이 아닐 수 없습니다.

호해원년(기원전 209), 하급부대의 지휘관인 둔장屯長 진승과 오광吳廣은 진나라 북쪽 도시인 어양漁陽의 수비병으로 동원된 900명의 장정들과 대택향大澤鄉에서 봉기합니다. 진승은 국호를 장초張楚라 하고 스스로 왕에 올라 오광을 가왕假王으로 삼았고 무신武臣·장이張耳·진여陳餘·주불周市·주문周文 등과 더불어 진나라에 대항합니다. 그들이 서진해 함양 근처 희수戱水에 이르렀을 때에는 이미 수십만의 군사가 되어 있었습니다.

무신은 조나라 땅에서 스스로 무신군武臣君이라 칭하고 후일 한신을 도운 괴통蒯通(괴철蒯徹)의 계책으로 진나라 관리들을 설득해 연나라와 조나라의 30여 개 성의 항복을 받아내어 스스로 조왕趙王이 되었습니다. 항량과 항우는 회계 군수를 죽이고 강동江東 자제 8,000명을 조직해 오군吳郡에서 봉기했고 유방도 스스로를 패공沛公이라 칭하고 패현沛縣에서 봉기했습니다. 제나라 왕족 전담田儋은 봉기해 스스로 제왕齊王이라 칭했고, 무신의 장수 한광韓廣은 연나라에서 연왕이 되었고, 위나라 왕족 출신 위구魏咎는 위왕으로 추대되었습니다. 영포는 파양番陽에서 봉기했고, 장이와 진여는 조헐趙歇을 찾아내어 조왕으로 삼습니다.

전국적으로 봉기가 일어나 진나라는 풍전등화의 위기에 빠졌습니다.

2세 황제 호해는 군대를 보내 진압해야 한다고 간언하는 자들을 처벌했고 역도들이 단지 쥐새끼나 개 도둑에 불과하다고 거짓말을 한 숙손통叔孫通에게는 오히려 상을 내리는 지경이었습니다.

사태가 급박해지자 호해는 천하에 대사면령을 내리고 장한章邯에게 여산릉 공사에 동원된 죄수들과 노예들로 토벌군을 조직해 막도록 했고 상당한 성과를 거둡니다.

장한과 사마흔司馬欣, 동예董翳는 열심히 싸워 진승을 죽이고 정도에서 항량을 격퇴했고 위구를 임제에서 죽입니다. 장한은 북으로 황하를 건너 거록巨鹿에서 조헐을 공략합니다.

하지만 장한이 몇 차례 패퇴하자 조고는 사신을 보내 장한을 질책했고, 이후 장한은 원병을 청하고자 부장 사마흔을 조고에게 보냈지만 조고는 만나주지 않고 오히려 체포하려 합니다. 결국 장한은 병졸들을 이끌고 항우에게 투항하고 맙니다.

이제 진은 무장이 거의 해제된 상황이 되었습니다. 《사기》에서는 그때의 상황을 이렇게 적고 있습니다.

진나라 사람들은 험난한 형세로써 수비하지 않고 관문과 교량을 닫지 않았으며, 긴 창으로 찌르지 않았고 강한 활도 쏘지 않았다. 초나라 군대가 깊숙이 들어가 홍문鴻門에서 싸웠지만 일찍이 가로막는 장애물도 없었다. 이에 산동이 크게 소란스러워져 제후들이 모두 일어나고, 호걸들이 서로 임금 자리에 올랐다.

호해는 조고의 손에 죽었고 권력은 중심을 잃고 무너져갔으며, 각지에서 일어난 호걸들로 중국 대륙은 또다시 혼란에 빠졌습니다.

유방은 이런 배경에서 등장하게 됩니다. 천하가 통일이 되었지만 거친 전쟁을 통해 피폐한 상황이었고 이런 상황에서 시황제는 천하를 어루만지고 위로하기보다는 오히려 더 강압적이고 폭력적인 정치를 했습니다.

시황제는 시대적인 과제가 무엇인지 파악할 줄 모르는 사람이었습니다. 유방은 부드러운 손길을 원하는 시대적인 요구에 부응하는 사람이었습니다. 유방과 그의 사람들은 세상을 따뜻하게 어루만졌고 그래서 천하를 차지할 수 있었습니다.

부드러움을 요구하는 시대적인 상황과 유방의 부드러운 성격을 잘 아는 사람은 항우가 옹립한 초회왕楚懷王이었습니다. 초회왕은 함양을 공격하기 위해 항우가 아닌 유방을 보내야 하는 이유에 대해서 이렇게 말합니다.

항우는 사람됨이 성급하고 사나우며 교활하고 상해를 입힙니다. 항우가 일찍이 양성을 공격했을 때, 양성에는 남아 있는 무리가 없었으니 모두 그들을 묻었거나 지나가면서 남김없이 죽여 멸망시키지 않은 것이 없습니다. 더구나 초나라가 여러 번 진군해 빼앗으려 했으나 이전에 진왕(진승)과 항량이 모두 싸움에 졌습니다. 차라리 장자長者를 보내 의로움을 붙들고 서쪽으로 나아가게 해 진나라의 부형들에게 알려주는 편이 낫습니다. 진나라의 부형들은 그들의 군주로 인해 고통당한 지 오래이니 지금 만약 장자가 가서 포악함을 행사하지 않는다면 분명 함락될 것입니다. 항우는 성급하고 사나우니 현재로서는 보내지 말아야 합니다. 유방만이 평소 관대한 장자이니 보낼 만합니다.

관대한 장자長者인 유방을 보내 어루만져야 한다는 초회왕의 주장은
시대적인 과제를 정확히 꿰뚫는 것이었습니다. 유방은 진나라의 수도
인 함양으로 진격하며 지나는 곳에서 노략질을 못 하게 했고 백성들을
위무했습니다. 이에 진의 백성들은 크게 기뻐했습니다.

유방이 함양에 입성하자 호해의 뒤를 이어 황제에 오른 진왕 자영子嬰
은 흰 말이 끄는 흰 수레를 타고 목에 줄을 매고 황제의 옥새와 부절符節
을 들고 항복합니다.

이때 자영을 죽이자는 의견이 있었지만 유방은 "회왕이 나를 먼저 보
낸 것은 내가 관용을 베풀 수 있을 것이라 여겨서요. 게다가 사람이 이
미 항복했는데 또 죽이는 것은 상서롭지 못하오"라며 관용을 베풉니다.

그리고 진나라의 귀중한 보화와 재물창고를 봉쇄한 후 패상으로 회
군했고 여러 현의 부로父老와 재덕才德이 있는 사람들을 모아, "제가 온
것은 어른들을 위해 해로움을 없애고자 하기 때문이지 침략하고 포악하
게 하려는 것이 아니니 두려워하지 마십시오"라며 위로하고 모든 관리
와 백성들에게 예전과 같은 안락한 생활을 보장합니다.

그리고 살인, 상해, 절도만을 규율하는 약법삼장約法三章으로 진나라의
가혹한 법의 구속을 없앱니다. 이에 백성들이 기뻐하며 다투어 소·양
고기, 술, 음식을 가져와 향응을 베풀려 했지만 유방은 "창고에 먹을거
리가 많아 모자라지 않으니 백성들에게 낭비시키고 싶지 않습니다"라
며 사양했고 이에 백성들은 더욱 기뻐하며 오직 유방이 진나라 왕이 되
지 못할까만을 걱정합니다.

유방은 천하를 통일한 후에 진나라의 법을 근간으로 했지만 삼족을 멸하는 법과 연좌제를 폐지할 것을 소하에게 지시합니다. 유방은 가혹한 전쟁과 통치에 시달린 백성들을 따뜻하게 어루만져야 할 시대적인 소명을 다한 것이었습니다.

하지만 항우는 달랐습니다. 유방이 도착한 지 한 달이 조금 지나 함양에 도착한 항우는 진왕 자영과 진나라의 여러 공자를 비롯한 왕자들을 살해하고, 함양의 백성들도 살육하고, 거대한 궁실을 불태우고 어린 자녀들을 노예로 사로잡고 진귀한 보화와 재물을 몰수해 제후들과 나누어 가집니다. 이에 "항우는 서쪽으로 가서 함양의 진나라 궁실을 불살라버렸는데 참혹하게 파괴되지 않은 것이 없었다. 진나라 사람들은 크게 실망했으나 두려워서 감히 복종하지 않을 수 없었다"라고 《사기》에서는 적고 있습니다.

유방이 해방군이었다면 항우는 점령군이었습니다. 항우는 생매장과 화형, 팽형 등으로 수많은 사람을 죽이며 두려움의 대상이 되었습니다. 한생韓生이라는 자가 "사람들이 초나라 사람은 원숭이가 사람 모자를 쓴 것일 뿐이라고 했는데, 과연 그렇구나"라며 한중에 도읍을 세우지 않는다고 비판했습니다. 그러자 항우는 그를 삶아 죽였고, "한왕은 어른다운 사람이니 끝내 천하를 얻을 것"이라 말하며 왕릉의 노모가 자결하자 또한 삶아버렸습니다.

항우는 유방으로 변장해 유방을 도망시킨 기신紀信을 불태워 죽였고 항복하지 않는 주가周苛 또한 삶아 죽였습니다. 전영이 반란을 일으킨 제나라를 공격할 때에는 성곽과 집들을 불태웠고 항복한 사졸들을 생매장했고 노약자와 부녀자들을 포로로 사로잡았습니다. 이렇게 항우가 지나가는 곳은 대부분 파괴되니 제나라의 백성들은 항우를 상대로 싸우지 않을 수가 없었습니다.

항우는 심지어 진나라의 영토를 삼진三秦으로 삼분해 장한을 옹왕雍王, 사마흔을 새왕塞王, 동예를 적왕翟王으로 임명해 다스리도록 했는데, 그들은 항우가 신안新安에서 20만이 넘는 진나라 병사들을 생매장할 때 부하들을 보호하지 못하고 뻔뻔하게 살아남은 자들이었습니다. 항우는 중요한 관중에서 인심을 완전히 잃고 말았습니다.

유방은 항우와 달랐습니다. 항우는 항복한 자들도 생매장했지만 주군인 항우를 위해 죽음으로 절개를 지키려 했던 노현魯縣도 용서했습니다. 유방은 항우가 죽은 후에도 항복하지 않는 노현의 부형들에게 항우의 머리를 보여 항복을 받았고 노공魯公에게 항우를 장사지내게 했고 몸소 애도하며 곡을 하고 돌아갔습니다. 그리고 항씨들을 죽이지 않았고 항백을 비롯한 네 사람을 열후列侯로 삼고 유씨 성을 하사기도 했습니다.

항우는 각박하고 파괴에 능한 시황제와 같은 부류의 사람이었습니다. 그는 두려움을 불러일으키는 존재여서 복종은 얻었지만 인심을 얻지는 못했습니다. 항우가 음릉陰陵에서 유방에게 쫓길 때, 한 농부에게 길을 묻자 "왼쪽입니다"라고 거짓으로 가르쳐주었고 그 결과 항우는 큰 늪에 빠지고 말았습니다.

항우는 촌부의 마음도 얻지 못한 자였고 인심을 얻는 것이 얼마나 중요한지, 시대가 무엇을 요구하는지 파악하지 못했습니다. 시황제의 악덕을 그대로 이어받은 자가 시황제가 패한 곳에서 승리할 수는 없는 일이었습니다.

이들과 달리 유방과 그의 사람들은 부드럽게 세상과 대화하며 위무했습니다. 유방은 부드러운 천성을 가졌고 자연스러운 것을 좋아했습니다. 그는 좋은 생각을 내놓지는 못했지만 다른 사람들의 말을 잘 들었고 심한 비판도 참아낼 줄 알았습니다. 자주 건방지게 행동했지만 자신의 잘못을 즉각 인정하고 시정하는 유연함도 가지고 있었습니다. 때로 냉정하고 의심이 많은 모습을 보이기도 했지만 사람들과 천하를 나누려는 태도를 보였고 사람들에게 많은 관용을 베풀었습니다. 이런 탓에 그의 주변으로 많은 사람들이 모여들었습니다.

그리고 유방은 자신이 홀로 일을 이룰 수 있다고 생각하지 않았습니다. 유방은 항상 주변의 사람들에게 기댔고 결국 그들의 도움으로 대업을 이루고 말았습니다. 유방 자신도 이런 점을 잘 알고 있었습니다.

유방은 천하를 차지한 후 낙양에서 주연을 베푼 자리에서 자신이 항우를 이기고 천하를 차지할 수 있었던 까닭이 무엇인지에 대해 신하들에게 물은 적이 있습니다. 이때 고기高起와 왕릉王陵은 이렇게 답합니다.

폐하는 오만하시어 다른 사람을 모욕하지만 항우는 인자하면서도 사람을 아낄 줄 압니다. 그러나 폐하는 사람으로 하여금 성을 공격해 땅을 점령하게 한 뒤 항복을 받아낸 자에게는 그곳을 주어 천하와 이로움을 함께하셨습니다. 항우는 어질고 재능 있는 자를 시기해 공이 있는 자에게 해를 끼치고 어진 자를 의심하며 싸움에 이겼는데도 다른 사람에게 공적을 주지 않고 땅을 얻고서도 다른 사람에게 이로움을 나누지 않았으니, 이것이 항우가 천하를 잃은 까닭입니다.

사람들과 더불어 이익을 나누었기에 승리를 차지했다는 고기와 왕릉의 말은 일리가 있는 말이었습니다. 한신은 "부녀자의 사사로운 정[婦人之情]"이라고 비난했지만 항우는 정이 많은 사람이었습니다. 그가 그렇게 거칠고 냉혹해질 수 있었던 것도 냉정하지 못하고 감정에 치우친 사람이었기 때문이었습니다.

유방은 비록 그런 정을 가지지는 못했지만 천하의 이익을 독점하지 않았기 때문에 승리할 수 있었다고 그들은 말합니다. 하지만 유방은 이렇게 말합니다.

그대들은 하나만 알고 둘은 모르는구려. 군막 속에서 계책을 짜내 천 리 밖에서 승리를 결판내는 것은 내가 자방子房(장량)만 못하오. 나라를 어루만지고 백성들을 위로하며 양식을 공급하고 운송 도로를 끊이지 않게 하는 것은 내가 소하만 못하오. 백만 대군을 통솔해 싸우면 어김없이 이기고 공격하면 어김없이 빼앗는 것은 내가 한신만 못하오. 이 세 사람은 모두 빼어난 인재이지만 내가 그들을 임용할 수 있었으니 이것이 내가 천하를 얻을 수 있었던 까닭이오. 항우는 범증 한 사람만 있었으면서도 그를 중용하지 않았으니 이것이 그가 나에게 사로잡힌 까닭이오.

유방은 자신이 대단한 능력을 지닌 항우를 이긴 이유를 정확히 파악하고 있었습니다. 그것은 바로 '유방의 참모들', 즉 주변의 사람들 때문이었습니다. 항우는 대단한 책사 범증마저 신뢰하지 못했지만 유방은 장량과 소하, 한신을 임용해 전적으로 일을 맡겨 성공을 이룰 수 있었습니다. 유방은 사람들로 싸움을 했고, 항상 사람들에게 관심이 있었습니다. 유방은 천하를 차지한 후 고향인 패현에 가서 옛 친구들과 마을 사람들을 모두 초청해 마음껏 술을 마시며 흥겨운 연회를 베풀었을 때에도 직접 축築을 타며 이런 노래를 지어서 불렀습니다.

큰 바람 몰아치니 구름이 날아오르고, 위엄을 천하에 떨치며 고향에 돌아왔도다. 어떡하면 용사를 얻어서 천하를 지킬 수 있을까[大風起兮雲飛揚, 威加海內兮歸故鄕, 安得猛士兮守四方]?

유방은 천하를 얻을 때에도, 천하를 얻고 나서도 '용맹한 사람들[猛士]'이 일을 이루는 핵심이라는 사실을 잘 알고 있었습니다.

항우에게도 좋은 사람들이 많았습니다. 하지만 그들은 항우의 기세에 눌려 제대로 능력을 발휘할 수 없었습니다. 유방은 자신과 의견이 다르지만 누가 좋은 의견을 말하면 "좋소[善]" 하고 흔쾌히 받아들여 시행하는 개방적이고 유연한 태도를 가지고 있었지만 항우는 그러지 못했습니다.

유방은 자신의 승리가 자신을 도운 사람들로 인한 것임을 잘 알고 있었고 권력을 지키는 길은 그들에게 의지하는 길밖에 없다는 것을 죽을 때까지 잊지 않고 있었습니다.

유방은 영포英布와 싸움을 할 때 화살에 맞아 상처를 입은 적이 있습니다. 걱정스러운 여후가 "폐하의 100년 뒤에 만일 소상국蕭相國(소하)이 죽으면 누구로 하여금 그를 대신하게 하지요?"라고 물었습니다. 유방은 "조참이 대신할 수 있을 것이오"라고 대답합니다. 그다음 사람을 묻자 "왕릉이 할 수 있을 것이오. 그러나 왕릉은 다소 고지식하므로 진평이 그를 돕도록 하는 것이 좋소. 진평은 충분한 지혜를 가지고 있지만 단독으로 대사를 맡는 것은 어렵소. 주발은 중후하나 문재文才가 모자라오. 그러나 유씨劉氏의 한 왕조를 안정시킬 자는 틀림없이 주발이니 그를 태위太尉로 삼을 만하오"라고 말합니다. 여후가 그다음 사람을 묻자, "그다음의 일은 당신이 알 바가 아니오"라며 면박을 줍니다.

사실 유방에게는 스스로 꼽은 '한초삼걸漢初三傑'이라 불리는 장량, 소하, 한신 외에도 많은 공신들이 있었습니다. 그들은 자신들에게 가장 맞는 역할을 잘 선택해 충실히 그 역할을 이행했고 조화로운 전체를 이루며 싸움을 했습니다. 이런 일이 가능했던 것은 유방이 이처럼 인재를 아끼는 사람이었기 때문이었습니다.

유방은 스스로 위魏나라의 신릉군信陵君 위무기魏無忌를 좋아했고 그를 닮으려 했습니다. 신릉군은 위나라 소왕昭王의 아들로 제나라의 맹상군孟嘗君, 조나라의 평원군平原君, 초나라의 춘신군春申君과 함께 '전국사군戰國四君'의 하나로 꼽히는 인물이었습니다. 이들은 모두 진나라의 침공에서 나라를 지켰고 수천 명의 빈객들을 거느릴 만큼 인재를 사랑하던 사람들이었습니다.

유방은 천하를 통일한 후 대량大梁을 지날 때마다 백성들에게 끊이지 않고 신릉군의 제사를 받들도록 했습니다. 신릉군은 다른 공자들처럼 세속에 숨어 있는 선비들과 사귀는 것을 좋아했지만 특히 아랫사람들과 사귀는 것을 부끄러워하지 않았고, 이런 점이 유방의 마음을 끈 것 같습니다. 유방 역시 신릉군처럼 몸을 낮추어 사람들과 사귀었고 결국 신릉군을 넘어서는 인물이 되고 말았습니다.

유방이 항우를 이기고 천하를 차지할 수 있었던 것도, 시황제의 진나라와 달리 장구長久할 수 있었던 것도 유방의 이런 성격에 끌린 유방의 사람들의 역할 때문이었습니다.

　유방의 참모들은 진나라 이후 붕괴된 천하를 잘 수습했고, 여후의 세력을 제거해 한나라가 오래도록 지속할 수 있는 기반을 잘 다졌습니다. 이제 유방의 참모들이 어떻게 유방을 보좌해 대업을 이루었는지 하나씩 살펴볼 차례입니다.

제1장

대권의 로드맵을 제시한 전략가

장량

"그러므로 성인은 무위의 일에 처하고, 말 없는 가르침을 행하니,

만물이 일어나되 말하지 않으며, 생겨나되 소유하지 않으며,

작위하되 뽐내지 않으며, 공이 이루어지되 거하지 않는다."

_《노자》, 제2장

전체를 꿰뚫고 판세를 조망하다

항우와 유방은 큰 꿈을 가진 자들이었습니다. 시황제가 회계산을 유람하고 절강浙江을 건너고 있을 때 항량과 조카 항우는 그 모습을 지켜보고 있었습니다. 이때 항우는 "저 자리를 빼앗아 대신할 수 있습니다"라고 말합니다. 항량은 "함부로 말하지 마라. 삼족三族이 멸한다"라고 경계했지만 이때 조카의 큰 꿈에 놀랍니다.

유방도 비슷했습니다. 함양에서 부역을 하고 있을 때 유방은 시황제의 행차를 보고, "아! 대장부란 마땅히 이래야 하는데"라며 길게 탄식한 적이 있습니다.

그들은 모두 큰 꿈을 가진 큰 사람들이었습니다. 하지만 그들은 그 꿈을 성취할 구체적인 방안에 대해서는 아는 바가 별로 없었습니다. 이런 유방에게 대권을 향한 로드맵을 제시해준 사람은 장량이었습니다.

유방이 장량을 만난 것은 우연이었습니다. 유방은 봉기하자마자 옹치에게 풍읍豊邑을 빼앗깁니다. 갈 곳이 없던 유방은 유현留縣에서 봉기한 경구景駒에게 의탁하러 갔고 도중에 장량을 만나게 됩니다. 장량 역시 진승이 봉기했을 때 청년 100여 명을 모아 경구에게 가는 길이었습니다.

유방이 장량을 만난 것은 유방이 세운 한나라가 무너지는 시대에 유비가 제갈량을 만난 것과 유사한 사건이었습니다. 제갈량이 '천하삼분지계天下三分之計'라는 대세관으로 유비의 눈을 뜨게 해준 것처럼 장량은 천하를 차지할 큰 그림을 유방에게 그려주었습니다. 유비는 제갈량의 초가를 세 번이나 방문하는 삼고초려三顧草廬를 통해 힘들게 제갈량을 얻었지만, 유방은 우연히 길을 가다가 장량을 만나 수하에 두게 되었으니 유비보다 유방이 운이 더 좋은 사람이라 할 수 있습니다.

유방을 만난 장량은 "하늘이 낸 인물"이라고 감탄하며 경구에게 가는 것을 포기하고 바로 유방의 휘하에 들어갑니다. 인물은 인물을 알아보는 법입니다. 우연이라고 말하기보다 준비된 자들은 언제 어디서든 결국은 만나게 되는 법이라고 말하는 것이 더 나을 것입니다.

장량과 유방은 만나자마자 의기투합했지만 두 사람의 성격은 무척 달랐습니다. 장량은 유방처럼 사람들을 몰고 다니는 호기로운 자가 아니었습니다. 그는 단정하고 논리적인 사람이었습니다. 외모도 그랬습니다. 사마천은 《사기》〈유후세가〉에서 장량에 대해 이렇게 평하며 끝맺고 있습니다.

고조가 어려움을 만난 것이 여러 번이었으나 유후는 그때마다 늘 공을 세웠으니, 어찌 하늘의 뜻이 아니라고 말할 수 있겠는가! 황상이 말하기를 '장막 안에서 계책을 세워 천 리 밖에서 승리를 결정짓는 데 나는 장자방만 못하다'라고 했다. 나는 그 사람(장자방)이 아마 몸집이 기이할 정도로 클 것이라 생각했는데, 그의 초상을 보니 모습이 부녀자처럼 예뻤다. 아마도 공자孔子가 말하기를 '외모로써 사람을 취한다면 나는 자우子羽에게 실수했다'라고 했듯이, 유후에 대해서도 또한 이렇게 말할 수 있을 것이다.

장량은 독자적으로 군대를 통솔한 장군이 아니라 늘 계책을 내는 신하로 유방을 수행했습니다. 장량은 병이 많았고 몸이 약하기도 했지만 원래 그는 조심스럽게 전체를 파악한 후 한 걸음씩 나아가는 유형의 사람이었습니다. 유방처럼 큰 걸음을 내디딜 줄 아는 사람이 장량처럼 신중하고 정확한 사람의 보좌를 받아야만 합니다. 유방이 가지지 못한 것을 장량은 가지고 있었고 장량이 부족한 부분을 유방은 넘치도록 가지고 있었습니다. 유방은 자신의 부족한 면들을 주변의 사람들을 통해 보충할 줄 아는 사람이었기 때문에 온전한 지도자가 될 수 있었습니다.

그리고 항우는 어리석게 행동해 장량과 원수가 되었고 장량이 유방을 위해 헌신하도록 만들었습니다. 장량은 진나라와 초나라 사이에서 늘 고전을 면치 못한 한韓나라의 후손이었습니다. 조부 희개지姬開地는 한韓의 선혜왕宣惠王, 양애왕襄哀王의 재상을 지냈고, 아버지 희평姬平은 희왕釐王, 도혜왕悼惠王의 재상을 지낸 명문가의 후손이었습니다.

도혜왕 23년, 장량의 아버지는 진나라에 대항하다가 과로로 사망했고 20년 후 한나라는 진나라에 멸망당합니다. 장량은 어린 나이였고 한나라의 벼슬을 한 적이 없었지만 가문과 나라를 망친 진나라에 대해 큰 복수심을 가지고 있었습니다. 장량은 동생의 장례식도 생략한 채 시황제를 암살하기 위해 노복奴僕이 300명이나 되는 집을 정리했습니다.

장량은 동방으로 가서 창해군滄海君을 찾아뵙고 힘센 역사力士 한 사람을 찾아 120근 철퇴를 만들어 박랑사博浪沙에서 시황제의 수레를 공격하도록 합니다. 하지만 뒤따르는 수레를 잘못 공격했고 시황제는 노해 전국 각지에 수배령을 내립니다. 장량은 이름을 바꾸고 하비下邳로 달아나 숨어 살았습니다.

장량은 유방과 함께 항우와 항량에게 의탁하는데 그들은 이미 초회왕을 옹립해 초나라 회복의 명분을 세우고 상당한 세력을 형성하고 있었습니다. 장량은 항량에게 패망한 한韓의 공자들 중 하나인 횡양군橫陽君 한성韓成을 한왕으로 세워 동맹을 맺도록 권합니다. 그리고 한성과 함께 1,000여 명의 군사를 얻어 한나라 지역을 공략합니다. 하지만 성과는 별로였습니다. 몇 개의 성만을 빼앗았을 뿐 진나라 군대와 공방을 벌이며 영천潁川 땅을 떠도는 신세가 되었을 뿐이었습니다.

항우는 진나라를 멸한 후 각지에 제후를 봉하면서 한성을 한왕에 봉했지만 봉국에 보내지 않고 팽성에 두고 감시하다가 폐하여 양후穰侯로 삼았다가 결국 죽여버렸고 정창鄭昌을 한왕에 임명합니다. 장량은 이때 샛길로 도망쳐 유방에게 가서 합류합니다. 유방이 삼진三秦을 평정하고 막 항우와 싸움을 시작할 때였습니다.

이때부터 장량은 유방과 진정으로 한 몸이 되었습니다. 유방은 항우와 싸워 천하를 얻어야 했고 장량은 자신이 옹립한 왕을 죽인 원수를 처단해야 했기 때문에 항우는 그들에게 공동의 적이었습니다. 유방은 장량을 성신후成信侯로 봉해 동진하는 데 함께 따르도록 했습니다. 이전에 함양으로 서진해 진나라와 싸울 때 장량은 많은 공을 세웠고 홍문연鴻門宴에서 유방의 목숨을 구했습니다. 이제 동진을 한 장량은 항우와 싸우는 데서도 유방과 함께하게 되었습니다. 유방은 천군만마를 얻은 셈이었습니다.

유방은 장량의 가치를 분명히 알고 있었습니다. 유방은 스스로 승리를 분석하는 대목에서 "군막 속에서 계책을 짜내 천 리 밖에서 승리를 결판내는 것은 내가 자방子房(장량)만 못하오"라며 장량의 '천리안千里眼'을 가장 앞세워 이야기했습니다. 장량은 긴 안목에서 전체적인 구도를 만들어가는 가장 중요한 역할을 담당했습니다. 항우에게도 범증이라는 굉장한 기획실장이 있었지만 항우는 끝까지 믿지 못하고 내치고 말았습니다. 하지만 유방은 장량의 기획을 충실히 따랐고 이는 곧 승리로 이어졌습니다.

유방의 참모들은 모두 자신이 맡은 역할을 충실히 이행해 전체로서 성공을 이루었지만 그 모든 일들은 어디까지나 장량이 그려놓은 큰 구도 속에서 가능했습니다. 장량은 멀리 내다보며 중요한 대목마다 적절한 방안을 제시해 큰 방향을 잃지 않도록 해주었습니다.

유방은 10리里를 관할하는 정장亭長을 역임했을 뿐 전쟁에 대해서 별로 아는 바가 없었습니다. 유방에게 병법을 가르친 것도 장량이었습니다. 장량은 유방을 처음 만나 자주《태공병법太公兵法》으로 유세를 했는데 다른 사람들은 모두 이해하지 못했지만 유방만이 이를 좋게 여겨 항상 장량의 계책을 따랐습니다. 어려운 병법을 잘 이해하는 유방에게 장량은 "패공은 아마도 하늘로부터 재능을 이어받았을 것이오"라며 감탄했습니다.

유방은 장량의 병법을 이해했고 장량의 계책을 잘 따라 항우보다 먼저 함양에 입성할 수 있었습니다. 함양에 입성한 후에도 장량은 유방이 실수하지 않도록 이끌었고 이는 이후의 싸움에서 아주 중요한 역할을 하게 됩니다.

유방은 함양에 입성해 아방궁의 규모와 재물들, 여자들을 보고 눈이 휘둥그레져 그대로 눌러 앉아 즐기려 합니다. 번쾌가 말렸지만 유방은 고집을 부렸습니다. 이때 장량은 유방에게 이렇게 말합니다.

진나라가 무도無道했기 때문에 패공께서 여기에 오게 된 것입니다. 천하를 위하여 남아 있는 적을 없애려면 마땅히 검소함을 근본으로 삼아야 합니다 [夫秦爲無道, 故沛公得至此, 夫爲天下除殘賊, 宜縞素爲資]. 그러나 지금 진나라에 들어온 그 즐거움에 편안함을 느끼신다면 이는 이른바 '걸桀을 도와 포악한 짓을 하는 것'입니다. 또 '충성스러운 말은 귀에 거슬리지만 행동하는 데는 이롭고, 독한 약은 입에 쓰지만 병에 이롭다'라고 했습니다. 패공께서는 번쾌의 말을 듣기를 원합니다.

장량은 시대의 핵심을 꿰뚫고 있었습니다. 진의 '무도'함을 지적하고 '검소함(호소縞素: 거친 상복)'으로 그것에 대항해야 한다고 말했습니다. 진에 대해 모두가 봉기했지만 장량처럼 시대적인 과제를 정확히 읽은 자는 없었습니다. 항량과 항우는 힘으로 진을 이기려 했지 이런 시대적인 흐름을 파악하려 하지는 않았습니다. 유방은 장량의 말을 알아듣고 즉시 패상霸上으로 환군합니다. 이때 유방이 장량의 말을 듣지 않았다면 홍문연에서 항우에게 변명하지 못하고 목숨을 잃고 말았을 것입니다.

이어 유방은 함양에서 너그럽게 행동해 인심을 얻습니다. 진왕 자영을 죽이지 않았고 약법삼장으로 민심을 달랬습니다. 항우가 들어와 함양을 도륙하자 사람들은 유방의 가치를 더욱 절감했습니다. 그래서 유방은 촉에서 나와 서진을 하며 삼진을 쉽게 공략할 수 있었고 이후 전쟁에서 진나라의 영토였던 관중지역을 근거지로 삼을 수 있었습니다.

유방이 진나라지역을 자신의 기반으로 할 수 있었던 것은 순전히 장량의 덕이었습니다. 유방은 한왕漢王이 되어 파巴, 촉蜀을 통치하게 되었을 때 장량에게 많은 황금과 진주를 상으로 내렸습니다. 하지만 장량은 그것을 챙기지 않았습니다. 장량은 상으로 받은 모든 재물을 항우의 숙부 항백에게 주었습니다. 홍문연에서 유방의 목숨을 살려준 감사의 표시이기도 했지만 더 큰 포석을 위해서였습니다. 장량은 항백에게 재물을 주면서 한중漢中 땅을 더 달라고 부탁합니다. 항백은 항우에게 종용해 허락을 받아내었고 이로서 유방은 진령秦嶺 이남의 파와 촉, 한중지역을 차지해 한왕으로서의 명색을 갖추게 되었습니다. 이는 유방이 삼진을 공격해 동진을 할 때의 명분이 되었고 진을 기반으로 삼는 중요한 계기가 되었습니다.

장량은 항우가 유방을 경계하고 있으며 미약한 유방의 세력이 위태롭다는 것도 잘 알고 있었습니다. 그래서 유방이 봉지인 파촉으로 갈 때 지나간 잔도棧道를 불태우도록 했고, 항우에게 "한왕은 잔도를 태우고 끊어버렸으니 돌아올 마음이 없는 것입니다"라고 안심하게 합니다. 그리고 제나라 왕 전영이 다시 모반했다는 글을 올려 항우의 군대가 북쪽 제나라로 향하도록 했고 유방이 동진을 했을 때에도 관중을 차지하고 그칠 것이라 전해 항우를 안심시켰습니다. 장량은 편지 몇 장으로 전쟁의 판도를 바꾸어놓은 대단한 사람이었습니다.

장량은 유방이 동진해 삼진을 점령한 후 팽성까지 차지했다가 항우의 급습을 받고 패배한 후 또다시 '하읍의 계책[下邑之謀]'이라는 큰 계책을 내놓습니다.

구강왕九江王 경포黥布는 초나라의 맹장이지만 항왕과 사이가 나쁘고, 팽월은 제나라 왕 전영과 함께 양梁 땅에서 모반했으니 이 두 사람을 급히 이용해야 합니다. 그러고는 군왕의 장수들 중에는 한신만이 큰일을 맡기면 한 방면을 담당할 수가 있습니다. 만약 그 지역을 떼어내 상으로 주고자 하신다면 이 세 사람에게 주어야만 초나라를 쳐부술 수 있습니다.

유방은 장량의 계책을 그대로 받아들여 수하隨何를 보내어 경포(영포)를 설득해 항우를 배신하도록 만들었습니다. 그리고 팽월에게 항우의 후방을 공격해 보급로를 끊도록 했습니다. 위왕 위표가 반란을 일으키자 한신을 보내 치도록 했고 그 기세를 몰아 연나라, 대나라, 조나라 땅을 모두 점령하게 했습니다. 《사기》는 "이에 마침내 초나라를 쳐부순 것은 이 세 사람의 능력 때문이었다"라고 적고 있는데 그것은 결국 장량의 계획대로 이루어진 일이었습니다.

장량은 육국의 후손들을 제후로 봉해 항우에 함께 대항하도록 해야 한다는 역이기의 잘못된 계책을 저지해 혼란을 막기도 했습니다. 그리고 이미 강대한 군사력을 쥐고 제나라를 평정한 한신이 제나라의 왕위를 요구할 때 허락하도록 유방에게 권해 한신의 이탈을 막았습니다. 이때 장량과 진평이 유방을 설득하지 않았다면 한신은 자립해 항우, 유방과 함께 삼국三國을 정립했을 것입니다.

장량은 전쟁에 피곤해진 항우와 유방이 홍구鴻溝를 경계로 휴전을 하고 군사를 물릴 때에 항우의 뒤를 치도록 했습니다. 이 마지막 전투에서 한신과 팽월이 나타나지 않자 전쟁에서 승리한 후 초나라 땅을 나누어 주겠다고 약속해 전투에 참여하도록 유도했습니다. 항우의 군사가 포위되었을 때에는 한나라 군대가 초나라 노래를 부르도록 해[四面楚歌] 초나라 병사들은 물론 항우마저 전의를 상실하도록 했습니다.

전쟁이 끝난 후에도 장량은 큰 구도를 잡는 활동을 그치지 않습니다. 새롭게 세워진 한나라의 초석을 다진 것도 장량이었습니다. 유방은 공신 20여 명을 봉한 후 나머지 사람들을 봉하지 못했습니다. 그들이 밤낮으로 서로 공을 다투었기 때문이었습니다.

하루는 유방이 낙양의 남궁南宮 구름다리 위에서 여러 장수들이 이따금 모래밭에 모여앉아 대화하는 것을 봤습니다. 그들이 무엇을 하는 것이냐고 묻자 장량은 "폐하께서는 모르십니까? 이들은 모반을 꾀하고 있을 뿐입니다"라고 답합니다. 유방이 까닭을 묻자 장량은 유방에게 이렇게 말합니다.

폐하께서는 평민으로 일어나 이 무리들에게 기대 천하를 얻으셨습니다. 지금은 폐하께서 천자가 되셨고 봉토를 준 자들은 모두 소하나 조참 같은 옛 친구들로 폐하께서 친애하게 여기는 자들이고, 주살당한 자들은 모두 평생 원한을 맺고 있던 자들이었습니다. 지금 군대의 관리가 그 공을 따져보고는 천하를 다 주어도 두루 상으로 봉해주기에는 부족하다고 하고, 이들은 폐하께서 모두를 봉해주지 않으실까 두렵고, 또 평생 과실을 저질러 의심 받아

주살될까 두려워 서로 모여 모반하려는 것입니다.

　장량은 사태를 정확히 파악하고 있었습니다. 유방은 장량의 건의에
따라 거병 초기에 반기를 들었기 때문에 가장 싫어했던 옹치雍齒를 십방
후什方侯에 봉하고 상을 내립니다. 그제야 신하들은 모두 기뻐하며, "옹
치가 오히려 후侯가 되었으니 우리도 근심할 게 없다"며 안도합니다.
　이어 장량은 관중으로 도읍을 정해 한나라가 안정이 되도록 하는 데
도 결정적으로 기여합니다. 누경이 관중에 도읍을 하도록 유방을 설득
했지만 유방은 머뭇거리며 결정하지 못합니다. 당시 좌우 대신들은 거
의 산동山東지방 사람들이어서 낙양을 도읍으로 할 것을 권했기 때문이
었습니다. 장량은 낙양이 비록 견고하지만 중심지역이 좁고 땅이 척박
하고 사방에서 적의 공격을 받을 수 있는 곳이어서 피해야 한다고 주장
합니다. 그리고 험준한 삼면의 지형으로 방비에 유리하고 위수를 통해
천하의 식량을 운반할 수 있고 물길로 군대와 물자를 수송할 수 있는 천
부적인 철옹성인 관중을 도읍으로 해야 한다고 주장합니다.
　장량의 설명을 들은 유방은 즉시 뜻을 바꿔 관중을 수도로 정하고 그
날로 즉시 수레를 타고 관중으로 떠납니다. 장량은 멀리 내다보는 계책
으로 천하를 얻도록 했을 뿐 아니라 새롭게 세워진 나라의 기초가 튼튼
하도록 닦은 것이었습니다.
　개국 초에 흔히 있는 피비린내 나는 권력 투쟁을 막은 것도 장량이었
습니다. 장량은 유방이 여후의 아들 태자 유영劉盈을 폐하고 첩인 척희戚
姬의 아들 여의如意를 태자로 세우려 하자 유방이 존경했지만 불러들이
지 못한 상산사호商山四皓(진시황 때 난리를 피해서 산시성 상산에 은거한 동원공·

기리계·하황공·녹리 등 네 명의 백발노인)를 불러들여 태자를 보필하도록 해 유방의 마음을 돌립니다.

이처럼 장량은 유방이 항우와의 전쟁에서 승리할 수 있도록 길을 제시해주었고 이후에도 권력을 안정시킬 수 있는 여러 방안들을 제시해주었습니다. 사실 장량이 제시한 여러 방안들은 유방이 처음 의도했던 것들과 상반된 것들이었습니다. 장량은 유방이 잘못된 방식으로 싸움을 하려고 할 때마다 앞을 가로막았고 올바른 길을 제시했습니다.

유방 곁에 장량이 없었다면 유방은 진작 패배하고 말았을 것입니다. 아무리 좋은 사람들과 좋은 도구가 있더라도 사막에서 방향을 잃어버린다면 큰일이 아닐 수 없습니다. 장량은 유방이 제대로 갈 수 있도록 나침반의 역할을 충실히 해주었던 것입니다.

희생 없이 유연한 전략으로 승리하다

흔히 머리가 좋은 사람들은 처신에 문제가 있는 경우가 많은데 그것은 주어진 상황보다 자신의 판단을 우선시하는 경직된 태도를 가지기 때문입니다. 하지만 장량은 그렇지 않았습니다. 장량은 항상 상황에 맞는 유연한 전략을 구사해 승리를 차지했습니다. 상황을 잘 파악해 유연하게 처신하는 장량의 모습은 홍문연에서 유방의 목숨을 구할 때 두드러지게 나타납니다.

유방은 서진해 진나라 수도인 함양에 입성한 후 욕심이 생겨 그의 뒤를 이어 들어오는 항우의 군대를 함곡관에서 막아섭니다. 40만의 정예병을 가진 항우는 10만의 오합지졸을 가진 유방을 공격하려 했고 항우의 숙부 항백은 유방의 진영에 있는 장량에게 가서 이 사실을 알리고 도피해 목숨을 구하라고 합니다. 장량은 유방에게 말했고 유방은 항백의 나이를 묻고 자신보다 연장자라는 말을 듣자 "그대가 항백을 불러주시오. 내가 그를 형으로 섬길 것이오"라며 술자리를 베풀고 혼인관계까지 약조하며 목숨을 구걸합니다.

유방이나 장량은 말할 수 없이 유연한 자들이었습니다. 승리하거나 목숨을 구하기 위해 어떤 일이든 할 수 있는 자들이었습니다. 몸을 굽히며 애걸하는 유방의 모습에 항백은 매료되었고, 항우를 설득해 공격을 단념하도록 합니다. 유방은 다음 날 홍문으로 가서 자신이 함곡관을 막았다는 것은 '소인배'의 고자질이라고 비굴하게 변명합니다. 항우는 "이것은 그대의 좌사마 조무상이 말한 것이오. 그러지 않았다면 내가 무엇 때문에 이러겠소?"라고 말합니다.

이때 장량은 항우와 마주보고 앉아 있었고 유방과 범증 또한 마주보고 앉아 있었습니다. 범증은 여러 차례 눈짓을 해서 유방을 죽일 신호를 항우에게 보냈고, 차고 있던 옥결玉玦을 세 번이나 들어 신호를 했지만 항우는 묵묵부답이었습니다. 답답했던 범증은 항우의 조카인 항장을 불러서 검무를 추는 척하다가 유방을 찔러 죽이도록 시켰고 항백은 칼을 뽑아 함께 검무를 추며 항백이 유방을 죽이지 못하도록 막아섭니다.

유방의 목숨이 경각에 달린 상황에서 장량은 밖으로 즉시 나가, "매우 다급합니다. 지금 항장이 칼을 뽑아 들고 춤추는데, 그 생각이 온통 주군께 놓여 있소"라며 긴급히 번쾌에게 도움을 요청합니다. 번쾌는 사나이답게 진영으로 쳐들어가 항장의 검무를 중단시키고 논리정연한 말로 항의해 항우의 마음을 돌려놓습니다.

장량은 상황을 잘 파악했고 기민하게 행동을 했습니다. 그가 즉시 번쾌에게 말하지 않았다면 이때 유방은 항장의 칼끝에 목숨을 잃고 말았을 것입니다. 시간이 좀 지난 후 유방은 측간에 가는 척하며 장량에게 자신이 가져온 선물을 맡기고 수레를 버려둔 채 홀로 말에 올라 검과 방패를 들고 도보로 수행하는 번쾌·하후영·근강斬彊·기신만을 데리고 샛길로 허겁지겁 도주합니다.

유방은 항우에게 말도 하지 않고 도주했고, 항우의 군막에는 이제 장량 홀로 남아 있었습니다. 칼날이 부딪힌 상황이었고 범증은 화가 나 있었습니다. 장량은 모든 책임을 지고 유방이 벌여놓은 일을 마무리해야 했습니다. 장량은 장막으로 돌아가 사죄하며, "저희 주군께서 술잔을 이기지 못할 정도라 미처 하직 인사를 드릴 수 없었습니다. 삼가 저 장량에게 흰 옥 한 쌍을 받들어 장군께 두 번 절하면서 바치게 하고, 옥두 한 쌍은 범 장군께 두 번 절하면서 바치게 했습니다"라고 말합니다.

장량은 우선 유방을 낮추었습니다. 번쾌가 술을 들이키는 것을 보고 "장사로다"라며 감탄한 항우에게 유방이 술을 이기지 못하는 나약한 인간임을 밝혀 항우의 기를 살려 주었습니다. 그리고 선물을 공손히 바쳐 항우의 마음을 달랬습니다. 항우가 "유방은 지금 어디에 있는가?"라고 묻자 "대왕께서 과오를 질책하려는 뜻이 있다는 것을 듣고 몸만 빠져나가 홀로 떠났는데 이미 군영에 도착했다고 합니다"라며 유방이 항우를 두려워하고 있음을 명백히 밝혀 항우의 자존심을 다시 한 번 세워주었습니다.

장량은 홍문연의 주역이었습니다. 장량은 상황을 예의 주시했고 상황에 자신을 맞추어 유연하게 위기를 모면했습니다. 검무로 유방을 죽이려 할 때 재빨리 번쾌를 불러들였고 유방이 도주한 후 홀로 남아 항우의 마음을 달래 뒤처리를 원만하게 했습니다. 사나이 번쾌로 사나이 항우의 마음을 흡족하게 했고 유방을 비겁한 사람으로 만들어 항우의 기분을 달랬습니다. 장량은 유연하고 세련된 대처로 상황을 지배했습니다.

유방을 죽이는 것에 실패한 항우의 책사 범증은 옥두를 땅에 놓고 깨뜨리며, "에잇! 어린아이와는 더불어 대사를 도모할 수가 없도다. 항왕의 천하를 빼앗을 자는 반드시 패공일 것이며, 우리들은 이제 그의 포로가 될 것이다"라며 격노합니다.

범증은 장량을 이길 수 없었습니다. 그는 거친 방식으로 유방을 제거하려 했지만 장량은 부드럽고 유연하게 복잡한 상황을 헤쳐나가며 일을 수습했습니다. 단순하고 거친 방식을 가진 범증이 유연하고 우아한 장량을 이겨낼 수는 없었습니다.

광무산에서 유방이 항우 진영에서 쏜 쇠뇌에 가슴을 크게 다쳤을 때 장량은 억지로 유방이 군대를 순시하도록 했는데 이 또한 장량의 유연한 대처 능력을 잘 보여주는 사례라 할 수 있습니다. 《사기》는 "한왕이 상처로 병이 되어 누워 있는데, 장량이 억지로 한왕에게 청하여 일어나 군사들을 위로해서 사졸들을 안심시키게 하여 초로 하여금 이긴 형세를 타지 못하게 했다"라고 이때의 상황을 적고 있습니다. 장량은 항우가 "이긴 형세"를 파악했고 거기에 맞게 대처하도록 했던 것입니다. 유방의 병세가 심각한 것이어서 급히 성고로 돌아가야 할 정도였다는 사실을 보면 그때의 상황이 얼마나 절박했던가를 알 수 있습니다.

해하垓下에서도 장량은 유연한 전략을 사용합니다. 항우와 유방은 홍구를 경계로 휴전을 하고 퇴각을 시작했지만 장량은 항우의 뒤를 치도록 합니다. 사방에서 공격을 퍼부어 항우의 군대는 해하로 퇴각했고 유방의 군대가 겹겹이 포위해 결전의 시각이 다가왔습니다.

단순히 힘으로 치고 들어갈 수 있는 상황이었지만 장량은 무력이 아닌 유연한 방식을 사용합니다. 장량은 병사들로 하여금 초나라의 민요를 부르도록 합니다. 사방에서 처량하고 한스러운 초나라 노래가 들려오자 초나라 군대의 사기는 땅에 떨어졌고 수많은 병사들은 어두운 밤을 틈타 몰래 도망쳐버립니다. 사면에서 들려오는 초나라 노래에 심지어 항우마저, "한나라 군대가 이미 초나라를 얻었단 말인가? 어찌 초나라 사람이 이다지도 많은가?"라며 놀랍니다. 그리고 비분강개한 심정을 토로합니다.

> 힘은 산은 뽑을 수 있고 기개는 세상을 덮을 만한데,
>
> 때가 불리하여 추騅가 나아가지 않는구나.
>
> 추가 나가지 않으니 어찌해야 하는가,
>
> 우虞여, 우여, 그대를 어찌해야 하는가!

비록 항우의 군대가 포위되어 있었고 군량도 거의 다 떨어진 상황이었지만 이때 정면대결을 했다면 유방의 군대 역시 상당한 타격을 입었을 것입니다. 장량은 초나라 병사들이 궁지에 몰려 전의를 상실했고, 살아서 고향에 돌아가고 싶어 한다는 심리를 이용했습니다. 그리고 그것은 그대로 적중했습니다.

항우의 애마인 오추烏騅는 동물적인 본능으로 상황을 직감하고 앞으로 나아가지 않았지만 항우는 그런 능력을 갖추지 못하고 있었습니다. 항우는 '때[時運]'가 불리하다며 운세의 탓으로 돌렸지만 무력이 아닌 유연한 방식으로 상황을 움직이는 장량의 방식을 이해하지 못했습니다.

창칼이 아니라 부드러운 노래로 승리를 차지할 수 있다는 것을 장량은 항우에게 보여준 것이었습니다.

상황에 맞게 유연하게 대처하는 능력을 장량의 어린 아들 장벽강張辟疆도 갖추고 있었습니다. 효혜제가 24세의 젊은 나이에 세상을 떠났을 때 여태후는 곡만 할 뿐 눈물을 흘리지 않았습니다. 장벽강은 당시 열다섯 살에 불과했지만 시중侍中을 맡고 있었는데, 승상 진평에게 "태후께는 아들이 단지 혜제 뿐인데, 지금 세상을 떠났는데도 소리 내어 곡할 뿐 슬퍼하지 않으니, 당신께서는 그 까닭을 아십니까?"라고 묻고 이렇게 설명해줍니다.

황제께서 장성한 아들이 없으니 태후께서는 당신 같은 대신들을 두려워하기 때문입니다. 당신이 지금 여태, 여산, 여록을 장군으로 삼아 남군南軍과 북군北軍을 통솔하게 한 후, 여씨들로 하여금 모두 궁궐에 머물며 정권을 좌지우지하게 한다면, 태후는 마음이 편안할 것이며 당신들도 다행히 화를 벗어날 수 있을 것입니다.

장벽강은 여후의 상황을 이해하고 유연하게 대처할 것을 진평에게 권했고, 진평이 장벽강의 계책대로 하자 여후는 기뻐하며 비로소 애통하게 울기 시작했습니다. 여후는 천하에 대사면령을 내렸고 여씨 정권은 이때부터 시작되었습니다. 어린 장벽강이 계모計謀의 왕 진평을 가르친 것이었습니다.

장량이나 그 아들 장벽강은 상황에 맞추어 대응하는 유연성을 가지고 있었습니다. 우리는 이미 어떤 상황 속에 살고 있습니다. 상황은 우리의 존재보다 더 우선적으로 미리 주어지는 것이며 우리 삶의 테두리가 되는 것입니다. 일을 이루려는 사람들은 상황의 본질과 흐름을 우선 잘 파악하고 거기에 맞게 유연하게 대처할 수 있는 능력을 기본적으로 갖추어야 합니다. 시황제나 항우는 강한 힘을 앞세워 그저 상황에 부딪히려고만 했습니다. 그런 사람들이 시류의 흐름을 중시하고 상황에 자신을 유연하게 맞추려 애쓰는 유방이나 장량에게 패배한 것은 당연한 일이었습니다.

장량은 유연했고 때로는 기만책도 거침없이 사용했습니다. 이런 장량의 모습은 유방이 함양으로 서진한 무관武關과 요관嶢關 전투에서 잘 드러납니다.

조고를 죽인 진왕 자영은 군사 5만으로 무관을 지키게 했는데, 장량은 무관 주변 산봉우리마다 무수한 깃발을 꽂아서 적을 미혹시켰습니다. 그리고 주발에게 전권을 주어 동남쪽으로 돌아가서 측면을 공격하도록 해 무관을 함락시킵니다. 이어 유방이 2만의 병사로 요관을 지키는 진나라 군대를 치려고 할 때 장량은 이렇게 말합니다.

진나라 군대는 여전히 강성하여 가볍게 볼 수가 없습니다. 제가 듣기로는 그들의 장수는 백정의 자식이라고 하니, 장사꾼은 돈과 재물로 손쉽게 움직일 수 있습니다. 패공께서는 잠시 성벽에 머물러 계시고, 사람을 보내 먼저 가서 5만 명의 식량을 준비하고, 다시 모든 산 위에 많은 깃발을 세워 의병疑兵(거짓으로 만든 병사)으로 삼게 하시고, 역이기에게 많은 보물을 주어 진나라 장수를 매수하십시오.

장량은 적장의 출신까지 미리 파악했고 피를 보는 충돌보다는 희생 없이 승리하는 방안을 우선 찾았습니다. 장량은 전쟁에서 수단보다 승리하는 목적을 더 우선시했고 위장과 매수 같은 방법을 거리낌 없이 사용했습니다.

요관의 진나라 장수는 매수되어 진나라를 배반하고 유방과 함께 함양을 공격하기로 약속했습니다. 유방은 진나라 장수를 믿었지만 장량은 믿지 않았습니다. 다시 장량은 "이는 단지 그 진나라 장수가 배반한 것일 뿐이지, 병졸들이 따르지 않을까 두렵습니다. 따르지 않으면 반드시 위험하게 되니 그들이 느슨해진 틈을 타서 공격하는 것만 못합니다"라고 유방에게 권합니다. 유방은 항복한 진군을 급습했고 승리를 차지합니다.

장량은 철두철미한 현실주의자였고 만반의 대책을 수립하고 있었습니다. 유방은 요관에서 진군을 격파하고 패잔병을 쫓아 남전藍田에서 다시 크게 격파해 자영은 결국 유방에게 항복할 수밖에 없었습니다. 유방이 항우보다 함양에 먼저 입성해 인심을 얻게 된 것은 장량의 이런 현실주의적이고 유연한 전략 때문이었습니다.

사실 장량은 기만책을 여러 번 사용했습니다. 유방은 험준한 지세에 곳곳에 깎아지른 듯한 절벽 높은 곳에 나 있는 잔도棧道를 이용해서 파촉으로 들어가야 했는데 장량은 한나라 군이 지나가고 나면 그 잔도를 불태우라고 유방에게 건의합니다.

그러고 나서 장량은 항우에게 "한왕이 잔도를 태우고 끊어버렸으니 돌아올 마음이 없는 것입니다"라고 말합니다. 이 '화소잔도火燒棧道'의 계책은 절묘한 것이었습니다. 이제 항우의 군대가 유방을 공격할 길이 없어졌고 유방이 동쪽으로 진군할 뜻이 없음을 보여 항우의 의심을 해소할 수 있었기 때문이었습니다.

유방이 잔도를 보수하는 척하며 진창陳倉을 넘어 삼진을 공격했을 때 항우는 크게 노해 군사를 일으키려 했습니다. 이때 또 장량은 기만책을 씁니다. 장량은 "한왕이 관중으로 들어오려고 한 것은 잘못입니다. 그러나 그것은 사실 과거 회왕과 했던 약속이 아니옵니까? 그러니 더 이상 동으로 나오지 않을 것입니다"라는 편지를 항우에게 보냈고 항우는 이를 믿습니다.

더 나아가 장량은 제왕 전영이 반란을 꾀했으며 제나라가 조나라와 연합해 초나라를 멸하려 한다고 거짓 편지를 다시 써 항우의 병력이 제나라 쪽으로 향하게 합니다. 유방은 관중에서 더 이상 동진할 뜻이 없다고 항우에게 알린 바로 그때 다른 제후들에게는 사자를 보내 의제를 죽인 패악 무도한 항우를 처단하자고 선동합니다.

항우는 여러 번 이런 기만책에 속았지만 끝까지 장량의 본질을 파악하지 못했습니다. 3년의 전쟁을 치르느라 양쪽이 다 피곤해졌고, 전방과 후방 모두 수세에 몰려 군량미마저 부족하자 항우가 유방의 가족들을 돌려보내고 홍구를 경계로 천하를 양분해 휴전하자고 제안했을 때에도 그랬습니다. 항우는 유방이 그런 약속을 지킬 것이라 순진하게 믿었습니다.

장량과 진평은 "한나라는 지금 거의 천하의 절반을 차지했고 제후들도 모두 귀의했습니다. 이에 반해 초나라 군사들은 지치고 식량도 떨어졌으니, 이는 하늘이 초나라를 망하게 하려는 것입니다. 따라서 이 기회를 틈타 그 나라를 빼앗는 것이 낫습니다. 지금 놓아주고 공격하지 않으

면 이는 이른바 '호랑이를 길러 스스로 화를 남기는 꼴'입니다"라며 퇴
각하는 항우의 뒤를 치도록 권합니다.

항우는 유방에게 장량과 진평과 같은 기만책의 대가들이 있다는 것
을 제대로 인식하지 못하고 있었습니다. 그는 여러 번 경험을 통해서도
교훈을 얻지 못한 어리석은 자였습니다.

장량의 유연하고 현실적인 모습은 여러 대목에서 보이지만 한신이
제나라 왕위를 요구했을 때 분명하게 나타납니다. 형양에서 유방은 항
우의 군대에 포위되어 여러 차례 한신에게 구조를 요청했지만 한신은
오지 않습니다. 오히려 한신은 제나라의 왕위를 요구합니다. 유방이 흥
분해 한신에게 마구 욕을 퍼붓고 공격하려 할 때 장량은 이렇게 유방을
달랩니다.

우리는 지금 불리한 형편에 놓여 있습니다. 한신이 왕이 되는 것을 어떻게
못하게 할 수 있겠습니까? 이 기회에 그를 왕으로 후대하여 스스로 굳게 지
키도록 하는 도리밖에 없습니다. 그렇지 못하면 변이 생깁니다.

장량은 늘 이런 식으로 판단했습니다. 한신이 왕이 될 만한 충분한 공
을 세웠지만 장량은 그것을 말하지 않습니다. 지금 유방이 불리한 처지
에 있고 한신을 제왕에 임명하는 것은 충분한 가치가 있기 때문에 한신
의 청을 들어주어야 한다는 것이었습니다. 이는 효용을 중시하는 공리
功利적인 판단이었고 가장 현실적이고 유연한 판단이었습니다. 유방은
장량의 권고를 받아들였고 자신이 유리한 처지가 되자 바로 한신의 제
왕 직위를 거두어들입니다. 장량의 이런 유연한 대처와 전략이 있었기

에 유방은 한신과 대립하지 않았고 천하를 차지할 수 있었습니다.

논리적인 자들은 자신의 논리에 고립되어 딱딱하기 마련이지만 장량은 논리적이면서도 부드러웠습니다. 그것은 자신의 생각이나 논리가 아니라 타자와 상황을 우선시하고 존중하는 태도 때문에 가능한 일이었습니다. 장량은 큰 그림을 그릴 줄 알면서도 그것을 실현할 수 있는 세밀한 능력까지 아울러 겸비한 보기 드문 자였습니다.

멈춰야 할 때를 아는 미덕의 소유자

장량은 큰 기획을 할 줄 알았으며, 상황을 잘 파악해 기만하고 유연하게 대응할 줄 알았지만 또한 진중하고 의리가 있었던 보기 드문 자였습니다. 천성이 빠른 자였기 때문에 더욱 진중하게 행동하려 노력했던 것이 아닐까 하는 느낌마저 듭니다. 장량의 이런 성품은 황석공黃石公의 고사에서 잘 드러납니다.

장량은 시황제 암살에 실패한 후 하비에 은거하고 있었습니다. 그런데 어느 날 다리 위를 산책하다가 거친 삼베옷을 입은 한 노인을 만납니다. 이 노인은 일부러 다가와 신을 다리 밑에 떨어뜨리며, "젊은이, 내려가서 내 신발을 주워 와!"라고 했습니다.

장량은 처음에 의아해하면서 그 사람을 한바탕 때려주려고 했습니다. 하지만 상대가 노인이어서 억지로 참고 다리 아래로 내려가 신을 주워왔습니다. 그러자 노인은 "나한테 신겨!"라고 명령했고 장량은 기왕에 참은 것이라 한 번 꾹 참고 따랐습니다. 웃으며 가버리는 노인을 장량은 물끄러미 바라보고 있었는데 노인은 1리 쯤 가다가 다시 돌아와 닷새 뒤 새벽에 만나자고 합니다. 장량이 나갔지만 두 번이나 노인보다 늦게 나가 꾸중을 들었고 한밤중에 그곳에 나가 기다리고 있었더니 노인이 곧이어 나타났습니다. 노인은 "마땅히 이렇게 해야지" 하며 책을 내어놓았습니다. 그리고 "이 책을 읽으면 왕 노릇하려는 자의 스승이 될 수 있을 것이다. 십 년 후에 그 효과를 보게 될 것이다. 삼 년 뒤에 젊은 이가 또 제북濟北에서 나를 만날 수 있을 것인데 곡성산穀城山 아래의 누런 돌[黃石]이 바로 나다"라는 말을 남기고 사라집니다.

날이 밝아 장량이 그 책을 보았더니 《태공병법》이라는 책이었고 장량은 이 책을 기이하게 여겨 늘 익히고 외워 가며 읽었습니다. 만약 유방이었다면 노인을 거들떠보지도 않았을 것입니다. 항우였다면 때려눕혔을 것입니다. 하지만 장량은 참을 줄 알았습니다. 부당한 요구에 두 번이나 응했고 가버리는 노인을 그냥 보내지 않았으며 세 번이나 새벽에 노인을 만나러 나갔습니다. 장량은 거친 삼베옷을 입은 노인을 무시하지 않았고, 또 그의 말에 순응해 10년을 공부하며 기다렸습니다.

장량이 대세와 상황을 정확히 파악할 수 있었고 적절한 행동의 방식을 찾을 수 있었던 것은 바로 이런 진중함을 익혔기 때문이었습니다. 행동하며 일을 성사시켜야 하는 사람들은 언제든 복잡하고 어려운 상황을 만나게 됩니다. 가벼운 자들은 사태의 본질을 제대로 파악하기도 전에 행동하기 마련이기에 일을 그르치기 마련입니다. 황석공은 장량에게서 진중함의 덕목을 보았고, 그것을 더욱 계발하도록 가르친 것이었습니다. 10년을 참고 공부하라는 말을 고맙게 들을 혈기왕성한 젊은이를 찾는 일은 쉽지 않습니다. 자유분방하고 흥분하기 좋아하는 유방을 잘 보좌한 것도 이런 진중함이 있었기 때문이었습니다.

장량은 진중했고 위기의 순간에도 의리를 버리지 않았습니다. 유방이 함양을 접수한 후 함곡관에서 항우의 군사를 막아섰을 때 항우는 공격하려 했고 항우의 숙백 항백은 장량을 살리기 위해 밤새 말을 달려 유방의 진영으로 옵니다. 장량이 하비에서 머무는 동안 의로운 일을 많이 했는데 사람을 죽인 항백도 한동안 장량의 집에 숨어 지낸 일이 있었고 항백은 그 은혜를 갚고 싶었던 것입니다.

항백은 장량에게 함께 도망가자고 합니다. 하지만 장량은 "저는 한왕韓王을 위하여 패공을 호송하고 있는데, 일이 급박하다고 하여 달아나버리는 것은 정의롭지 못합니다"라며 항우가 공격하려 한다는 모든 사실을 유방에게 알립니다.

사실 이때는 무척 긴박한 상황이었습니다. 항우가 공격해오면 유방은 물론 장량도 살아남을 길이 없었습니다. 항백은 장량에게 "패공을 따라서 함께 죽지 마십시오"라고 말할 정도로 유방의 죽음을 기정사실화하고 있었습니다. 사정을 들은 유방도 크게 놀랐고 장량에게 어찌해야할지를 물었습니다. "패공께서 스스로 생각하시기에 항우를 이길 수 있습니까?"라는 장량의 질문에 유방은 "진실로 불가능하오. 지금 어떻게하면 되오?"라며 반문할 정도로 답답하고 막힌, 출구가 없는 위급한 상황이었습니다.

장량이 목숨을 아까워하고 의리가 없는 자였다면 이때 항백과 함께 도주해 항우의 진영으로 갔을 것입니다. 하지만 장량은 유방을 저버리지 않았고, 유방이 항백을 만나 설득할 수 있도록 했습니다. 비록 항백을 설득했지만 항우를 설득할 수 있을지 모르는 상황에서 장량은 홍문으로 가는 유방을 수행하기까지 합니다. 장량은 유방과 자신의 사지死地가 될 수도 있다는 것을 분명히 알고 있었지만 유방을 수행했고 유방이 도주한 이후에도 홀로 남아 모든 일을 잘 마무리해 유방의 목숨을 살립니다.

이런 정도의 의리를 발휘하는 것은 결코 쉬운 일이 아닙니다. 명민한 자들은 계산에 밝아 의리가 없는 경우가 많으니 말입니다. 하지만 장량은 그런 차원을 넘어서는 사람이었습니다. 어쩌면 장량의 의리는 더 높은 차원의 계산에서 나오는 것인지도 모르겠습니다. 장량은 항우가 유방을 죽이지 않도록 할 자신이 있었던 것 같습니다. 그렇지 않다면 그런 무모한 모험을 하지는 않았을 것입니다. 장량은 항우의 성격을 분명히 파악하고 있었고 범증의 계획도 금방 알아차렸습니다. 그의 의리가 무모한 필부의 용기가 되지 않을 수 있었던 것은 한 차원 높은 정확한 계산에서 나온 것이었기 때문이었습니다.

이후 모든 싸움에서 장량은 유방과 함께하며 의리를 지켰습니다. 그리고 그가 역사에 아름다운 이름을 남기게 된 것은 성공한 이후에도 끝내 의리를 지키며 유방에게 부담을 주지 않았기 때문이었습니다. 이처럼 장량은 그칠 줄 아는 자였습니다.

유방이 처음 한왕이 되어 서진에 큰 공을 세운 장량에게 많은 황금과 진주를 하사했을 때 그 모든 상을 항백에게 주며 관중지역을 좀더 달라고 부탁을 했고 항백의 거듭된 설득에 항우는 유방에게 진령秦嶺 이남의 한중을 더 분봉했습니다. 이 때문에 유방은 한왕이라는 명색을 유지할 수 있었습니다.

천하를 차지하고 난 후 유방은 장막 안에서 계책을 세워 천 리 밖에서 승리를 결정지은 장량의 공을 치하하고 스스로 제齊 땅에서 3만 호戶를 고르라고 할 때에도 장량은 사양하며 이렇게 말합니다.

처음에 신이 하비에서 일어나 황상과 유현에서 만났는데, 이는 하늘이 신을 폐하께 주신 것입니다. 폐하께서는 신의 계책을 쓰셨고, 다행스럽게도 때때로 들어맞았으니 신은 원컨대 유현에 봉해지는 것으로 충분할 뿐 3만 호를 감히 감당하지 못하겠습니다.

장량은 '지지知止'의 미덕을 가진 자였습니다. 장량은 그칠 줄을 알았습니다. 유방은 장량의 말을 받아들여 유후留侯로 삼았습니다. 유방은 자신이 최고의 공신이라 여긴 소하와 함께 장량에게 가장 먼저 상을 내린 것이었습니다.

장량은 관중에 온 후 도道를 닦으면서 곡식은 먹지 않고 솔잎, 대추, 밤 따위만 날로 조금씩 먹는 신선의 벽곡辟穀을 하면서 두문불출합니다. 그리고 늘 자녀들에게 이렇게 말했습니다.

집안 대대로 한韓나라 승상을 지냈는데, 한나라가 멸망하자 만금의 재물을 아끼지 않고 한나라를 위해서 강한 진나라에 복수를 하니 천하가 진동했다. 지금은 세 치 혀로 황제를 위해 스승이 되어 식읍이 만 호이고 작위는 열후이니, 이는 평민이 최고에 오른 것이니 나로서는 만족스러운 것이다. 세속의 일을 버리고 적송자赤松子를 따라 노닐고자 바랄 뿐이다.

장량은 일을 성사시키고도 머물지 않는 '성공불거成功不居'의 노자적인 미덕을 완전하게 실천한 사람이었습니다. 장량은 한신이나 팽월, 영포처럼 왕이 되어 유방에게 부담을 주는 어리석은 행위는 하지 않았습니다.

신선이 되겠다고 천명했지만 장량이 정치를 완전히 떠난 것은 아니었습니다. 태자를 바꾸는 일을 반대해 여후를 도왔고 황제를 따라 대代 땅을 공격하며 기이한 계책을 내기도 했고 소하를 상국相國에 임명하도록 건의하는 등 천하 대사를 논의한 것이 매우 많았지만 그는 결코 나서지 않았고 조용히 일을 도왔습니다.

유방이 죽은 후 여후는 한사코 몸을 사리고 벽곡을 하는 장량에게 "사람이 한세상 살아가는 것은 마치 흰 망아지가 지나가는 것을 문틈으로 보는 것과 같은데, 어찌하여 스스로 이처럼 고통스러워합니까?"라고 말렸고 장량은 그제야 음식을 들었습니다.

장량은 '지지知止'와 '성공불거成功不居'를 온전히 실천한 자였습니다. 그는 그칠 줄 알았고 성공한 후 그 자리에 머물지 않았습니다. 그는 항상 과업에 충실했고 더 큰 욕심을 부리지 않았습니다. 그래서 문성후文成侯라는 시호로 긴 역사 동안 칭송을 받아왔습니다. 하지만 그의 아들 장불의는 장량 사후 제후의 자리를 계승했지만 불경죄를 범하여 분봉 받은 땅을 몰수당하고 맙니다. 아버지의 장구하는 덕을 이어받지 못했던 것입니다.

시황제와 더불어 많은 일을 했던 이사李斯는 장량과 달리 그쳐야 할 시기를 제대로 판단하지 못한 자였습니다. 태사공은 시황제를 도와 통일의 위업을 이루었지만 결국 비참하게 조고에게 죽은 이사에 대해 이렇게 총평한 적이 있습니다.

이사는 육경의 근본 뜻을 잘 알면서도 공명정대하게 정치를 하여 군주의 결점을 메워주기에 힘쓰지 않았고, 높은 벼슬과 봉록을 누리는 지위에 있었으면서도 군주에게 아첨하며 구차하게 비위를 맞추기만 했다. 또한 조칙을 엄하게 하고 형벌을 혹독하게 하고, 조고의 요사한 말을 들어 적자를 폐하고 서자를 세웠다. 제후들이 이반하게 되자, 비로소 임금께 간하려고 했으나 이미 늦고 말았다.

이사는 "높은 벼슬과 봉록을 누리는 지위"를 유지하는 데 더욱 신경을 썼지만, 그것을 어떻게 잘 선용하고 일을 이룬 후에 그것을 어떻게 버릴지에 대해서는 장량과 같은 태도를 가지지 못했습니다. 그래서 그는 결국 아들과 함께 길거리에서 비참하게 죽음을 당하고 말았습니다.

《노자》의 다음 구절은 바로 장량을 두고 하는 말처럼 느껴집니다. 공을 이룬 사람은 누구든 가슴 깊이 새겨야 할 구절이 아닐 수 없습니다.

쥐고 있으면서 더 채우려는 것은 그만두느니만 못하고
다듬어 뾰족하게 하면 오래 보존할 수 없다
금과 옥이 가득 차도 그것을 지킬 수가 없고
그만두는 것만 못하다
부귀하되 교만하면 스스로 허물을 남기게 되니
오래 보존할 수 없다
공을 이루면 자신은 물러나는 것이 하늘의 도다

제2장

성실함과 추진력을 갖춘 유방의 살림꾼

소하

"낳지만 자기 것으로 소유하지 않고, 작위하지만 뽐내지 않으며,

길러주지만 부리지 않는 것을 일러 현묘한 덕이라고 한다."

_《노자》, 제10장

유방의 신뢰를 얻고 관중을 지키다

장량은 유방이 어떤 방향으로 나아가야 할지 큰 줄기를 잡는 총괄 기획을 했는데 그 기획을 구체적으로 하나씩 실천해나간 사람은 소하였습니다. 소하는 "나라를 어루만지고 백성들을 위로하며 양식을 공급하고 운송 도로를 끊이지 않게 하는" 실무를 성실하고 완벽하게 수행했습니다. 이런 소하의 공을 유방은 가장 큰 것이라 생각했습니다.

한나라 5년(기원전 202) 유방이 항우를 격파하고 천하를 평정한 후 곧이어 논공행상이 벌어집니다. 여러 신하들이 서로 공을 다투다보니 1년이 지나도록 결판이 나지 않았습니다. 이때 유방은 소하가 가장 큰 공이 있다고 여겨 차후酇侯로 봉하고 가장 많은 식읍을 내립니다. 하지만 신하들은 이렇게 말하며 반발합니다.

신들은 몸에는 갑옷을 입었고, 손에는 예리한 창칼을 잡고서 많은 자는 일 백 번 넘게 싸움을 했고, 적은 자는 수십 번을 싸웠습니다. 성을 공격하고 땅을 빼앗음에 공로의 크고 작음에 각자 차이를 두어야 합니다. 그런데 지금 소하에게 어찌 땀 흘린 공로가 있다고 할 수 있습니까? 그는 한갓 글과 붓을 잡고 의논했을 뿐 전쟁도 하지 않았는데 오히려 저희보다 등급이 높으니, 어찌된 까닭입니까?

목숨을 걸고 전장을 누빈 장수들이 당연히 가질 수 있는 불만이었습니다. 하지만 유방은 이렇게 말하며 그들의 주장을 일축합니다.

사냥에서 들짐승과 토끼를 쫓아가 죽이는 것은 사냥개이지만, 개의 줄을 풀어 짐승이 있는 곳을 알려주는 것은 사람이오. 지금 여러분들은 한갓 들짐승에게만 달려갈 수 있는 자들뿐이니, 공로는 마치 사냥개와 같소. 소하로 말하면 개의 줄을 놓아 방향을 알려주니, 공로는 사냥꾼과 같소. 더욱이 그대들은 단지 혼자서 나를 따랐고 많아봤자 두세 명뿐이었소. 지금 소하는 그의 모든 가문의 수십 명을 거느리고 나를 따라 전쟁을 치렀으니, 그의 공은 잊을 수 없소.

참으로 심한 말이었습니다. 유방은 불평하는 다른 신하들을 '사냥개'에, 소하는 사냥개를 몰아 사냥을 하는 '사냥꾼'에 빗대었으니 말입니다. 이런 심한 말에 다른 신하들은 입을 다물 수밖에 없었습니다. 소하에 대한 유방의 신뢰와 평가는 이 정도였습니다.

소하는 유방과 동향 출신이었고 유방이 패현에서 평민으로 협객 노롯을 할 때부터 관리의 신분으로 유방을 돌봐주었습니다. 유방이 사수의 정장이 되었을 때에도 소하는 유방을 도왔고 유방이 관리로서 함양으로 부역을 떠날 때에는 500전을 주며 300전을 낸 다른 관리와 다르게 돈독한 정을 보이기도 했습니다. 후일 유방은 이 일을 잊지 않고 소하에게 2,000호의 식읍을 더 주었는데, 당시에는 쉽지 않은 일이고 큰 도움이 되었다는 것을 알 수 있습니다.

사실 유방이 처음 봉기할 수 있었던 것도 소하 덕분이었습니다. 진승이 봉기를 하고 각 군현에서 이에 호응할 때 소하와 조참은 현령에게 유방을 불러들여 진을 배반하라 권유합니다. 이때 유방은 고작 100여 명 정도의 무리를 이끌고 있는 상황이었습니다.

하지만 현령은 유방의 무리가 배신할까 두려워 성문을 잠그고 수비했고 소하와 조참마저 죽이려 했습니다. 소하와 조참은 성벽을 넘어 도주해 유방의 무리에 합류했고, 패현의 부형들에게 편지를 써서 현령을 죽이도록 유도했고, 결국 유방은 패현을 차지해 패공沛公이 됩니다.

이때의 일은 소하가 기획한 것으로 보입니다. 문서를 다룰 수 있는 사람이 소하 외에는 없었기 때문이었습니다. 소하는 패현의 사정을 잘 알고 있었기에 편지 한 장으로 힘들이지 않고 진의 관리인 현령을 제거할 수 있었습니다.

천하가 진나라 때문에 고통당한 지 오래되었습니다. 지금 나이든 어른들께서 패현 현령을 위해 성을 지키고 있으나, 제후들이 모두 들고 일어났으니 조만간 패현을 도륙할 것입니다. 패현 사람들이 지금 함께 현령을 죽이고 젊은이들 중에서 내세울 만한 자를 골라 받들어 제후들에게 호응한다면 가족과 집을 보전할 수 있을 것입니다. 그렇지 않고 아버지와 아들이 함께 죽는다면 의미가 없게 됩니다.

유방과 소하는 항우와는 다른 사람들이었습니다. 항우는 항량과 처음 봉기할 때 거칠고 강한 힘을 사용합니다. 회계 군수 은통殷通이 함께 진에 반기를 들자고 의논할 때 "때가 되었다"는 항량의 신호에 항우는 단번에 은통의 머리를 베고 달려드는 군사를 거의 100명이나 죽인 거친 방법으로 병권을 차지합니다. 어떤 계교나 작전이 아니라 전광석화와 같은 신속하고 강렬한 힘으로 상대방을 제압한 것이었습니다. 하지만 소하나 유방은 달랐습니다.

사실 소하와 유방의 편지는 고향의 부형들을 협박하는 내용이었습니다. 항우는 거친 힘을 사용해서 군수를 먼저 죽이고 나서 이전에 알던 세력 있는 관리들을 불러 대사를 일으킨 바를 설명하고 오중吳中에서 군대를 일으켰습니다. 하지만 바닥의 민심을 잘 아는 지혜로운 소하는 그런 거칠고 위험한 방법을 사용할 필요가 없었습니다.

유방은 소하를 절대적으로 신뢰했고 깊이 의존했습니다. 한신이 항우의 진영에서 인정 받지 못하고 유방을 따라 파촉으로 왔다가 여전히 발탁되지 못해 도망쳤을 때 소하가 유방에게 보고할 겨를도 없이 한신을 찾으러 나선 적이 있었습니다. 이때 사람들은 소하마저 파촉을 견디지 못해 도망간 것으로 생각했습니다. 이 소식을 전해 들은 유방은 '양손을 잃은 듯[如失左右手]' 당황했다고 《사기》는 적고 있습니다. 유방에게 소하는 양손과 같은 사람이었고 그것은 조금의 과장도 아니었습니다.

귀양지나 마찬가지인 파촉으로 쫓겨가는 유방을 잘 달래어 미래를 대비하도록 한 것도 소하였습니다. 유방은 파촉으로 가라는 항우의 지시에 흥분해 항우를 공격하려 했지만 소하는 "신이 바라건대 대왕께서는 한중에서 왕 노릇하시면서 그 백성들을 잘 기르고 똑똑한 사람을 이르게 하고 파촉을 거두어들여서 다시 삼진을 평정한다면 천하는 도모해볼 수 있습니다"라며 흥분한 유방을 다독였습니다.

그의 주장대로 유방이 군사를 일으켜 동진해 삼진을 평정하러 갔을 때, 소하는 승상으로서 파촉에 남아 잘 지키면서 세금을 거두고 지역을 안정시키고 백성들에게 여러 영令을 내려 필요한 사항들을 알렸고 군대의 양식을 보급하도록 독려했습니다.

한고조 2년 유방과 여러 제후들이 초나라를 격파하러 갔을 때에도 소하는 태자를 모시면서 관중을 잘 지켰습니다. 소하는 법령과 규약을 제정했고, 종묘사직 궁실과 현읍의 사무기구 등을 설치했습니다. 이런 일들을 행할 때 소하는 독단적으로 일을 하지 않았고 매번 유방에게 보고해 윤허를 받은 후에 실행했습니다. 불가피하게 보고하지 못한 경우에는 가장 합리적으로 처리한 후 나중에 반드시 내용을 보고했습니다.

소하는 관중에서 호구를 관리하고 식량을 징수해 그것을 육로 또는 수로로 군대에 공급했습니다. 유방이 여러 차례 군대를 잃고 패배해서 도망쳤지만 소하는 늘 관중에서 사졸士卒들을 징발해 결손된 인원을 보충해주었습니다. 유방은 이런 소하에게 관중의 사무를 전적으로 책임지도록 위임했고, 후방에 대한 근심 없이 전쟁에만 집중해 결국 승리를 차지할 수 있었습니다.

소하가 관중을 잘 돌본 것은 유방이 승리한 결정적인 원인들 중 하나였습니다. 함곡관 안쪽인 관중은 황토의 넓은 분지로 위수渭水의 수리를 이용한 농업이 발달한 곳이었고, 진나라 이후 한나라와 당나라도 기반을 둘 정도로 중요한 곳이었습니다. 장량도 소하도 이곳을 중요하게 생각해 유방의 기반으로 만들었던 것입니다.

하지만 항우는 이 관중지역의 중요성을 제대로 알지 못했습니다. 항우가 함양을 도륙하고 재화와 보물 및 부녀자를 차지해 동쪽으로 돌아가려고 할 때, 한생韓生이라는 세객이 "관중은 산과 강으로 막혀 있는 데다 사방이 요새이며 땅은 기름졌으니 도읍으로 해 패왕이 될 만합니다"라며 권합니다. 하지만 항우는 "부유하고 귀해졌는데도 고향에 돌아가지 않는 것은 비단옷을 입고 밤에 가는 것과 같으니 누가 그것을 알아주겠는가?"라며 거부합니다. "사람들이 초나라 사람은 원숭이가 사람 모자를 쓴 것일 뿐이라고 했는데, 과연 그렇구나"라고 한생이 한탄하자 항우는 그를 삶아 죽여버립니다.

관중에서 인심을 얻었고 소하가 관중을 잘 돌보니 유방은 천하를 이미 한 번 통일한 진나라를 등에 업고 항우와 싸움을 하는 것과 유사한 상황이 되어버린 것이었습니다.

소하가 관중을 잘 돌볼 수 있었던 것은 그가 천성이 선하고 성실한 사람이었기 때문이었습니다.《한서漢書》는 "패현의 주리主吏(인사 총무를 담당하는 관리)를 담당하면서 법을 이용해 남을 해롭게 하지 않았다[以文毋害爲沛主吏掾]"라며 소하에 대한 소개를 시작합니다.

글과 법을 아는 지식인들은 그것을 권력으로 이용해 무지한 사람들을 억압하고 그 위에 군림하려 듭니다. 하지만 소하는 그런 종류의 지식인이 아니었습니다. 그는 말단 관리로 있을 때부터 권력을 선하게 사용했던 사람이었습니다. 그래서 유방의 손과 발이 되어 권력을 사용했지만 남에게 원망을 듣는 일이 별로 없었던 것입니다. 그는 권력으로 자신의 권세를 추구하지 않았고, 권력이 제 역할을 하도록 잘 보좌했으며, 권력으로 세상을 잘 돌보려 노력했던 사람이었습니다.

시대의 흐름을 잘 파악한 온건한 개혁가

소하는 큰 흐름을 읽을 줄 알았고 그 흐름 속에서 자신이 해야 할 구체적인 일이 무엇인지 잘 파악해 성실하게 실천한 사람이었습니다. 사마천은 소하의 이런 점을 누구보다 잘 지적하고 있습니다.

상국 소하는 진나라 때에는 도필리刀筆吏(관청의 문서 기록 담당)가 되어, 하는 일 없이 평범하여 이렇다 할 만한 업적도 없었다. 그러나 한나라가 흥성했을 때, 해와 달 같은 황제의 남은 빛에 의지하여, 소하는 삼가면서 관중을 굳게 지켰으며, 백성들이 진나라의 법을 증오하는 것을 알고 그것을 시대의 흐름에 따르게 하면서 다시 새롭게 만들었다. 회음후와 경포 등은 모두 주살되었지만, 소하의 공훈은 찬란하다. 지위는 군신 중 으뜸이었고, 명성은 후세까지 이어졌으니, 굉요閎夭와 산의생散宜生 등과 그 공적을 다툴 수 있게 되었다.

소하는 유방에게 의지해 일을 했고 시대적인 흐름을 잘 파악해 그에 맞게 조금씩 상황을 새롭게 개선해나간[順流與之更始] 온건한 개혁가였습니다. 시대적인 큰 흐름을 제대로 파악하지 못하면 적절한 처신을 하기에 힘이 듭니다. 대세를 판단할 줄 아는 소하의 판단력은 유방에게 큰 힘이 되었습니다.

소하가 진秦의 고위 관리가 될 수 있는 기회를 사양한 것도 이런 대세에 대한 판단과 연관이 있지 않은가 합니다. 진의 어사禦史가 공무를 감독하려고 지방에 와서 소하와 함께 일을 했는데 소하는 늘 일을 조리 있게 잘 처리했고 공무를 처리하는 성적이 제일이었습니다. 그래서 진의 어사는 소하를 입조시켜 등용하고자 했지만 소하는 극구 사양하고 가지 않았습니다. 고위직에 오를 기회를 극구 사양한 것을 보면 소하가 진나라에 대해 큰 기대를 하지 않았다는 것을 알 수 있습니다.

소하가 단순히 실무만을 담당하는 아전衙前에 그치지 않고 한 나라의 승상이 될 수 있었던 것은 그가 큰 흐름을 볼 줄 아는 사람이었기 때문이었습니다. 소하는 실무적인 능력과 멀리 보는 능력을 동시에 지닌 보기 드문 사람이었습니다. 그래서 그는 복잡한 권력의 틈바구니 속에서 매몰되지 않고 먼 미래를 내다보며 권력을 잘 돌볼 수 있었습니다.

소하가 대세의 흐름을 잘 파악했지만 그의 탁월한 점은 역시 구체적인 실무를 잘 다룬다는 점이었습니다. 그는 병참보급이라는 가장 구체적이고 중요한 실무를 꼼꼼하게 처리해낸 사람이었습니다. 소하의 이런 점을 가장 잘 알고 있었던 사람은 관내후關內侯 악천추鄂千秋였습니다.

유방은 소하를 가장 크게 봉했고 위계에서도 첫째로 두고 싶어 했습니다. 조참을 수위에 두어야 한다는 다른 신하들의 의견에 악천추는 다음과 같이 말했는데, 이는 소하의 공적을 가장 잘 말한 것이었습니다.

여러 신하들의 논의는 모두 잘못되었습니다. 조참이 비록 야전에서 땅을 빼앗은 공이 있지만, 그것은 단지 한때의 일일 뿐입니다. 황상께서 초나라와 맞선 지 5년이 되어, 군사를 잃고 백성들을 잃어버려 홀몸으로 달아나신 것이 여러 번입니다. 그러나 소하는 항상 관중으로부터 군대를 보내 그 결원을 모았는데, 이러한 것들은 황상께서 명령이나 조서를 내려 부른 것도 아니고, 또한 수만의 무리들을 황상의 군대가 부족하거나 없어졌을 때 보낸 것이 여러 번이나 됩니다. 한나라와 초나라가 형양에서 맞선 지 몇 년이 되어 군사들에게 줄 양식도 보이지 않을 때, 소하는 수로를 통하여 관중의 양식을 군사들에게 공급하여 부족함이 없게 했습니다. 폐하께서 비록 여러 차례 효산 동쪽을 잃기도 하셨으나 소하는 늘 관중을 잘 보전함으로써 폐하를 기다렸으니, 이는 만세의 공입니다. 지금 비록 조참과 같은 사람 100여 명이 없다고 한들 어찌 한나라에 부족할 것이 있겠습니까?

관중을 잘 지키고 철저한 병참보급으로 유방이 승리하도록 뒷받침한 소하의 공을 가감 없이 잘 표현한 악천추의 말에 유방은 "좋소" 하며 소하를 공신들 중 제일로 확정했습니다. 그리고 소하가 상전上殿에서 칼을 차고 신을 신는 것을 특별히 허락했으며, 황제를 배알할 때에도 작은 걸음으로 조급히 걷지 않아도 되도록 허락했고 악천추에게도 상을 내렸습니다.

악천추의 말대로 관중을 잘 보존하고 양식과 군사를 잘 조달한 소하의 공은 "만세의 공"이라 할 수 있습니다. 사실 항우가 패배한 것도 후방을 안정시키고 보급을 원활하게 할 소하와 같은 부하가 없었기 때문이었습니다. 팽월은 항상 후방을 공격해 항우는 군사와 양식을 제때 보급받지 못했고 전방의 싸움에 전념할 수가 없었습니다. 소하가 항우 밑에 있었다면 승리는 항우가 차지했을 것입니다.

실무에 대한 소하의 관심과 능력은 유방이 함양에 진입했을 때 두드러지게 나타납니다. 유방이 군사를 일으켜 패공이 되었을 때 소하는 처음부터 승상의 역할을 하며 공무를 담당했습니다. 유방이 함양에 진입했을 때에 모든 장수들은 앞다투어 금은보화가 가득한 창고로 달려가 그것을 나누어 가지기에 바빴지만 소하는 그렇게 하지 않았습니다. 승상으로서 누구보다 우선권을 가지고 있었는데도 말입니다.

소하가 가장 먼저 챙긴 것은 진나라의 승상부丞相府와 어사부禦史府의 법령문서들과 도적문서圖籍文書들이었습니다. 소하는 그것들을 모두 정리해 반출해서 숨겨 보관했습니다. 놀라운 행동이 아닐 수 없습니다. 아무도 관심을 가지지 않은 것을 소하는 가장 중요시했습니다. 유방의 부하들뿐 아니라 이어 입성한 항우와 그의 부하들도 약탈과 파괴만 했을 뿐 그 누구도 소하처럼 진의 문서들을 챙기지 않았습니다.

이 대목에 대해서 사마천은《사기》에 이렇게 적어놓았습니다.

패공이 한왕이 되자 소하를 승상으로 삼았다. 항왕은 제후들과 함께 함양을 약탈하고 불사르고 떠났다. 한왕은 천하의 험준한 요새와 호적과 인구수의 많고 적음, 물자가 많거나 적은 곳, 백성이 고통스러워하는 것 등을 모두 알고 있었는데, 이는 소하가 진나라의 그림과 도서 및 문서들을 손에 넣었기 때문이다.

소하가 진의 문서를 장악한 것은 이런 이유 때문이었습니다. 소하의 이런 노력 덕분에 유방은 천하의 사정과 민중의 삶과 고통에 대해서 잘 알게 되었습니다. 항우는 오로지 무력을 통해서 천하를 차지하려 애썼지만 세상에 대한 온전한 이해 없이 좋은 전략이 나올 수 없고 싸움에서 이길 수 없다는 것을 알지 못했습니다. 소하와 같은 부하를 두지 못한 항우는 유방에게 패할 수밖에 없었습니다.

실무적으로 일을 조심스럽게 해나가는 소하의 모습은 한신과 유방을 연결할 때에도 잘 드러납니다. 항우의 진영에서 유방에게로 온 한신은 자주 소하와 대화를 했고, 소하는 한신의 출중한 능력을 알아봤습니다. 유방이 파촉의 수도인 남정에 이르렀을 때 장수들 중에서 도망친 자가 수십 명이 될 정도였는데 제대로 등용되지 못한 한신도 이때 도망쳤습니다. 한신은 소하가 여러 차례 자신을 유방에게 추천했으나 유방이 자신을 등용하지 않은 것이라 생각하고 성급하게 도망쳤던 것입니다. 한신이 도망을 쳤다는 말에 소하는 유방에게 알리지도 못한 채 급히 한신을 추격했고 사람들은 소하 역시 도망쳤다고 유방에게 아뢰었습니다.

유방은 양손을 잃은 듯 크게 성을 냈고 며칠 뒤 소하가 돌아와 배알해 한신을 쫓았다고 말하자, "장군들 가운데 도망친 사람이 열이나 되는데 너는 누구 하나 뒤를 쫓아간 일이 없지 않느냐. 한신을 뒤쫓았단 말은 거짓말이다"라며 질책합니다. 소하는 아직 유방에게 한신을 적극적으로 알리지 않은 상황이었던 것입니다.

소하는 "그따위 장군들은 얼마든지 얻을 수 있습니다. 한신 같은 인물은 일국에 둘도 없는 인물입니다. 왕께서 앞으로 계속 한중의 왕으로 만족하실 생각이시라면 한신을 문제 삼을 필요는 없습니다. 그러나 기어코 천하를 놓고 다툴 생각이시라면 한신이 아니고서는 함께 일을 꾀할 사람이 없습니다"며 강력하게 한신을 천거합니다. 유방은 귀가 번쩍 틔었고, 소하는 "왕께서 굳이 동쪽으로 나가실 생각이시면 한신을 등용하십시오. 그러면 한신은 머물러 있을 것입니다. 그렇지 않으면 한신은 끝끝내 달아나고 말 것입니다"라고 등용을 권합니다. 유방은 즉시 한신을 장군으로 삼겠다고 말했지만 소하는 "장군이 되는 것만으로는 한신이 반드시 머물 것이라고 볼 수는 없습니다"라고 말했습니다. 이에 유방은 한신을 당장 대장군으로 임명하겠다고 합니다. 이때 소하는 유방에게 이렇게 말합니다.

왕께서 평소에 거만하여 예를 차리지 않습니다. 지금 대장군을 임명하는 데도 마치 어린아이를 부르는 정도밖에 생각하지 않고 계십니다. 이것이 바로 한신이 도망치는 까닭이옵니다. 왕께서 한신을 기어코 대장군으로 임명하실 생각이시라면 좋은 날을 가려 재계를 하시고 단장壇場을 베풀어 예식을 갖추는 것이 옳은 줄로 아옵니다.

소하가 말한 예禮는 일을 이루는 절차를 의미했습니다. 소하는 일의 경중에 따라 절차가 다르며 적당한 형식이 갖추어질 때 비로소 일이 이루어지는 것임을 잘 알고 있었습니다. 기다리지 못하고 도망친 한신이나 절차와 방법을 무시하고 그저 생각나는 대로 행동했던 유방은 모두 일을 이루는 데는 소하에 미치지 못했습니다.

유방은 출중한 지도자였고 한신은 대단한 장군이었지만 소하가 없었더라면 그들은 서로 만나지도 못했을 것입니다. 유방은 한신을 알아보지 못했을 것이고, 설사 알아봤다고 하더라도 한신의 자존심을 충족시켜주지 못해 결국 잃고 말았을 것입니다.

유방이 대장을 세우겠다고 발표했을 때 유방의 부하들은 모두 기뻐하며 자신이 대장이 되리라 여겼습니다. 그런데 듣도 보도 못한 한신이 대장이라는 사실에 모두 깜짝 놀랐습니다. 소하가 엄격하고 권위 있는 예식을 요구한 것은 한신의 자존심을 충족시키려는 의도뿐 아니라 다른 장군들의 반감과 불만을 잠재우기 위한 의도이기도 했습니다. 소하는 일을 이루는 데 나타나는 여러 문제들을 함께 고려해 적절한 방법을 찾을 줄 아는 실천가였습니다.

기원전 199년 천하를 평정한 후 유방이 한왕 신信의 반군과 여전히 싸움을 하고 있을 때, 소하는 미앙궁未央宮을 축조해 동궐東闕·북궐北闕·전전前殿·무고武庫·태창太倉을 크게 지어 궁궐이 매우 웅장해집니다. 돌아와 이를 본 유방은 "천하가 흉흉해 전란으로 고생한 지 몇 년이 되었어도 성패를 아직 알 수 없는데, 무엇 때문에 이다지도 궁실을 과하게 지었는가?"라며 소하를 꾸짖습니다. 유방은 소박함과 자연스러움을 추구하는 미덕을 지니고 있어서 사치스러움을 좋아하지 않았고 백성들을 피곤하게 하고 싶지 않았던 것입니다.

그러자 소하가 "천하가 아직 안정되지 않았기 때문에 이를 틈타 궁실을 지을 수 있었습니다. 게다가 천자는 천하를 집으로 삼는 법이니, 궁전이 웅장하고 화려하지 않으면 존귀와 위엄이 없게 되며, 또한 후세에서도 더욱 웅장하고 화려한 궁전을 지을 수 없게 될 것입니다"라며 그 이유를 설명합니다. 유방은 그제야 기뻐했습니다.

소하는 실무적인 절차를 중요하게 여겼고, 그래서 한왕조가 건립된 후 유방이 제정한 육법삼장六法三章만으로는 충분히 다스릴 수가 없다는 것을 알아 진나라의 법을 기초로 그 내용을 취사선택하여 구장률九章律을 제정하기도 했습니다. 소하의 구장률은 후대에 나타나는 많은 법령들의 모범이 되었습니다.

소하가 얼마나 철저하고 명확하게, 구체적으로 법과 절차를 잘 제정해두었는지를 보여주는 일화가 있습니다. 소하가 죽은 후 조참이 뒤를 이어 승상이 되었는데 조참은 일을 하지 않고 술을 마시며 놀기만 했습니다. 혜제가 꾸짖자 조참은 이렇게 말합니다.

고제(유방)와 소하가 천하를 평정했고, 법령도 이미 명확해졌습니다. 지금 폐하께서는 팔짱만 끼고 계시고 저희 대신들도 직책만 지키면서 옛것을 따르기만 하고 바꾸지 않으려고 하니, 이 또한 옳지 않습니까?

조참은 새롭게 일을 벌이지 않고도 좋은 정치를 할 수 있었는데, 우선 소하가 법과 절차를 명백하게 잘 제정해놓았고, 법과 절차가 현실에서 적실하게 작동하고 있었기 때문이었습니다. 백성들은 소하가 법령을 제정한 것이 "명백하여 한 획을 그은 것" 같다고 칭송했고 "백성들이 한결같이 편안하네"라고 칭송하는 노래를 불렀습니다.

진나라의 법과 제도는 백성들의 삶을 옥죄는 것이었지만 소하의 법과 제도는 백성들의 삶을 편안하게 해주는 것이었습니다. 소하는 일이 이루어지는 현장을 잘 알고 있었고 백성들의 고난과 질고가 무엇인지 잘 이해하고 있었습니다. 그래서 그는 맑고 고요한 정책을 제정하고 집행할 수 있었던 것입니다.

끝까지 2인자로 충성하다

소하는 자신의 그릇을 스스로 잘 알고 있었습니다. 그래서 평생 권력자의 그늘 뒤에서 조용히 2인자로 살며 자신의 한계를 벗어나지 않고 해야 할 바를 성실히 이행했습니다. 그는 자신의 성격과 능력, 한계를 정확히 인식하고 있었습니다.

유방이 처음 봉기했을 때 소하는 사실 유방보다 더 나은 위치에 있었습니다. 그는 진의 관리였고 패현 사람들의 두터운 신망을 받고 있었습니다. 하지만 소하는 나서지 않았습니다. 우선 자신의 목숨을 소중히 여겼기 때문이었습니다. 소하는 봉기가 실패할 경우 멸족의 화를 당할까 두려워했습니다. 이런 자는 지도자가 될 자격이 없습니다. 그래서 소하는 가족이라는 협소한 울타리를 넘어설 줄 아는 큰 그릇이었던 유방에게 양보했습니다.

유방은 이때 이미 여러 신비스러운 길조들을 가지고 있었고 자신을 큰 존재로 여겨 큰일을 하려는 포부가 있었습니다. 하지만 소하는 유방의 뒷자리를 차지하는 데 만족했으며 공명심을 부리지 않았습니다. 소하는 평생 주역이 되지 않았고, 한발 뒤로 물러서 충실히 유방과 여후를 보좌했습니다.

소하는 장량처럼 자제하는 삶을 살았습니다. 그는 집과 밭은 반드시 외딴 곳에 마련했고 집을 지을 때에는 담장을 치지 않았습니다. 그는 "후세의 자손이 현명하다면, 나의 검소함을 본받을 것이고, 현명하지 못하더라도 권세 있는 사람에게 빼앗기지는 않을 것이다"라고 말하곤 했습니다. 소하가 오랫동안 권력의 핵심에서 실족하지 않고 권력을 잘 돌볼 수 있었던 것은 이처럼 자제하는 삶의 태도를 가지고 있었기 때문이었습니다.

소하는 유방과 친구 같은 사이였고 절대적인 신임을 받아 모든 문제들을 도맡아 처리하도록 위임받았지만 위기는 있었습니다. 그들의 관계가 단순히 사적인 관계가 아니라 권력의 관계였기 때문이었습니다. 권력은 도전을 허락하지 않는 위험하고 냉혹한 것임을 소하는 잘 알고 있었고, 자제하는 태도로 위기를 잘 헤쳐나갔습니다.

한고조 3년 경현과 삭정에서 항우와 대치하고 있을 때, 유방은 여러 번 소하에게 사자를 보냅니다. 이때 포생鮑生이라는 자가 소하에게 "한왕이 햇볕에 그을리고 벌판에서 이슬을 맞는 고된 전쟁에서도 여러 번 사신을 보내 당신을 위로하는 것은 당신을 의심하고 있기 때문입니다. 당신을 위해 계책을 내보니 당신의 자손들과 형제들 중에서 싸울 수 있는 자들을 뽑아서 한왕이 있는 군영으로 가게 하는 것이 더 낫습니다.

그러면 황상은 반드시 당신을 더욱 신임할 것입니다"라고 권고합니다. 소하는 주저하지 않고 이 말을 받아들입니다.

소하가 그저 순수하거나 교만한 자였다면 유방이 자신을 의심할 리 없다며 포생의 말을 무시하거나 오히려 화를 냈을 것입니다. 하지만 소하는 자제하는 자였고 의심으로 가득한 권력의 속성을 잘 알고 있었습니다. 그래서 소하는 포생의 권고를 그대로 따랐고 유방은 소하가 몸을 낮추고 자제들을 보내오자 크게 기뻐했습니다.

한신이 죽었을 때에도 이와 유사한 일이 벌어집니다. 한고조 10년 유방은 진희陳豨의 반란을 진압하기 위해서 떠났고 그 틈을 타 여후는 한신을 죽입니다. 소하는 한신을 잡는 데도 큰 공을 세웠습니다. 그래서 "성공하는 것도 소하에 달려 있고, 실패하는 깃도 소하에 달려 있다[成也蕭何敗也蕭何]"는 말이 나오기도 했습니다.

유방은 공을 세운 소하를 상국을 삼고 식읍을 5,000호나 더해주고 500명의 병사들과 도위로 구성된 호위부대로 소하를 호위하게 합니다. 수많은 사람이 찾아와 소하를 축하했지만 소평召平만은 소하를 찾아와 오히려 조문합니다. 소평은 유방이 호위부대를 설치한 것은 소하를 보호하기 위해서가 아니라 오히려 의심해서라고 하면서 다음과 같은 말을 소하에게 권합니다.

화는 이로부터 비롯될 것입니다. 황상이 바깥에서 햇볕에 그을리고 이슬을 맞았으나 당신은 안에서 궁전을 지켰고, 화살과 돌이 난무하는 전쟁을 치르지 않았으면서 오히려 당신의 봉지를 더하고 호위부대까지 두게 되었으니, 이것은 지금 회음후가 안에서 막 반란을 일으켰으므로 황상이 당신의 마음

을 의심하는 것입니다. 호위부대를 두어 당신을 호위하는 것은 당신에게 은
총을 베푸는 것이 아닙니다. 원컨대 당신은 봉읍을 사양하여 받지 마시고,
당신의 재산으로 군비에 보태신다면, 황상은 마음속으로 기뻐할 것입니다.

이때 소하는 소평의 권유에 따라 재산을 모두 군비에 바쳤고, 유방 또
한 크게 기뻐합니다. 소평은 가문이 몰락한 후 장안성長安城에서 오이를
키우고 있었는데 그의 오이는 맛이 좋아 세간에서는 그의 봉호를 따 '동
릉과東陵瓜'라고 불렸습니다. 그는 오이를 잘 돌보는 것처럼 권력을 잘
돌볼 줄 아는 현인이었습니다.

권좌에 있는 사람들은 남의 말을 듣지 않고 권력을 휘두르려고만 할
뿐 자신과 주변을 잘 돌아보지 않습니다. 그래서 보통 패망의 길로 달
리는데, 소하는 남의 말을 잘 들었고 자신과 주변을 잘 돌아보았습니다.
그래서 그는 오래갈 수 있었습니다.

여기에서 끝이 아니었습니다. 유방이 영포의 난을 평정했을 때에도
비슷한 일이 벌어집니다. 유방은 직접 출정해 영포의 난을 평정했고 소
하는 여전히 관중을 성실하게 다스리며 백성들을 위로하는 한편 자신
의 가산을 털어 군대를 지원했습니다. 그럼에도 유방은 몇 번이나 관중
으로 사람을 보내서 소하가 무슨 일을 하고 있는지 물었습니다. 이때 소
하의 한 측근은 소하가 관중 백성들의 사랑을 받고 있고, 백성들이 잘
따르기 때문에 혹시나 관중을 동요시킬까 두려워 감시를 하기 위해 사
람을 보낸 것이라 말해줍니다. 그리고 밭을 싸게 사서 전대해 스스로 명
예를 훼손해 화를 피하라고 충고합니다.

소하는 이 측근의 말을 들었다가 백성들의 밭과 집 수천만 전어치를

싸게 샀다고 고발당합니다. 유방은 소하를 꾸짖었고 직접 백성들에게 사과하도록 시킵니다. 소하는 여기에서 한술 더 떠 천자의 정원인 상림원上林苑에 놀고 있는 땅을 백성들에게 내어놓아야 한다고 주장해 유방의 분노를 사고 구금됩니다.

이때 왕위위王衛尉가 "폐하께서 초나라와 대치하신 지 여러 해 되었고, 진희와 경포가 모반했을 때 폐하께서는 스스로 장수가 되어 평정하러 갔는데, 이때에도 상국이 관중을 지키면서 발을 빼고 동요했더라면 함곡관 서쪽지역은 폐하의 소유가 아닐 것입니다"라며 소하의 무죄를 강력히 변호했습니다. 유방은 기분이 언짢았지만 소하를 풀어줄 수밖에 없었습니다. 연로한 소하는 맨발로 유방 앞에 나아가 깊이 사죄해 용서를 받았습니다. 사실 잘못한 것이 하나도 없는데도 말입니다.

소하가 견뎌야 했던 것은 정치적인 것의 피할 수 없는 운명이었습니다. 정치는 권력에 대한 것이고 권력은 분명한 위계질서를 요구하며 그어떤 도전을 허락하지 않는 냉정하고 무서운 것입니다. 소하의 선한 행위와 인기는 오히려 유방에게 도전이 될 수 있었고 과거의 공훈이나 정情, 결백함에 대한 변명으로 그런 도전이 해소될 수는 없습니다.

소하는 자신의 결백을 주장하지 않았고 우선 가진 것을 모두 버려 자신을 무력화시켰습니다. 그래서 소하는 의심에서 벗어날 수 있었고 살아남을 수 있었습니다. 소하처럼 가진 것을 버리지 못한 한신과 팽월, 영포는 결국 패망하고 말았습니다. 그들은 도전을 허용하지 않는 권력의 비정한 법칙을 제대로 이해하지 못했던 사람들이었습니다.

유방은 자유분방한 사람이어서 자신의 욕망에 충실했고 다른 사람의 욕망도 자연스럽게 인정했습니다. 자신이 천하를 차지하고 싶은 만큼 다른 사람도 그럴 것이라 생각했습니다. 그래서 평생을 소탈하게, 가장 헌신적으로 자신의 곁을 지킨 소하마저 여러 번 의심했던 것입니다.

소하는 죽음에 임박해서도 자제하며 충성을 다하는 모습을 보였습니다. 소하가 병이 들자 혜제는 친히 소하에게 문안을 왔고, "그대가 만일 죽게 된 다음에 누가 그대를 대신할 수 있겠소?"라고 묻습니다. 소하는 "신하를 아는 사람은 군주만한 사람이 없습니다"라며 겸손하게 입을 닫습니다. 혜제는 소하와 조참의 사이가 좋지 않다는 것을 알면서도 "조참은 어떻소?"라고 물었고, 소하는 머리를 조아리며, "폐하께서는 적당한 사람을 얻었습니다. 신은 죽어도 여한이 없습니다"라고 답합니다. 소하는 자신이 상국이 되고 조참이 장군이 되면서 사이가 벌어졌지만 조참을 비방하지 않았고 겸손하게 조참을 혜제에게 추천한 것이었습니다.

한혜제 2년(기원전 193) 소하는 죽었으나 '문종후文終侯'라는 시호를 받습니다. 문서, 법도, 예의, 조리條理 등을 지칭하는 '문文'의 궁극을 이루었다는 의미라면 소하의 삶과 가장 잘 어울리는 시호가 아닐 수 없습니다. 소하의 후손은 여러 번 죄를 지어 봉호를 잃었지만 천자는 번번이 후손을 찾아 다시 봉할 정도로 소하는 죽어서도 오래도록 그 공을 인정받았습니다. 모든 것을 버릴 때 모든 것을 얻을 수 있다는 어려운 진리를 소하는 거친 정치 세계에서 몸소 보여주었습니다. 소하는 권력의 2인자가 어떻게 처신해야 하는지를 가장 잘 알려주었습니다. 그래서 그는 오랜 세월동안 아름다운 모범으로 우리에게 깊은 교훈을 주고 있는 것입니다.

| 제3장 |

냉철하게 상황을 판단한 현장사령관

한신

"쥐고 있으면서 더 채우려는 것은 그만두니만 못하고,

다듬어 뾰족하게 하면 오래 보존할 수 없다."

_《노자》, 제9장

적의 약점부터 공략한 승부사

한신은 장량, 소하와 더불어 한나라 개국 3걸로 불립니다. 장량이 전체적인 구도를 마련했고, 소하가 붓과 물감을 준비했다면, 한신은 큰 붓을 들고 화판에 다가가 직접 그림을 그렸다고 말할 수 있습니다.

한신의 큰 공을 사마광司馬光은 이렇게 말하고 있습니다.

세상에서 어떤 사람이 한신이 첫째로 큰 계책을 세웠다고 하니, 고조와 더불어 한중漢中에서 군사를 일으켜 삼진을 평정하고, 드디어 군사를 나누어 가지고 북쪽으로 가서 위왕魏王을 사로잡고, 대代를 빼앗았으며, 조趙를 무너뜨렸고, 연燕을 위협했으며, 동쪽으로 제齊를 공격하여 이를 소유하고 남쪽으로는 초를 해하에서 멸망시켰으니, 한漢 왕조가 천하를 소유할 수 있었던 것은 대개 모두 한신의 공로입니다.

한신은 파촉으로 쫓겨 실의에 빠져 있었던 유방에게 승리를 위한 길을 가르쳐주었고 이후에 다양한 전략을 사용해 승리를 차지하도록 한 전략의 천재였습니다. 한신이 이렇게 대단한 공을 세울 수 있었던 것은 그가 상량처럼 상황을 잘 파악한 자였기 때문이었습니다. 장량이 상황을 잘 파악하고 존중했다면, 한신은 주어진 상황을 자신의 목적에 맞게 잘 이용할 줄 알았다고 할 수 있습니다.

유방은 한신의 생각이나 능력을 제대로 파악하지도 않은 상황에서 소하의 채근 때문에 한신을 대장군으로 임명합니다. 대장군으로 임명하고 나서야 유방은 한신에게 어떤 전략을 가지고 있는지를 묻습니다.

한신은 이때 주어진 상황을 자세히 분석해 유방에게 절대적으로 승세가 있음을 알려줍니다. 우선 적장인 항우를 분석합니다. 항우는 대단한 사람처럼 보이지만 한신에게는 별 볼 일 없는 사람이었습니다. 항우는 용기를 가지고 있었지만 '필부의 용기[匹夫之勇]'에 불과하고, 항우는 사랑을 가지고 있었지만 단순히 '아녀자의 인[婦人之仁]'에 불과하다고 한신은 평가합니다. 항우는 능력 있고 어진 장수를 믿고 병권을 맡기지 못했고 공을 이룬 자를 봉작할 때에도 주저하는 자였기 때문이었습니다.

그리고 항우는 이미 큰 실수를 저질렀다고 한신은 지적합니다. 항우는 천하의 요새인 관중을 버리고 고향인 팽성으로 도읍을 옮겨 지리적으로 불리한 상황을 스스로 만들어버렸기 때문입니다. 그리고 항우는 의제와의 약속을 어겨 신용이 없는 자가 되어버렸고 자신이 친애하는 자들로 왕을 삼아 천하 제후들의 불만을 사고 있었습니다. 항우는 또한 학살과 파괴를 일삼아 천하 백성들의 원성을 사고 있었기에 천하의 용맹한 자들에게 모든 것을 믿고 맡기고 이익을 나누어주면 어렵지 않게 승리를 차지할 수 있을 것이라 한신은 주장합니다.

그리고 동진을 위해 당장 부딪혀야 할 삼진三秦의 장수들인 장한, 사마흔, 동예에 대해서도 한신은 분석을 마친 상황이었습니다. 그들은 여러 해 동안 싸움을 하며 이루 다 헤아릴 수 없을 정도의 진나라 자제들이 죽도록 했고, 휘하의 병사들을 속이고 항우에게 항복했습니다. 그리고 신안에서 부하들을 20만여 명이나 항우에게 생매장당하도록 내버려둔 자들이어서 진의 부형들은 그들에 대한 원망이 골수에 사무친 상황이었습니다. "진나라 백성들 가운데 세 사람에게 호감을 가진 사람은 없었습니다"라고 한신은 증언했고, 이는 유방도 제대로 깨닫지 못한 승리의 근거였습니다.

유방은 자신이 처한 상황에 대해서 제대로 인식하지 못하고 있었습니다. 한신은 유방이 처한 상황을 가장 잘 인식하고 있었고 그것을 유방에게 알려주었습니다. 유방은 무관武關을 통해 함양에 입성했고 터럭만큼도 백성들을 해치는 일이 없었습니다. 또한 진나라의 가혹한 법을 폐지하고 약법삼장의 법만을 두겠다고 약속해 진나라 백성들 가운데 유방이 왕이 되는 것을 바라지 않는 자가 없다고 한신은 유방에게 말해줍니다. 그리고 관중에 먼저 들어간 자가 왕이 된다고 약속한 만큼 유방은 왕이 될 분명한 명분이 있었고 관중의 백성들은 모두 이 사실을 알고 있었으므로 분명한 정당성이 있음을 말해줍니다.

심지어 한신은 유방이 파촉으로 들어가자 관중의 백성들 가운데 원망하지 않는 이가 없음을 전하며 격문 한 장이면 유방을 막고 있는 삼진은 무너질 것이라 자신합니다.

자신이 처한 상황에 대한 자세한 분석을 들은 유방은 매우 기뻐했고 한신을 너무 늦게 얻은 것을 한탄하기까지 합니다. 그리고 바로 장군들을 소집해 공격의 계획을 마련했고 삼진을 급습했습니다. 결과는 한신이 분석한 것처럼 쉬운 승리였습니다.

한신의 위대함은 바로 이런 짐에 있었습니다. 그는 유방의 대장군이되어 군사력 양성이나 군비 확충을 우선적으로 주장하지 않았습니다. 그는 우선 유방이 처한 상황을 예리하게 분석했고 승리의 가능성을 사실로 확인했습니다. 그가 항우를 떠나 유방에게로 온 것도 바로 이런 상황에 대한 분석 때문이었을 것입니다. 한신이 만약 항우의 대장군이 되었다면 상황이 항우에게 유리하도록 조성하기에 힘을 기울였을 것입니다. 항우도 상황에 대한 인식이 없었고 승리의 모든 계기를 가지고 있었지만 유방과 그의 사람들도 상황을 정확하게 파악하지 못하고 있었습니다. 한신은 그것을 깨우쳐준 것이었습니다.

정확한 상황 인식에서 전략을 도출해내는 한신의 병법은 다음의 말에서 잘 엿볼 수 있습니다.

항우는 장수들 가운데 공로가 있는 자를 왕에 봉했는데, 대왕만 유독 남정에 살게 했으니 이는 왕을 내쫓은 것입니다. 지금 군영의 관리와 병졸들은 모두가 산동 사람이라서 밤낮으로 발꿈치를 들고 돌아갈 것을 바라고 있으니, 돌아가고 싶은 날카로운 기세를 이용한다면 큰 공적을 이룰 수가 있습니다. 천하가 평정되어 사람들이 모두 스스로 평안을 찾으면 다시는 그들을 이용할 수가 없습니다. 차라리 계책을 세워 동쪽으로 고향에 돌아가 천하의 권력을 쟁취하는 것이 낫습니다.

한신은 병사들이 향수鄕愁에 빠져 있다는 것을 알았습니다. 향수에 빠져 있는 것은 전쟁에 부정적이지만 한신은 그것을 "돌아가고 싶은 날카로운 기세"로 이용할 수 있다고 생각했습니다. 불리한 상황인 '향수'를 한신은 오히려 긍정적인 힘인 '고향 수복' 의지로 바꾸어 이용할 줄 알았습니다. 유방은 병사들의 향수를 탓하며 탈영을 벌했지만 그것이 선용될 수 있다는 것을 한신을 통해 알게 되었던 것입니다.

한신이 고작 1년 반 정도의 기간 동안 2,000여 리를 행군해 위·대·조·연·제 등 다섯 나라를 평정하고, 황하 이북을 평정해 승리의 결정적인 계기를 만든 것도 이처럼 상황을 정확하게 판단하고 그것을 잘 이용할 줄 아는 능력 때문이었습니다. 위나라 왕 위표와 싸움을 할 때나, 조나라와의 배수진에서도 상황을 이용하는 이런 능력을 발휘했습니다.

유방에게 항복했다가 돌아가 다시 배신을 한 위왕 위표는 한신이 공격하자 한나라 군이 들어오는 길목인 포판蒲阪의 수비를 강화하고 임진臨晉의 수로를 막아 대비합니다. 한신은 지형을 잘 관찰한 후 상대방의 전략을 역이용합니다. 한신은 위표가 원하는 대로 상황을 조성했습니다. 대군을 이끌고 임진을 통해 황하를 건너는 것처럼 위장했고 오히려 하양夏陽에서부터 나무 항아리로 군사들을 몰래 건너게 해 위나라의 도성인 안읍安邑을 습격해 위표를 사로잡습니다.

한신은 위표의 전략을 먼저 파악했고 그것을 주어진 상황으로 인정한 후 자신의 대응책을 마련하는 '장계취계將計就計'의 전략을 사용한 것입니다. 위표가 기대하는 대로 주의를 임진으로 집중시킨 후 허를 찌르는 급습을 통해 승리를 차지했고 조나라와 싸우며 사용한 배수진도 상황을 잘 이용한 것이었습니다.

위나라를 정벌한 후 한신은 북쪽으로 연燕과 조趙를 공격했고 다시 대代 지역을 공격해 대의 군사들을 대파합니다. 전황을 보고 받은 유방은 무척 놀랐고 한신의 군사력이 커지는 것을 우려했습니다. 그래서 유방은 한신의 정예부대를 형양 일대로 보내 자신의 지휘를 기다리게 하고 5만 명의 늙은 패잔병만을 한신에게 주어 동쪽의 조나라를 치도록 합니다.

조왕과 성안군成安君 진여陳餘는 20만 대군으로 길목인 정형구井陘口에 군대를 집결시킵니다. 이때 조나라 광무군廣武君 이좌거李左車는 3만의 병사만으로 한나라의 뒤를 쳐 군량미의 보급을 막고 퇴로를 차단하고 굳게 수비를 하면 한나라군이 자멸할 것이라 주장합니다. 하지만 조왕은 이좌거의 전략을 채택하지 않습니다.

한신은 조나라의 대응을 예의주시하고 있었습니다. 이좌거의 전략이 채택되지 않은 것도 알고 있었고 그것을 다행으로 여겼습니다. 그리고 가볍게 무장한 기병 2,000명을 선발해 조나라 성채 근방에 매복시킵니다. 그다음 조나라 군대가 공격을 하느라 성을 비우면 성을 점령해 조나라의 깃발을 뽑고 한나라의 깃발을 세우라고 지시합니다. 그리고 강을 등지는 배수진背水陣을 치게 합니다. 조나라 군대는 이것을 보고 병법을 모른다며 크게 웃었습니다.

한신은 새벽에 대장의 깃발과 북을 앞세우고 정형구로 행군해 조나라 군과 격렬한 전투를 벌입니다. 그리고 거짓으로 북과 깃발을 버리고 강가의 진지로 달아납니다. 조나라 군대는 한신의 예측대로 성벽을 비우고 추격했고, 한신은 진영의 문을 열어 조나라 군대가 들어오도록 유도해 결사적으로 싸웁니다. 이런 틈을 타 매복한 한나라 군사들은 조나라 성채로 들어가 한나라의 붉은 깃발 2,000개를 세워 성이 완전히 점령

되었음을 알립니다.

후방에서 성채가 빼앗겼다는 소식을 들은 조나라 군사들은 한나라 군대가 이미 조나라 왕의 장군들을 모두 사로잡은 것이라 생각해 혼란에 빠집니다. 조나라 장군들은 달아나는 군사를 베어 죽이면서 막으려 했지만 이미 막을 수 없는 상황이 되었습니다. 이런 혼란한 틈을 타서 도주하던 한나라 군대는 강을 등지고 반격을 시작했고 앞뒤에서 협공을 당한 조나라 군대는 괴멸되었고 한신은 성안군의 목을 베고 조왕 헐을 사로잡습니다.

한신이 조나라 군사들도 비웃은 배수진을 사용한 것은 어쩔 수 없는 상황 때문이었습니다. 한신의 장군들은 "병법에는 '산과 언덕을 오른쪽으로 등지고 물과 못을 앞으로 하여 왼쪽에 두라'고 했습니다. 그런데 이번에 장군께선 반대로 우리들에게 물을 등지고 진을 치게 하고, '조나라를 깨뜨리고 난 다음 모여서 먹자'고 하셨습니다. 우리들은 이해가 가지 않았으나 결국은 이기게 되었습니다. 이것은 무슨 전법입니까"라고 물었고, 한신은 이렇게 대답합니다.

이것도 병법에 있다. 제군들이 미처 생각하지 못한 것뿐이다. 병법에 '죽을 곳에 빠진 다음에라야 살게 되고, 망하게 된 처지에 선 다음에라야 있게 된다'고 하지 않았던가. 그리고 나는 평소부터 사대부들의 마음을 얻어 그들과 친해진 것은 아니다. 말하자면 장바닥에 있는 사람들을 내몰아 싸움을 시키는 것과 같은 것이다. 그러므로 그들을 죽을 자리에 놓아두어 각자가 자발적으로 싸우게끔 해두지 않고, 그들에게 살 수 있는 곳을 주게 되면 자연 모두 도망쳐버리고 말 터인데, 어떻게 그들을 쓸 수 있겠는가?

한신은 자신의 군대가 처한 상황을 명확히 인식하고 있었습니다. 정예병을 유방에게 다 빼앗겼고 시정잡배들과 전투를 해야 하는 상황이었습니다. 그래서 한신은 배수진을 칠 수밖에 없었습니다. 한신이 우선시한 것은 '하고 싶은 병법'이 아니라 '상황에 맞는 병법'이었습니다.

한신이 조나라를 정벌한 후 이좌거의 계책을 채택한 것도 같은 맥락이었습니다. 이좌거는 한나라의 군대가 이미 지쳐 있고 피폐한 실정이므로 연나라와 제나라를 성급하게 치려 할 경우 오히려 반격을 당할 수 있다고 지적합니다. 그래서 군대를 휴식하게 하고 조나라를 진무鎭撫해 전쟁고아들을 어루만지고 날마다 잔치를 벌여 사대부들을 대접하며 사기를 북돋아야 한다고 주장합니다. 그리고 변사들을 보내 연나라와 제나라의 항복을 받아내는 전략을 사용하기를 권했고 한신은 그 방법을 받아들입니다.

한신은 제나라와 초나라의 연합군과 싸움을 할 때에도 상황을 잘 이용합니다. 한신이 항우의 진영에 있을 때부터 한신을 알고 있었던 용저龍且는 정면으로 상대해야 한다는 충고를 물리치며, "내가 전부터 한신이란 사람이 어떤 사람인지를 잘 알고 있다. 간단히 해치울 수 있는 인간이다. 그리고 명색이 제나라를 구원하러 와서 싸움도 않고 항복을 시켰다고 한다면 내게 무슨 공이 있겠는가? 지금 싸워서 승리를 얻게 되면, 제나라 반은 내 것이 된다. 어떻게 전진하지 않고 있을 수 있겠는가?"라고 말합니다. 용저는 한신과 달리 상황을 철저하게 분석하지 않았고 공을 세우고 싶은 마음이 앞서 있었습니다. 그리고 과거의 협소한 경험을 토대로 한신을 평가하고 판단하는 데 그쳤습니다.

용저와 한신은 유수濰水를 사이에 두고 대치하게 되었고 한신은 밤에 사람을 시켜 1만여 개의 주머니를 만들어 모래를 가득 채워 유수의 상류를 막아 수공을 준비합니다. 그리고 군대를 이끌고 반쯤 건너가서 용저를 공격하다가 도주합니다. 용저는 기뻐하며, "한신이 겁쟁이인 줄은 진작부터 알고 있었다"며 무모하게 추격을 했고 한신은 막았던 모래주머니를 터뜨려 용저의 군사들을 수장시키고 용저마저 습격해 죽입니다.

이후에 한신은 항우가 비운 틈을 타 팽성을 습격했고 군대를 돌려 서진해 유방의 군과 합류해 30만 대군으로 항우와 정면으로 대진합니다. 한신은 정면 승부를 좋아하는 항우의 방식을 그대로 받아들인 것이었습니다.

하지만 한신이 무모하게 항우의 용맹한 초군과 정면 대결을 벌일 리는 없습니다. 한신의 군이 퇴각하자 좌측에서 포진하고 있던 공장군孔將軍과 우측에서 포진하고 있던 비장군費將軍이 항우의 초군을 좌우에서 협공합니다. 한신은 항우의 군이 어지러워진 틈을 타서 다시 반격을 가했고 초군을 크게 무찔러 항우의 기세를 완전히 꺾게 됩니다.

한신은 늘 주어진 상황을 파악하는 일로 전투를 시작했습니다. 지형이나 상대방의 전술 등을 예의 주시해 파악한 다음 그것을 잘 이용하는 전략을 수립했고, 이는 승리로 이어졌습니다. 항우가 한신처럼 주어진 상황을 조심스럽게 살폈다는 대목은 찾기 어렵습니다. 거록에서 장한과 싸울 때 사흘치 식량만을 준비하고 돌아갈 배를 부수고 결사 항전을 독려해 승리를 이룬 항우의 '파부침주破釜沈舟'는 한신의 배수진과는 다른 것이었습니다. 파부침주는 맹렬하게 돌진해 승리를 앞당기는 항우의 무서운 기개를 보여주는 사건이었지만 배수진은 모든 불리한 상황을 긍정적으로 바꾸려는 한신의 고심을 보여주는 사건이었습니다. 한신의 배수진으로 조나라 군대의 자신감은 경솔함이 되었고 한나라군의 무기력함은 용기가 되었습니다. 한신은 가지고 있는 것을 가장 잘 선용한 상황의 승부사였습니다.

주도면밀한 계산으로 목적을 달성하다

한신은 상황을 먼저 파악하고 잘 이용했는데, 그것은 그가 따지고 계산하는 일에 능숙한 사람이었기 때문이었습니다.

한신이 백정의 가랑이 밑을 지나간 치욕을 참아낸 '과하지욕跨下之辱' 사건도 그가 성급하게 욕망대로 움직이는 사람이 아니라 한발 물러서서 정확하게 계산한 후 행동하는 사람이라는 것을 보여주는 대표적인 사례였습니다.

백정은 한신에게 "네놈이 덩치는 큼직하게 생겨가지고 밤낮 칼을 차고 다니지만 실속은 겁쟁이일 게다"라고 모욕을 주었고, "만약 죽일 용기가 있으면 그 칼로 나를 찔러보아라. 만일 죽기가 싫다면 내 바짓가랑이 밑으로 기어 나가거라" 하고 도발합니다. 비록 모욕을 당했지만 한신은 이때 즉각 행동하지 않고 한발 물러섭니다. 한신은 "그 젊은이를 물끄러미 바라보더니[信孰視之] 이윽고 그의 바짓가랑이 밑으로 기어서 빠져나갔"던 것입니다.

후일 한신은 초나라 왕으로 금의환향한 후 그 백정을 찾아 중위中尉로 임명히며 당시에 죽일 수 있었지만 죽인다한들 이름날 것이 없어서 그저 참았다고 말합니다. 그 짧은 모욕의 순간에도 한신은 그저 물끄러미 바라보는 여유를 가지고 유불리를 따지는 계산을 할 수 있었던 사람이었습니다.

이처럼 한신은 따지고 평가하고 계산하기를 좋아하는 사람이었습니다. 유방을 처음 만났을 때 한신은 유방에게 "대왕께서 스스로 생각하실 때 용맹과 어질고 굳센 점에서, 항왕과 비교해 누가 더 낫다고 생각하십니까?"라는 당돌한 질문을 합니다. 보통의 사람이 왕에게 도무지 할 수 없는 질문을 한신은 유방에게 했던 것입니다. 유방이 당황해 오랫동안 대답하지 않고 있다가, "내가 항왕만 못하지"라고 대답하자 한신은 즉시 "신도 대왕께서 항왕만 못하다고 생각합니다"라고 동의합니다. 물론 한신은 항우에 대해 조목조목 비판했고, 유방이 왜 항우보다 유리한 위치를 점하고 있는지를 설명해주었습니다. 설명을 다 들은 유방은 기뻐했지만 따지고 계산하는 한신의 태도는 극단적이고 위험했습니다.

홍문연에서 비굴하게 항우에게 머리를 조아렸고 이제는 궁벽한 파촉에 쫓겨온 유방에게 이런 질문은 그 자체가 가혹한 모욕이었습니다. 당시 유방에게 그런 질문을 하는 것은 역린逆鱗을 건드린 것이었습니다. 장량, 소하, 진평이라면 이런 질문 자체를 하지 않았을 것입니다. 그러나 한신은 언제 어디서든 비교하고 평가하기를 즐긴 사람이었습니다.

이런 한신의 모습은 제나라를 공격할 때에도 보입니다. 한신이 군대를 이끌고 동쪽으로 진격해 아직 평원平原을 건너지 못한 상황에서 역이기가 제나라를 달래어 항복을 받았다는 소문을 듣습니다. 한신은 제나라를 치는 일을 그만두려고 했습니다. 하지만 한신의 책사 괴통은 제나라에 대한 공격을 그만두라는 조칙을 받은 적이 없다며 공격을 멈추지 말아야 한다고 주장합니다. 한신이 장군이 된 지 여러 해가 되었는데 세치 혀를 놀려 항복을 받은 역이기 같은 보잘 것 없는 선비에게 공을 빼앗겨서는 안 된다는 말이었습니다. 한신은 다시 공격을 재개했고, 역이기는 제나라를 속였다고 몰려 팽형을 당해 죽고 맙니다.

정상적인 상황이라면 교전 없이 승리하는 것을 기뻐했을 것입니다. 하지만 이런 순간에도 한신은 이후 논공행상에서의 유불리를 따진 것입니다. 한신은 유방처럼 일차적이고 즉각적으로 행동하는 사람이 아니었습니다. 그는 계산하고 따진 후에 행동을 하는 이차적인 사람이었습니다.

한신의 계산은 주어진 목적을 성취하기 위한 주도면밀한 계산을 의미했지 목적 자체를 설정하는 능력은 아니었습니다. 그는 자신이 천하의 주인이 되려는 목적을 가지지는 못했습니다. 교룡에 의해 잉태가 되었고, 몸에 특이한 점들이 있으며, 적제의 아들로서 백제의 아들인 뱀을 베었고, 상서로운 기운이 항상 따라다닌다는 등 유방은 젊은 시절부터 여러 징조들을 퍼뜨리며 천하를 얻기 위해 사람들을 모았습니다. 하지만 한신은 자신을 위해 어떤 조직을 만들어본 적이 없었고 그 어떤 큰 꿈을 보여주지도 못했습니다. 그래서 그의 계산 능력은 '큰 지혜'라기보다는 '작은 지혜'라고 말할 수 있습니다.

한신은 파촉에서 죄를 지어 죽게 되었을 때 하후영에게 "상上께서는 천하를 차지할 생각이 없으십니까? 어떻게 장사를 죽인단 말입니까?"
라고 항의했는데, 그는 왕을 도와 천하를 취할 수는 있는 자였지만 스스
로 천하를 취할 꿈과 배포를 가지지는 못했습니다.

한신의 책사 괴통은 그런 꿈을 가지라고 한신을 재촉했습니다. 괴통
은 한신에게 제나라를 차지하고 연나라와 조나라까지 복종시켜 항우,
유방과 더불어 천하를 삼분하라고 권합니다. 제후들을 세워 겸양의 예
를 지키면 천하의 군주들이 모두 제나라 왕 한신에게 입조할 것이라며
큰 꿈을 가지기를 권합니다. 하지만 한신은 그렇게 하지 못했습니다. 한
신은 유방이 자신을 계속해서 왕위에 둘 것이라 믿었고 의리를 버릴 수
없다고 스스로 믿었습니다.

항우의 밀사 무섭 역시 "지금 족하께서는 한나라 왕과 깊은 교제가 있
다고 해서 그를 위해 힘을 다해 작전을 하고 있지만, 마지막에 가서는
결국 그자의 포로가 되고 말 것입니다. 족하가 무사한 것은 항왕이 아직
도 살아 있기 때문입니다. 지금 항왕과 한나라 왕 두 사람의 세력은 족
하가 저울질하기에 달려 있습니다"라고 핵심을 찔렀습니다. 무섭은 한
신이 '저울질'하기를 좋아한다는 것을 잘 파악하고 있었던 것입니다.

하지만 한신은 "한나라 왕은 내게 상장군의 인을 주고, 내게 수만의
군사를 맡겼습니다. 자기 옷을 벗어 내게 입혀주었고, 계획을 세우면 써
주었습니다. 그러기에 나는 여기까지 이르게 된 것입니다. 대체로 남이
내게 신뢰를 가지고 있는데 내가 그를 배반한다는 것은 상서롭지 못한
일이요, 비록 죽는 한이 있더라도 그를 배반할 수는 없습니다"라고 유방
을 배신하고 항우와 더불어 삼국으로 정립하자는 제안을 거절합니다.

괴통이 토사구팽을 당할 것이니, "천하를 셋으로 나누어 솥발처럼 서

있게 되면, 그 형세가 어느 누구도 감히 먼저 움직일 수 없게 됩니다"라며 천하삼분지계天下三分之計를 다시 권했을 때에도, "내가 어떻게 이익만을 찾아 의리를 배반할 수 있겠습니까?"라고 말하며 거부했습니다. 재차 괴통이 치열한 논리로 설득을 하자 한신은 "선생께선 잠시 머물러 계십시오. 내 생각해보리다" 하며 한발 물러섭니다. 또다시 괴통이 설득했을 때 한신의 행동에 대해서《사기》는 이렇게 적고 있습니다.

> 그러나 한신은 어쩔까 주저하며 차마 한나라를 배반하지 못하고, 또 스스로 세운 공이 많으므로 한나라가 끝내 우리 제나라를 빼앗지는 못하리라 생각하고 마침내 괴통을 거절하고 말았다. 괴통은 한신이 자기가 한 말을 들어주지 않자, 거짓으로 미치광이 행세를 하며 무당이 되었다.

한신은 주저하며 따지고 계산해보았고, 자신의 공이 크기 때문에 유방이 제나라의 왕위를 영구히 자신에게 주리라는 결론에 도달했습니다. 이런 식의 계산을 하고 유방을 믿었던 한신은 순진한 자였습니다. 성고에서 도주한 유방이 스스로 한나라의 사자라고 속이고 조나라에 주둔한 한신의 군영으로 들어와 인신印信과 병부兵符를 빼앗아 모든 군사들을 빼앗고 조나라의 군사들 중 징발되지 않는 자들을 거두어 제나라를 치게 했을 때 한신은 유방에 대해서, 유방과 자신의 위치에 대해서 깨달음을 얻어야 했습니다.

순진한 한신과 다르게 괴통과 무섭은 낭중지추囊中之錐처럼 날카로운 한신의 본질을 파악해 한신이 살 수 있는 길은 자립하는 길밖에 없다는 것을 잘 알고 있었습니다. 그들은 권력의 본질을 제대로 이해하고 있었지만 한신은 순진한 자였고 자신의 의리가 진정한 의리라고까지 생각하고 있었습니다.

하지만 한신의 의리는 진정한 의리가 아니었고 계산된 것이었습니다. 한고조 5년, 유방이 항우와의 휴전협정을 파기하고 후퇴하는 항우의 뒤를 쳤을 때 한신은 팽월과 함께 항우를 공격하려 했던 약속을 지키지 않습니다. 한군이 고릉固陵에 이르렀지만 한신과 팽월은 나타나지 않았고 항우의 초군은 유방의 한군을 공격해 크게 무찌릅니다. 유방은 진지로 돌아와 참호를 깊게 파고 수비만 하고 있었고, "제후가 약조를 따르지 않으니 어찌해야 좋겠소?"라고 측근들에게 물었습니다. 장량은 진현 동쪽에서 바닷가에 이르는 땅을 모두 한신에게 주어 "천하를 나누라[共分天下]"고 권했고, 유방은 흔쾌히 동의합니다. 사신이 와서 이를 통고한 후에 비로소 한신은 기뻐하며 출병합니다.

한신은 항우를 패망시킨 후 자신이 무엇을 받을 수 있을지에 대해 주판을 놀리고 있었습니다. 장량은 한신의 이런 행동 방식을 잘 이해하고 있었기에 유방에게 그 계산에 맞추어주라고 충고했던 것입니다. 한신의 충성은 계산된 충성이었고, 이런 충성이 진정한 충성이나 의리가 아닐 수 있다고 한신은 생각하지 못했습니다. 이런 행동이 유방의 입장에서 얼마나 역겹게 느껴졌을지 한신은 깨닫지 못했습니다.

유방은 항우를 물리친 후 곧바로 한신의 병권을 빼앗았고 초나라 왕으로 강등했습니다. 오라는 영을 듣지 않은 한신을 죽이지 않은 것만도 유방은 은혜를 베푼 것이었습니다. 하지만 한신은 또 한 번 실수를 합니다. 한신은 현읍을 순행할 때마다 떠들썩하게 군대를 벌여놓고 위세를 부리며 출입해 모반의 의심을 샀습니다. 더구나 자신과 친분이 있는 항우의 장군 종리매鐘離眛를 숨겨주기까지 했습니다.

유방은 한신을 잡기 위해서 진평의 계책대로 운몽택雲夢澤으로 순행해 제후들을 부릅니다. 초왕 한신은 유방에게 대항할 수 있는 상당한 군사력을 가지고 있었기 때문입니다. 한신은 이때에도 모반을 주저하다가 유방을 만나기로 결정을 했는데 누군가 종리매의 목을 유방에게 바치면 의심을 불식시킬 수 있으리라 권합니다. 한신이 이를 종리매와 의논하자 "한나라가 초나라를 쳐서 이를 빼앗지 않는 것은 이 종리매가 당신에게 있기 때문이오. 만일 나를 잡아 자진해서 한나라에 잘 보이려고 한다면, 내가 오늘이라도 죽게 되는 날 당신도 곧 뒤따라 망하게 될 거요"라고 말했고, "공은 장자長者가 아니오"라고 욕을 하며 자기의 목을 찔러 자결해버립니다.

종리매는 계산적이고 작은 지혜에서 벗어나지 못하는 한신을 알아봤고, 한신은 종리매의 말대로 또 한 번의 기회를 놓치고 말았습니다. 한신은 종리매의 목을 가지고 유방을 만났지만 유방은 한신을 결박해 수레에 싣고 낙양으로 향합니다. 이때 한신은 "역시 세상 사람들이 말하는 그대로구나. '날랜 토끼가 죽으면 좋은 개는 삶기게 되고, 높이 나는 새가 없어지면 좋은 활은 필요 없게 되며, 적국이 망하게 되면 모신謀臣이 죽게 된다'고 했으니 천하가 평정된 만큼 내가 삶기게 되는 것도 당연한 일이다"라며 때늦은 후회를 합니다.

한신은 자신이 이용당하고 버려졌다고 생각했는데 그것은 그가 끝까지 자신의 공을 계산하고 작은 지혜에서 벗어나지 못했기 때문에 생긴 오해였습니다.

한신은 전쟁에서 승리해 난세를 평정했습니다. 이제 그의 과제는 끝난 것이었고 달라진 세상에서 그는 또 다른 역할을 찾거나 장량을 본받아 물러서야 했습니다. 하지만 그는 자신의 역할을 찾아나서기보다 자신이 세운 공을 자랑하며 영화를 누리려 했습니다. 한신은 자신의 위세가 권력에 큰 위협이 되고 있다는 것을 깨닫지 못했습니다. 회음후로 강등되었고 여러 번 경고가 주어진 것이었지만 한신은 자신을 되돌아보지 않았고 5년간 불평만을 일삼다가 결국 진희의 난에 연루되어 여후에게 참사를 당하고 맙니다.

한신이 실제로 모반을 꾀했는지 그렇지 않은지는 별로 중요하지 않습니다. 그가 권력에 위협이 되고 있다는 사실 자체가 중요했고 그러한 사실은 그가 언제든 모반의 의심을 살 수 있다는 것을 의미했습니다. 권력에 위협이 되는 자를 권력이 살려둘 리 없습니다. 한신은 더 큰 지평에서 권력을 차지하려 하지도 못했고 당대의 권력 지형에서 적절히 처신하지도 못했습니다.

한신은 뛰어난 계산 능력으로 상황을 잘 파악하고 이용했지만 장량처럼 상황과 타자를 존중하는 데까지 나아가지는 못했습니다. 의도한 목적대로 상황과 타자를 잘 이용했지만 그것은 어디까지나 자신이 의도한 범위 내에서였습니다. 상황이 우리의 계획적인 의도를 넘어설 수 있다는 것을 한신을 알지 못했던 것입니다.

공명심과 명예욕으로 파멸하다

한신은 상황을 잘 파악하고 계산을 잘했지만 처신은 매끄럽지 못했기에 불행한 삶을 살았습니다. 그는 자신이 설정한 목적을 달성하기 위해 상황을 파악하고 계산하는 사람이었지 원만하게 살기 위해 주변을 돌보는 사람은 아니었습니다. 그가 왕위까지 올랐지만 모반의 혐의를 받아 결국 여후에게 비참한 죽음을 당한 것도 이런 그의 태도 탓이었습니다.

한신은 어려운 초년을 보냈습니다. 회음淮陰에서 태어나 어려서 아버지를 잃고 어머니마저 가난과 병마 속에서 잃고 맙니다. 관리가 되지도 못했고 상업에 종사하지도 못했습니다. 한신은 품행이 방정하지 못하다는 평가를 받았고, 사람들은 그런 그를 좋아하지 않았습니다. 한신과 싸움을 하게 된 항우의 부하 용저는 이런 한신에 대해서 "표모漂母에게서 기생하여 밥을 먹었으니 몸을 지탱할 대책도 없는 사람이며, 또한 바짓가랑이 아래로 지나가는 모욕을 받았으니 두 사람을 상대할 용기도 없는 사람"이라고 막말을 하기도 했습니다.

그는 자기 한 몸도 돌보지 못해 이웃들에게 밥을 빌어먹으며 살았는데, 자주 기대었던 남창南昌 정장의 아내는 한신에게 밥을 주기 싫어 일부러 밥 먹는 시간을 바꾸어버리기도 했습니다. 배가 고파서 견디지 못하는 한신을 보고 빨래터에서 한 아주머니는 열흘 동안 먹을거리를 나누어주기도 했습니다. 은혜를 갚겠다고 말을 했다가, "대장부로 태어나서 자기 힘으로 먹지도 못하는 주제에 무슨 그런 소리를 합니까. 나는 당신이 하도 가엾어서 먹여준 것뿐이오. 보답을 바랄 생각은 조금도 없소"라는 핀잔을 듣기도 했습니다.

항량이 회수淮水를 건너자 한신은 그를 따랐는데 이때에도 한신은 별로 인정 받지 못했습니다. 항량이 패한 후 항우에게 속했고 항우는 한신을 낭중郎中에 임명했지만 특별히 주목하지 않았고 여러 차례 올린 계책도 번번이 받아들이지 않았습니다. 결국 한신은 유방이 파촉으로 갈 때 항우의 진영에서 유방의 진영으로 도주합니다. 하지만 한신은 유방의 진영에서도 별 두각을 나타내지 못했고, 연오連敖라는 낮은 벼슬을 받았습니다.

큰 위기도 있었습니다. 한신은 여러 동료들과 법을 어겨 처형을 받게 되었는데 무려 13인이 참형을 당했고 한신의 차례가 되었습니다. 이때 한신은 등공 하후영에게, "상上께서는 천하를 차지할 생각이 없으십니까? 어떻게 장사를 죽인단 말입니까?"라고 말했고 하후영은 한신의 말투와 얼굴이 비범하다고 생각해 살려줍니다.

하후영은 한신과 대화를 주고받은 끝에 크게 기뻐하며 유방에게 그

를 추천했고, 유방은 한신을 양곡을 관리하는 직위인 치속도위治粟都尉
에 임명합니다. 하지만 유방은 한신을 비범한 인물로 생각하지 않았습니다. 남정에 이르렀을 때 한신은 소하가 유방에게 자신을 이미 추천했지만 등용되지 않은 것으로 생각해 도망칩니다. 소하는 유방에게 보고할 겨를도 없이 한신을 추격했고 유방은 소하마저 도망친 것으로 생각했습니다.

며칠 후 한신을 데리고 온 소하는 유방에게 한신을 대장군으로 삼아달라고 요구합니다. 유방은 오로지 소하의 말만을 믿고 한신을 대장군에 임명했지만 그때까지도 한신의 가치를 제대로 모르고 있었습니다. 한신의 가치를 아는 자는 하후영과 소하밖에 없었습니다. 한신을 대장군으로 임명한 후 유방은 계책을 물었고 한신은 천하를 얻을 계책을 자세하게 말해줍니다. 그제야 유방은 크게 기뻐하며 한신을 너무 늦게 만난 것이라 한탄합니다.

오랫동안 세상에서 배척당하고 자신이 있어야 할 곳을 찾지 못했던 한신은 그제야 유방이라는 큰 나무를 만나 자신의 능력을 마음껏 펼칠 수 있는 기회를 얻게 됩니다. 유방도 막연한 자신의 꿈을 구체적으로 실현해줄 부하를 얻었으니 두 사람의 만남은 큰 행운이었습니다.

한신은 대단한 능력을 지녔지만 한쪽으로 마음이 치우친 자였습니다. 그를 움직인 가장 큰 힘은 세상에 이름을 내고 싶은 공명심功名心이었습니다. 그가 많은 배척을 당한 것도 공명심과 명예욕이 너무나 강했기 때문이었습니다.

항우를 이긴 후 초나라 왕이 되어 금의환향錦衣還鄉한 한신은 빨래터에서 자기에게 밥을 준 여인을 찾아 천금의 상을 내립니다. 그리고 한때 기대었던 남창의 정장에게도 100전錢을 내리며 "그대는 소인이다. 남에게 은혜를 베풀어주면서도 끝까지 하지 못했다"라며 서운함을 표시합니다. 그리고 한신에게 가랑이 밑을 기어가게 해 욕보인 백정을 찾아 중위中尉로 임명하며 여러 장군들과 재상들에게 아래와 같이 말했는데 이는 한신의 공명심을 잘 드러내는 말이 아닐 수 없습니다.

> 이 사람은 장사다. 이 사람이 그때 나를 모욕했을 때, 나는 이 사람을 죽일 수가 없어 죽이지 못한 것이 아니다. 죽여 봐야 무슨 명분이 서는 일이 아니었기 때문에 꾹 참고 오늘에 이르게 된 것이다[殺之無名, 故忍而就於此].

한신에게 중요한 것은 '이름[名]'이었습니다. 그는 이름을 드높이고 싶어 했고, 이름이 나지 않는[無名] 일에는 별 관심을 두지 않았습니다. 그래서 밥을 빌어먹을지언정 상업에는 종사하지 않았고, 가랑이 밑을 기어갈지언정 이름 날 일이 없는 싸움은 하지 않았습니다. 소하가 유방에게 길일을 택해 재계하고 단장을 설치해 정식으로 한신을 대장군에 임명해야 한다고 유방에게 요구한 것도 한신의 이런 성격을 누구보다 잘 알고 있었기 때문이었습니다.

《사기》에는 "항량이 회수를 건너자 한신은 칼을 차고 그를 따랐다. 그의 휘하에 있을 때에는 이름이 알려지지 않았다[無所知名]"고 나와 있습니다. 이처럼 한신은 칼을 차고 이름을 드높이기를 원했고 늘 이런 동기를 버리지 못했습니다.

한신은 명예욕 때문에 성급하게 행동했습니다. 제나라를 차지한 후에는 조급하게 유방에게 왕위를 요구해 분노를 사기도 했습니다. 장량과 진평은 한신의 명예욕을 채워줘야 한다는 것을 잘 알고 있었기에 유방을 설득해 제왕에 임명하도록 합니다. 유방은 장량에게 왕의 인수印綬를 주어 한신을 제왕에 임명하도록 하는데, 늘 과업에 충실했고 성공한 후에도 이름을 드러내려 하지 않았던 장량이 한신을 제왕에 임명하게 된 것은 참 인상 깊은 대목이 아닐 수 없습니다. 한신과 장량의 운명은 이미 이때 결정되었다고 해도 과언이 아닐 것입니다.

결국 한신이 추구한 이름은 허명虛名이었습니다. 한신은 모반의 혐의를 받아 초왕에서 회음후로 강등된 후에도 이름에 대한 욕망을 버리지 못했습니다. 그는 밤낮으로 유방을 원망하며 늘 불만을 드러내고 다녔고 자신이 주발이나 관영 등과 같은 항렬에 있다는 것을 부끄럽게 여겼고 그런 마음을 드러내곤 했습니다.

회음후로 강등이 되어 장안에 있을 때, 한 번은 번쾌의 집을 방문하게 되었는데 번쾌가 무릎을 꿇고 절을 하면서 자신을 신臣이라 부르며, "대왕께옵서 신을 이렇게 찾아주시니"라며 마중을 한 적이 있었습니다. 번쾌의 비꼬는 듯한 행동에 한신은 "살아서 번쾌 따위와 반열을 같이 할 줄이야"라며 쓴웃음을 지었습니다.

이때 한신은 모든 권력을 이미 잃은 상태였습니다. 번쾌와 같은 실력자가 불러주는 것을 오히려 감지덕지해야 할 상황이었고 자존심을 내세울 상황이 아니었습니다. 그런 상황에서도 '주머니 속 송곳[囊中之錐]'과 같은 한신의 날카로움은 무뎌지지 않았습니다. 한신은 언제든 그 날카로운 끝으로 사람을 다치게 할 수 있는 자였습니다. 그가 배척을 당했고, 많은 전쟁에서 승리를 했고, 또다시 배척을 당한 것은 바로 그의 날카로움 때문이었습니다.

한신은 날카로움으로 권력에 큰 부담이 되었지만 스스로 그것을 깨닫지 못하고 있었습니다. 그는 남의 처지를 살피기보다 자기 이야기를 하기에 더 바쁜 사람이었습니다.

하루는 유방과 한신이 편안하게 여러 장수들의 능력에 대해 평가하는 대화를 나눈 적이 있었는데, 한신은 "폐하는 10만 명의 군사를 거느릴 수 있을 뿐입니다"라고 말했고, "신은 많을수록 좋습니다[多多益善]"라고 말했습니다.

유방은 감정이 상했습니다. 그래서 "많을수록 좋다면서 어떻게 내게 묶이게 되었단 말인가?"라고 반문했고, 한신은 "폐하께서 군사를 거느리는 데는 능하지 못하시지만 장수를 거느리는 데는 능하십니다. 이것이 바로 신이 폐하에게 묶인 까닭입니다. 그리고 폐하는 이른바 하늘이 주신 것으로, 사람의 힘에 의한 것은 아닙니다"라며 사태를 수습하려 합니다.

왕은 거느릴 수 있는 군대가 10만에 불과하고 자신은 '다다익선'이라는 한신의 말은 이미 천하를 평정하고 황제가 된 유방에게는 큰 모욕이었습니다. 비록 유방이 화를 내지는 않았지만 한신은 상황을 수습하려 했는데, 그것도 별로 성공적이지 못했습니다. 장량이나 진평이었다면 그런 실수를 하지도 않았겠지만, "폐하는 하늘이 내리신 대단한 능력을 지니신 분입니다"라는 정도로 수습을 했을 것입니다. 사람의 힘에 의한 것이 아니라는 한신의 말은 유방의 승리가 천운에 의한 것이라는 느낌이 들도록 해 오히려 사태를 악화시켰습니다.

한신은 남에게 상처를 주지 않는 수사법을 알지 못했습니다. 그에게 주어진 몫은 전쟁에서 승리를 차지하는 것이었기 때문입니다. 그의 능력은 순식간에 치고 들어가 빼앗는 것이지 안배하고 양보하고 더불어 사는 종류의 능력은 아니었습니다. 문제는 그가 자신의 영역을 넘어서려 했다는 데 있었습니다.

장량·진평·하후영·소하·조참·관영·주발 등은 결코 자신의 영역을 넘어서려 하지 않았기에 문제를 일으키지 않았습니다. 소하나 장량이 전투를 지휘하려 했다면 한신보다 더 큰 실수를 했을 것입니다. 자신의 영역이 아닌 곳에 그가 머물려 했을 때 그의 단호하고 공격적인 태도는 오히려 사람들에게 큰 위협이 되었던 것입니다.

그리고 한신은 진득하지도 못했습니다. 항우가 등용하지 않는다고 유방에게로 도망쳤고, 유방에게서 등용될 기미가 없자 기다리지 못하고 또다시 도망쳤습니다. 소하가 달빛 아래에서 한신을 쫓지 않았다면 한신은 그저 필부로 생을 마치고 말았을 것입니다.

한신의 성격을 잘 이해하고 길을 제시한 자는 한신의 책사 괴통이었습니다. 그는 한신에게 "용기와 지략이 군주를 진동시키는 자[勇略震主者]"라고 경고했고 초나라로 돌아가면 초나라 사람이 믿지 못할 것이며, 한나라로 돌아가더라도 한나라 사람이 믿지 않을 것이라 경고했습니다. 괴통은 한신이 이미 남에게서 상을 받을 수 없을 정도로 큰 그릇이 되었다고 정확하게 지적했습니다.

이런 한신이 살아남는 길은 괴통의 말대로 자립해 항우, 유방과 대립하는 길밖에 없었습니다. 하지만 한신은 그런 용기를 발휘하지 못했습니다. "필부의 용기와 아녀자의 인자함"이라고 항우를 혹평했지만 정작 자신은 필부의 용기를 넘어서지 못했고 독립하지 못하는 자신을 의리라 스스로 변명했습니다. 그러면서도 그는 내내 머리를 굴리며 자신의 이름을 더 높이 드러내려 애썼습니다. 그는 지위나 명예를 추구하는 인간이었지 과업에 충실한 인간은 아니었습니다.

항우를 물리친 후 한신의 과업은 사실상 끝난 것이었습니다. 동성東城에서 항우를 죽인 후 유방은 항우에게 노공魯公이라는 봉호를 내리고 곡성穀城에서 장례를 치른 뒤 정도定陶로 돌아왔는데 가장 먼저 한 일이 한신의 병권을 빼앗은 일이었습니다. 《사기》는 "유방은 돌아와 정도定陶에 도착하자마자 말을 몰아 한신의 군영으로 들어가 그 군대를 빼앗았다[馳入齊王壁, 奪其軍]"고 그때의 상황을 긴박하게 서술하고 있습니다. '馳'는 '달리다, 질주하다, 추격하다' 등의 의미를 가지고 있습니다. '奪'은 '빼앗다, 약탈하다'는 의미를 가지고 있습니다. 유방은 질주해 한신의 병권을 순식간에 빼앗은 것입니다.

유방은 조서를 내려 한신을 제왕에서 고향인 초나라 왕으로 바꾸어 회북지역을 지키게 합니다. 항우가 죽인 초나라의 의제義帝는 후사가 없었고 초나라 출신인 한신은 초나라 풍습에 익숙했기 때문에 유방은 한신을 초왕에 봉한 것이었습니다. 한신은 초나라를 안정시켜야 할 새로운 과업을 받았지만 그 과업에 충실하려고 하기보다는 그것을 상으로 생각하고 누리려 했습니다.

한신은 매번 순행을 나갈 때마다 제후왕의 규정대로 위풍당당하게 행차하는 것을 좋아했습니다. 이미 전쟁이 끝났지만 군대를 좌우로 세우고 수천 명의 사람과 말을 대동했으며 앞에서는 호령을 하고 뒤에서는 호위를 했고 비단 깃발로 태양을 가리게 했습니다. 이렇게 위세를 떨고 더구나 항우의 측근 종리매를 숨겨주기까지 했으니 한신이 모반의 혐의를 받은 것은 당연한 일이었습니다.

역이기가 제나라의 항복을 받았지만 그것을 인정하지 않고 제나라를 공격해 역이기를 죽게 한 것도 한신이 과업에 충실하기보다는 명예를 중시하는 인간이었기 때문이었습니다. 한신은 역이기에게 공을 빼앗기지 않으려 했던 것입니다.

제왕에서 초왕으로, 다시 회음후로 강등되었지만 한신은 자신의 문제점을 깨닫지 못하고 있었습니다. 모반의 혐의를 받은 상황에다가 유방이 자기의 능력을 두려워하고 미워한다는 것을 알고 있었지만, 그는 불평을 일삼았고 늘 병을 핑계로 조회에도 나가지 않았으며 유방을 수행하지도 않았습니다.

한신은 수하에 두었던 진희가 거록의 군수가 되어서 갈 때에 좌우를 물리치고 만났고, 그가 모반을 했을 때 공모했다는 혐의를 받아 여후에게 사로잡혀 결국 장락궁長樂宮 종실鍾室에서 목이 달아나고 맙니다.

과연 한신이 모반을 했는지, 하지 않았는지는 중요한 문제가 아닙니다. 한신은 유방이 진희를 정벌하러 갈 때 병을 핑계로 따라 나서지 않고 도성에 남아 있었습니다. 이런 행위 자체가 권력에 상당한 위협이 될 수 있다는 것을 한신은 깨닫지 못했습니다. 《사기》에서는 여후가 한신을 붙잡아 죽이는 대목이 이렇게 묘사되어 있습니다.

여후는 한신을 불러들이고 싶었으나 그들 일당이 응하지 않을 수도 있었으므로 상국인 소하와 의논한 끝에 거짓 사인을 시켜 폐하가 계신 속에서 왔다면서 진희는 이미 죽었노라고 퍼뜨리게 했다. 열후와 군신들은 모두 축하 인사를 드리기 위해 조회에 들게 되었다. 상국 소하는 한신을 속여서 이렇게 말했다.

"병중이기는 하지만 축하를 위해 조회에 들도록 하시오."

한신은 조회에 들어갔다. 여후는 무사를 시켜 한신을 체포하게 한 다음, 장락궁 종이 있는 방에서 목을 베게 했다.

한신에게는 '일당'이 있었고 그 세력은 무시하지 못할 정도였습니다. 그래서 한신을 체포하기 위해 소하의 계책이 필요할 정도였습니다.

한신은 "나는 괴통의 꾀를 듣지 않은 것이 안타깝기만 하다. 결국 아녀자의 속임수에 넘어가게 되었으니 어찌 천명이 아니겠는가?"라며 한탄하고 죽습니다. 그는 왕천하를 하라는 괴통의 말을 듣지 않은 것을 후회했지 왕천하가 자신이 운명으로 짊어져야 할 과업인지에 대해서는 묻지 않았습니다. 조직은 언제나 역할 분담을 의미하고, 해야 할 역할이 없어진다면 그 사람은 퇴출될 수밖에 없습니다.

한신이 과업에 충실했다면 얼마든지 자신의 역할을 찾을 수 있었습니다. 천하를 평정한 후에도 유방은 계속 반란을 진압해야 했고 북방 역시 위태로운 상황이었습니다. 심지어 유방은 흉노의 포로가 된 적도 있었습니다. 한신이 '군사적인 전략의 천재'라는 자신의 본질에 맞는 과업을 조직 속에서 계속해서 찾았더라면 유방에게 큰 도움이 되었을 것이고 역사에 아름다운 이름을 남길 수 있었을 것입니다. 한신은 자신이 더 큰 조직의 일원이라는 것을 망각했고, 그런 그를 조직은 저버릴 수밖에 없었던 것입니다.

사마천은 "만약 한신이 도를 배워 겸양을 지키며, 자기의 공적을 자랑하거나 재능을 내세우는 일이 없었던들, 한나라 왕조에 대한 그의 공훈은 저 주공周公과 소공김公, 태공망太公望에 비교될 수 있는 것이며 국가의 원훈이어서 뒷세상에 길이 사당의 제사를 받을 수 있었을 것이다"라며 안타까워했습니다.

한신처럼 밝은 계산으로 "자기의 공적을 자랑하거나 재능을 내세우는 일"을 추구했던 사람이 도道를 배우는 것은 어려운 일일 수 있습니다. 한신은 병을 핑계로 유방을 따라 나서지 않았습니다. 그와 반대로 장량은 유방이 영포와 싸움을 하러 나설 때 병이 있었음에도 스스로 억지로 일어나 장안의 동북에 있는 곡우曲郵까지 따라나섭니다. 그리고 "신이 마땅히 쫓아야 하나 병이 심합니다. 초인들은 사납고도 빠르니 바라건대 황상께서는 더불어 예봉을 다투지 마십시오"라고 간했고, 유방은 "자방은 비록 병이 들었으나 억지로 누워서라도 태자를 가르쳐주시오"라고 부탁합니다. 이런 아름다운 장면은 사신 한신과는 어울리지 않기도 하고, 지나친 기대일 수 있습니다.

이런 따뜻한 장면까지 보일 수 없을지라도 한신처럼 날카로운 예봉을 가진 사람이 명예보다 과업을 앞세우는 자세를 가진다면 한신과 같은 파멸을 피할 수 있을 것입니다. 이름을 드러내고 인정을 받으려는 욕구는 종점 없이 무한히 달려야 하는 수레바퀴와 같습니다. 과업에 초점을 둔다면 그런 무한경쟁의 굴레에서 벗어날 수 있습니다. 자신이 한신과 같은 사람이라면, 과업을 찾아 성실히 노력했던 소하나 진평, 과업을 마친 후 표표히 떠난 장량의 모습에서 모범을 찾고 배우려 노력해야 할 것입니다.

| 제4장 |

은밀한 계책으로 난제를 해결한 유방의 꾀주머니

진평

"백성을 사랑하고 나라를 다스리는 데

꾀 없이 할 수 있겠는가?"

_《노자》, 제10장

뛰어난 위기관리 능력을 갖춘 참모

유방은 진평을 만나자마자 호군중위護軍中尉로 임명해 장군들을 감독하게 했습니다. 진평은 유방을 측근에서 보필하며 모든 문제를 상의했고 복잡하고 어려운 문제가 있을 때마다 기묘한 계책을 내어 문제를 해결했습니다. 진평은 유방에게 충성을 바쳤을 뿐 아니라 여후가 집권해 여씨들의 천하가 되었을 때에도 권력의 핵심부를 지켰지만 여후가 죽은 후 여씨들을 몰아내고 한문제를 옹립하는 일에 주도적인 역할을 해 유방과의 약속을 지킵니다.

진평은 항우의 책사 범증을 몰아내고 종리매 등 측근들과 항우 사이를 이간시켜 승리의 결정적인 계기를 마련하는 등 많은 계책을 사용한 자였지만 단순한 계략을 넘어서는 지혜를 발휘한 사람이었습니다. 사마천은 이런 진평을 잘 평가하고 있습니다.

승상 진평이 젊었을 때 본래 황제黃帝와 노자老子의 학설을 좋아했다. 바야흐로 그가 일찍이 제육을 떼어주는 자리에 있을 때 그 뜻은 정말로 원대했다. 훗날 그가 초나라와 위나라 사이에서 불안하게 떠돌아다니다가 마침내 고제에게로 귀의했다. 그는 항상 기이한 계책을 내어 아귀다툼하는 어려움을 구해주었고, 국가의 근심거리를 떨쳐냈다. 여후 때에 이르러 사건이 정말 많았으나, 진평은 끝내 스스로 화를 벗어났고, 종묘사직을 안정시켜 영예로운 이름으로 죽어 어진 재상이라고 일컬어지고 있으니, 어찌 시작도 잘 하고 끝도 잘 맺었다고 하지 않겠는가! 지혜와 책략이 없었다면 누가 이와 같은 일을 감당할 수 있겠는가?

진평은 이상이나 이념의 사람이 아니라 현실의 사람이었습니다. 그는 원대한 꿈을 가지고 있었지만 현실의 문제들을 해결해나가기 위해서 기이한 계책들을 사용했으며 어려운 상황에서도 화를 피하고 유씨 왕조를 안정시키는 데 큰 공을 세웠습니다. 계책을 세우는 사람은 어질지 않고 어진 사람은 계책에 서툴지만 진평은 계책에 능하면서도 어진 사람이라는 칭찬까지 들은 드문 사람이었습니다.

진평은 젊은 시절 가난했지만 큰 꿈을 가지고 있었습니다. 그는 책읽기를 좋아했고, 형 진백陳伯은 늘 농사일을 했는데 동생에게는 마음껏 공부를 할 수 있도록 해주었습니다. 그래서인지 진평은 기골이 장대하고 풍채가 좋았습니다. "가난한데 무얼 먹어 이렇듯 통통한가?"라고 사람들이 말할 정도였습니다. 진평의 형수는 진평이 집안일을 돌보지 않고 농사도 돕지 않는 것에 대해 불평하며, "쌀겨나 먹고 살 수밖에. 시동생이 이러니 없는 편이 더 낫지"라고 불평을 했고, 진백은 이 말을 듣고 아내를 내쫓아버렸습니다.

진평은 젊어서부터 큰 뜻을 품고 있었습니다. 일찍이 진평이 사는 마을의 제사가 있었는데 진평은 제사를 주재하며 고기를 매우 공평하게 나누었고, 동네 어른들은 진평이 제사를 잘 주재한다고 칭찬했습니다. 칭찬을 들은 진평은 "아, 나 진평으로 하여금 천하를 주재하게 하더라도 또한 이와 같이 제육을 나눌 수 있을 텐데!" 하며 한탄합니다. 진평은 자신이 천하를 주재할 능력을 지니고 있다고 생각했고 그의 꿈은 결국 이루어졌습니다.

진평은 좋은 판단력을 가지고 있었습니다. 처음에 진평은 진섭陳涉이 거병해 위구魏咎를 위왕魏王으로 삼아 진나라 군대와 싸움을 할 때 몇몇 젊은이들과 함께 위왕을 섬기게 됩니다. 하지만 위구는 진평을 담을 수 있는 그릇이 못 되었습니다. 진평이 여러 차례 큰 계책으로 유세했지만 위왕은 받아들이지 않았고 진평은 모함까지 받게 됩니다. 진평은 민감하게 상황을 파악했고 위왕에게서 달아나 목숨을 구합니다. 곧이어 위왕의 군대는 장한의 군대에 전멸해 위왕을 세운 진섭의 부장 주시周市는 살해당했고 위왕 자신도 분신자살하게 됩니다. 진평은 적절한 시기에 도주했던 것입니다.

진평은 도주해 황하 부근에 이른 항우에게로 귀순했고 거록전투에 참전했으며, 항우를 따라 관중에 들어가 진나라 군대를 격파하는 데 공을 세웁니다. 적지 않은 공을 세운 진평에게 항우는 경卿의 작위를 내립니다. 항우는 진평으로 하여금 유방이 삼진을 평정한 후 계속 동진할 때 배신한 은왕殷王을 토벌하게 했고, 승리한 진평에게 도위都尉직과 황금을 상으로 내립니다. 하지만 얼마 지나지 않아 은 땅은 다시 유방에게 점령당했습니다. 항우는 은 땅을 불완전하게 평정했던 장수와 군관들을 죽이려 합니다. 진평은 앉아서 죽음을 기다리지 않았습니다. 진평은 항우가 준 황금과 관인官印을 싸서 항우에게 돌려보내고 칼 한 자루를 찬 채 단신으로 달아납니다.

진평이 배를 타고 황하를 건널 때 사공은 기골이 장대한 호남인 진평이 도망가는 장수로서 황금이나 옥 같은 귀중한 보물을 감추고 있을 것이라 생각해 도중에 죽이려 합니다. 이때에도 진평은 상황을 잘 판단합니다. 진평은 사공의 의도를 눈치채고는 옷을 모두 벗고 알몸으로 사공이 노 젓는 것을 돕습니다. 사공은 그제야 진평이 아무것도 가지고 있지 않은 것을 알았고 그를 죽이려던 것을 그만둡니다. 민감하고 정확한 판단력이 다시 진평의 목숨을 살린 것이었습니다.

진평은 유방을 처음 만났을 때에도 상황을 잘 판단해 기회를 놓치지 않았습니다. 진평은 하남河南의 수무修武에 이르러 한군에 투항했고 위무지魏無知의 추천으로 유방을 만납니다. 유방은 진평을 만나 술과 음식을 내리고 숙소에 가서 쉬도록 합니다. 하지만 진평은 기회를 놓치지 않습니다. 왕을 만나 유세할 기회가 그렇게 자주 주어지는 것이 아니기 때문입니다. 진평은 "저는 일 때문에 왔으므로 제가 드려야 할 말씀은 오늘을 넘길 수가 없습니다"라며 유방에게 기회를 청했고 천하의 대사에 대해서 유세를 합니다.

진평과 말을 나눈 유방은 기뻐하며 초나라에 있을 때의 지위인 도위에 임명했습니다. 또한 임금의 수레를 함께 타고 모시는 참승參乘을 하도록 했고 군을 감독하는 호군護軍의 임무를 맡깁니다. 진평은 기회를 놓치지 않았고 유방은 진평을 단번에 알아보았습니다. 이로써 진평은 일약 유방의 최측근이 되었습니다.

하지만 유방의 이런 처사에 대해서 장수들은 "대왕께서는 하루 만에 초나라에서 달아난 병졸을 얻어 그 재능이 높고 낮음도 알지 못하는데 함께 수레를 타시고, 오히려 그로 하여금 군인들 중에서 우리처럼 나이 먹은 자를 감독하게 하시는가!"라며 반발합니다.

그 반발은 타당한 것이었습니다. 유방은 그런 반발에 전혀 개의치 않았습니다. 하지만 주발, 관영 등이 구체적인 근거들을 들어 진평을 헐뜯자 유방도 마음이 흔들립니다. 진평은 집에 있을 때 형수와 사통했으며, 위나라에서 초나라로, 다시 한나라로 옮겨 다니며 배신했고, 호군이 된 후 여러 장군들에게서 황금을 받았다는 등의 비난을 받고 있었던 것입니다.

유방은 이런 구체적인 비난을 듣고 진평을 천거한 위무지를 불러 꾸짖습니다. 하지만 위무지는 이렇게 말하며 진평을 변호했고, 위무지의 이 말은 능력과 품행에 대한 고전적인 전거典據가 됩니다.

신이 말씀드린 바는 능력이고, 폐하께서 물으신 바는 품행입니다. 지금 그에게 미생尾生이나 효기孝己와 같은 품행이 있다 하더라도 이기고 지는 수에서는 이로운 점이 없으니, 폐하께서는 어느 겨를에 그런 사람을 쓰실 수가 있겠습니까? 초나라와 한나라가 서로 대치하여 신이 기이한 계책을 내는 선비를 천거한 것이니, 생각건대 그 계책이 참으로 국가에게 이로운지 아닌지를 따질 뿐입니다. 또한 형수와 사통하거나 금전을 받은 것은 어찌 의심할 가치가 있겠습니까?

위무지의 말대로, 다리 아래에서 만나기로 한 여자와의 약속을 지키기 위해 홍수가 났지만 떠나지 않다가 죽은 미생이나, 은殷나라 고종高宗의 태자로 하룻밤에도 다섯 번 부모의 이부자리를 살폈지만 계모에게 미움을 받았던 효기와 같은 좋은 행실을 가진 사람이 유방에게 필요한 것이 아니었습니다. 항우와 천하의 명운을 건 싸움을 하는 시기에 유방에게 필요한 사람은 좋은 계책으로 일을 이룰 수 있는 실력 있는 사람이라는 것을 위무지는 잘 알고 있었기에 유방에게 당당히 말할 수 있었습니다.

진평 역시 위왕은 자신의 말을 채용하지 않았고, 항우는 항씨들과 일을 해서 떠나온 것이며, 맨몸으로 와서 가진 것이 없어 장군들이 보낸 돈이 아니면 쓸 돈이 없었다며 자신을 변호했습니다. 유방은 의심한 것을 사과하고 진평을 호군중위에 임명해 모든 장군들을 감독하게 했습니다. 이제 더 이상 그 누구도 진평을 헐뜯지 않았습니다.

진평은 자신을 잘 변호했고 유방은 진평을 알아보고 신뢰했습니다. 이처럼 유방은 처음부터 함께 봉기한 고향의 친구들로만 조직을 운영하지 않고 개방적으로 운영했습니다. 새로 영입된 자들 역시 신뢰했고 그들에 대한 반감을 잘 조정했습니다. 유방은 인재를 알아보았고 능력에 맞는 직책을 주었습니다. 진평이 유방을 찾아 의탁한 것도 유방의 이런 덕 때문이었습니다. 역이기와 한신, 진의 관리였던 숙손통 역시 이런 이유로 유방을 찾았습니다. 영포와 팽월도 항우를 떠나 유방의 부하가 되었는데 이는 전적으로 유방의 개방성 때문이었습니다. 유방이 사졸士卒 3만 명이라는 초라한 행색으로 파촉으로 떠날 때 유방을 흠모해 따르는 자가 수만 명이나 되었던 것을 보더라도 유방이 얼마나 큰 덕을 가진

지도자였는지 알 수 있습니다.

진평은 이런 유방에게 끌렸고 유방은 진평의 가치를 알아보고 가장 가까이에 두었습니다. 상황에 대한 민감한 판단력을 지닌 진평은 이제 자신의 뜻을 펼칠 무대를 가지게 된 것이었습니다.

유방에게는 장량이 제시해준 전체적인 마스터플랜이 있었습니다. 하지만 그것이 저절로 이루어질 리는 없습니다. 말과 논리를 행위를 통해 실현해가는 것은 복잡하고 어려운 일이기 때문입니다. 진평은 정확한 판단력에 기초해 정교한 계교로 일을 이룰 수 있는 능력을 지니고 있었고 이런 자를 비서실장에 임명한 유방 또한 탁월한 판단력을 지닌 지도자였습니다.

전략을 성공으로 이끈 전술의 고수

진평은 상황에 대한 좋은 판단력을 가지고 있었고 거기에 가장 적합한 전술을 수립할 줄 알았던 계책의 고수였습니다. 장량이 더 큰 전략의 고수였다면 진평은 전술의 고수라 할 수 있습니다. 장량은 멀리 내다보면 긴 안목에서 전체적인 전략을 수립했고, 진평은 그 전략을 구체적으로 실행하기 위한 방안들에 골몰해 어려움에 봉착할 때마다 탁월한 계책을 제시했습니다. 진평은 평소 노자적인 덕목을 숭상했고 부드럽고 자연스러운 계책으로 일을 원만히 이루어 나갔습니다.

항우에게 결정타를 날린 것도 진평이었습니다. 한고조 3년 항우의 군사들은 한군의 후방 길목을 차단해 원군과 군량미를 막았고, 유방을 거의 1년 동안 형양성에 묶어놓았습니다. 위급한 유방은 항우에게 형양 서쪽의 땅을 주겠다며 화친을 요청했으나 항우는 받아들이지 않습니다. 답답해진 유방은 진평에게 계책을 물었고 진평은 다음과 같이 제안합니다.

대왕께서는 멋대로 사람을 모욕하시므로 청렴하고 절개 있는 선비들을 얻을 수가 없습니다. 다만 초나라에도 어지러워질 수 있는 것이 있으니, 저 항왕의 강직한 신하들은 아부亞父·종리매·용저·주은周殷 등과 같은 몇 사람에 지나지 않을 뿐입니다. 대왕께서 진실로 수만 근의 황금을 기꺼이 내어놓으시어 이간책을 행하여 초나라 군신들을 이간질하여 그들로 하여금 의심하는 마음을 품게 하시면 항왕의 사람됨이 시기하고 참언을 잘 믿으므로 반드시 안에서 서로가 주살할 것입니다. 한나라는 이 틈을 타 군대를 거느리고 공격하면 초나라를 반드시 격파할 수 있습니다.

진평은 이간책을 제시했는데 그것은 의심을 잘하는 항우의 성품을 고려한 책략이었습니다. 항우에게 가장 큰 힘이 되고 있는 책사 범증을 제거하고 지도부를 이간질시키는 책략에 유방은 기꺼이 황금 4만 근을 내어주었고 그 돈의 출납에 대해서는 일절 묻지 않았습니다. 진평은 이 돈으로 초나라 군대에 많은 첩자를 파견합니다. 그리고 종리매 등 항우의 측근들이 공이 많음에도 왕으로 봉해지지 않아 유방과 동맹해 항우를 멸망시키고 왕이 되려 한다는 소문을 퍼뜨립니다. 항우는 이에 측근들을 의심하기 시작했고 이를 확인하기 위해서 유방에게 사신을 보냅니다.

초나라 사신이 오자 유방은 소·양·돼지고기를 다 내어놓는 풍성한 식사상인 태뢰太牢를 내어오도록 합니다. 그는 사신을 보고 짐짓 놀라는 척하며, "나는 아부의 사신인 줄 알았더니 결국 항왕의 사신이었구려!"

라며 다시 나쁜 음식을 올리게 합니다. 초나라 사신은 돌아가 이 사실을 항우에게 보고했고, 항우는 이때부터 아버지처럼 여겼던 책사 범증을 매우 의심하기 시작합니다.

범증은 유리한 입장에 있을 때 형양성을 총공격해야 한다고 주장했지만 항우는 의심해 그 말을 듣지 않습니다. 범증은 항우가 자신을 의심하고 있다는 말을 듣고, "천하의 일이 대체적으로 정해졌으니 이제 군왕께서 스스로 해보십시오. 원컨대 사직하고 집으로 돌아가게 해주십시오"라고 요청했고 항우는 이를 허락합니다. 하지만 범증은 귀가하다가 팽성에 못 미쳐 등에 독창毒瘡이 나서 죽고 맙니다.

장량처럼 전체적인 판세를 파악하고 있었고 대단한 계책과 그것을 실행할 능력을 가지고 있었던 범증은 일흔이 넘은 나이에 모든 것을 바쳐 항우를 도왔지만 진평의 계략에 빠져 이처럼 허무하게 죽고 맙니다. 진평은 항우의 머리를 날려버린 것이 되었고 이제 항우는 머리 없이 몸만 남은 격이 되었습니다.

이어 진평은 항우가 총공격을 하지 않고 머뭇거리는 틈을 타 동쪽을 치는 듯하다가 서쪽을 치는 성동격서聲東擊西의 전략을 사용해 유방의 목숨을 구합니다. 기신을 유방처럼 꾸며 캄캄한 밤에 왕의 수레에 태워 투항한다고 알린 후 2,000명의 여자에게 갑옷을 입히고 무기를 들려 형양성 동문으로 나가게 한 것입니다. 유방이 항복한 것으로 생각한 초군이 만세를 부르는 어지러운 틈을 타 진평은 유방과 함께 최대한 행렬을 간소하게 한 다음 서문을 빠져나가 관중으로 도망칩니다. 진평의 계략에 속은 항우는 화가 나서 기신을 산채로 불태워 죽이고 맙니다.

한신이 제나라를 정벌해 왕위를 달라고 했을 때 이를 허락하도록 한 것도 진평이었습니다. 한신의 사신이 와서 제나라 왕위를 요구하자 유방은 크게 화가 나 욕을 했습니다. 이때 진평은 유방의 발을 밟았고 유방은 진평의 의도를 알아차리고 한신에게 왕위를 허락합니다.

항우와의 휴전 협정을 어기도록 한 것도 진평이었습니다. 항우는 스스로 도우려는 사람이 적다는 것을 알았고 식량도 다 떨어진데다 한신이 또 군사를 내어 초를 치자 궁지에 몰렸습니다. 마침 유방은 후공侯公을 파견해 가족들을 돌려달라고 청했습니다. 그래서 항우와 유방은 홍구鴻溝를 경계로 천하를 양분하기로 하고 휴전을 했고, 양군이 모두 만세를 부르며 각각 동과 서로 철수를 하게 됩니다. 하지만 진평과 장량은 후퇴하는 항우의 뒤를 치도록 했고, 이 결정을 통해 유방은 항우를 이길 수 있었습니다.

유방은 어려운 일에 봉착할 때마다 진평에게서 좋은 계책을 얻었습니다. 한고조 6년(기원전 201) 초왕 한신이 모반의 혐의를 받았을 때 여러 장수들은 "하루 빨리 군대를 일으켜 그 젊은 녀석을 파묻어야 합니다"라고 주장합니다. 한신과 정면으로 싸움을 하자는 말이었습니다. 하지만 진평은 이에 반대합니다. 그는 "지금 군대도 초나라의 정예병만 못하고, 장수 또한 한신에 미치지 못하면서 군사를 거느리고 그를 공격한다면 이는 그들에게 우리와 싸우도록 재촉하는 것이며 제가 생각할 때 폐하께서도 위험해질 것입니다"라며 한신과의 정면충돌을 피하도록 합니다. 그리고 운몽택雲夢澤으로 행차해 제후들을 소집해 한신을 사로잡는 계책을 사용하도록 합니다.

진평의 계책대로 한신은 유방의 행차가 이르기 전에 교외로 나와서 맞았고 유방은 미리 무사들을 준비했다가 한신이 도착하는 것을 보고는 즉각 붙잡아 묶어 뒤따르는 수레에 실었습니다. 진평은 계책을 실행하기 전 유방에게 한신의 모반혐의를 아는 다른 자가 있는지 물었고 또 한신이 그 사실을 알고 있는지를 물었습니다. 진평의 계책은 정확한 사태 분석에 기초한 것이었고, 그대로 적중했습니다.

흉노에게 사로잡힌 유방의 목숨을 구한 것도 진평이었습니다. 한고조 6년 흉노의 묵돌선우冒頓單于가 침략해 한왕韓王 신信이 흉노에 항복하고 투항했을 때 유방은 30만 대군을 이끌고 흉노를 토벌하러 갑니다. 묵돌선우는 자신의 정예병을 숨겨 놓고 힘이 모자라는 척하며 도주했고 한나라 군대가 평성까지 추격하자 갑자기 매복한 40만 정예병들이 백등산에 나타나 유방의 군대를 포위해 주력군과의 연락을 끊어놓았습니다.

절체절명의 순간 호군중위로 따라간 진평은 기이한 계책을 내서 흉노의 포위를 풀게 해 유방을 구합니다. 그는 많은 금은보화와 미인도를 묵돌선우의 왕비에게 보내 질투를 유발해 화친을 유도한 것으로 알려져 있는데 그 내용은 줄곧 비밀에 부쳐졌습니다. 흉노에 공물을 바치기로 한 내용과 더불어 유방의 권위를 충분히 손상시킬 수 있는 것이었기 때문이었습니다.

어쨌든 진평의 계책은 위기에 처한 유방의 목숨을 살렸고 유방은 그것에 대해 깊이 감사했습니다. 회군하던 도중 곡역曲逆을 지나다가 낙양에 버금가는 대단한 경치를 보고 유방은 즉시 어사에게 명령을 내려 진평을 곡역후曲逆侯에 봉하고 현 전체를 진평의 식읍으로 줍니다. 당시 건국 공신들 중 한 현의 세를 모두 받은 사람은 진평 한 사람 뿐일 정도였다고 하니 진평의 공이 얼마나 컸는지 짐작할 수 있습니다. 이후에도 진평은 호군중위의 신분으로 유방을 따라다니며 여섯 번이나 기이한 계책을 내어 진희와 영포의 난을 진압하도록 도왔고 그때마다 유방은 봉읍을 내려 진평에게 감사를 표시합니다.

이처럼 진평이 여러 계책을 내어 성공할 수 있었던 것은 그가 상황의 미묘한 부분까지 다 살피며 조심스럽게 계책을 마련했기 때문이었습니다. 모반의 혐의를 산 번쾌를 잡을 때의 모습을 살펴보면 진평의 이런 특징을 잘 알 수 있습니다.

한고조 12년(기원전 195) 유방은 영포의 반란군을 격퇴하고 부상당한 몸으로 천천히 장안으로 개선했는데 연왕 노관이 반란을 일으켰다는 소식을 또다시 듣게 됩니다. 유방은 번쾌를 상국의 신분으로 전방으로 보내 정벌하게 합니다. 이때 번쾌가 모반을 하려 한다는 정보가 접수됩니다. 유방이 죽으면 여후와 결탁해 군대를 일으켜 유방이 총애하던 첩 척희戚姬와 아들 조왕 여의如意를 죽이려 한다는 내용이었습니다.

유방은 즉시 번쾌를 해임하려고 했지만 이미 번쾌가 군대를 장악하고 있어 조심스러운 상황이었습니다. 유방은 진평에게 계책을 물었고 진평은 주발을 몰래 수레에 태워 번쾌의 진영으로 가 상을 내린다는 조서로 번쾌를 불러내어 갑자기 목을 베고 주발이 군대를 장악한다는 계책을 제시합니다.

이 계책을 실행하려고 출발했지만 진평은 주저합니다. 번쾌는 유방의 오랜 벗이자 개국공신이며 여후의 동생인 여수의 남편이기도 했기 때문입니다. 유방이 순간적인 분노 때문에 그를 죽이려 하지만 훗날 후회를 할 수도 있고 유방이 일찍 죽고 여후가 권력을 잡게 된다면 더 큰 문제가 발생할 수도 있기 때문이었습니다.

그래서 진평은 번쾌를 죽이는 계획을 변경합니다. 일단 황제가 내린 부절을 꺼내 번쾌에게 명을 전하고 두 손을 결박해 장안으로 압송합니다. 주발은 번쾌의 군대를 이끌고 노관의 반란을 진압하러 출병합니다.

진평은 황성으로 돌아가던 중 유방의 승하 소식을 전해 듣습니다. 진평은 번쾌를 호송하는 마차보다 빠르게 황궁으로 향합니다. 번쾌의 아내 여수가 여후에게 모함을 하기 전 도착해 일을 수습해야 했기 때문이었습니다. 도중에 관영과 함께 형양에 주둔하며 지키라는 명을 받지만 진평은 그 명을 어기고 즉시 마차를 달려 황궁으로 들어갑니다. 진평은 유방의 관 앞으로 나아가 애통하게 통곡했고, 여후에게 자초지종을 자세히 설명합니다.

여후는 번쾌가 아직 살아 있다는 말에 마음을 놓았고 진평이 통곡하느라 눈물 콧물이 범벅이 된 것을 보고 측은한 마음이 들어, "그대는 수고하였으니 궁궐을 나가 쉬도록 하오"라고 명합니다.

하지만 진평은 궁궐을 지키는 숙위宿衛를 맡도록 자청했고 여후는 이에 궁중의 전반을 관할하는 낭중령郎中令에 진평을 임명해, "효혜제를 보좌하여 가르치도록 하시오"라고 명합니다. 번쾌는 장안으로 압송된 후 즉시 사면되었고 과거의 작위와 봉읍을 다시 찾습니다. 번쾌의 아내 여수가 번쾌를 죽일 계책을 세웠던 진평을 공격했지만 여후는 진평을 신뢰합니다.

진평은 복잡하고 미묘한 상황에서 모든 가능성을 다 따져보았고 그에 대응해 기민하고 지혜롭게 행동해서 화를 막을 수 있었습니다. 그는 상황을 전체적으로 파악하고 있었고 권력이 어떻게 이동할지에 대해서도 잘 이해하고 있었습니다. 이때 진평이 궁궐로 달려가 여후에게 매달리지 않았다면 권력의 주변부로 밀려나고 말았을 것입니다. 진평이 긴 세월 동안 권력의 중심부를 지킬 수 있었던 것은 이런 지혜와 용기 때문이었습니다.

진평은 계책으로 많은 일을 이루었지만 큰 뜻을 지니고 있었기에 그의 계책은 단순히 주어진 상황을 모면하려는 술수로 전락하지 않았습니다. 진평은 여씨들을 몰아내고 한문제에게 왕위를 받아들일 것을 주청하는 자리에서 스스로의 행위에 대해 이렇게 말한 바 있습니다.

신들이 엎드려 생각해봐도 대왕께서 고제의 종묘를 받드는 것이 가장 적합하며, 천하의 제후들과 만백성도 대왕께서 적임자라고 생각할 것입니다. 신들은 종묘사직을 위해 계획함에 감히 소홀하지 않았습니다. 원컨대 대왕께서는 신들의 의견을 따라주십시오.

진평은 종묘사직을 위해 '계모計謀'를 했던 것이었습니다. 그의 계책을 통해 한 국가가 탄생했고 안정되었으니 그것은 단순한 임기응변 술수가 아니었습니다. 진평은 장량처럼 멀리 볼 줄 알았고 큰 흐름 속에서 물처럼 유연하게 이리저리 어려움을 피해가며 일을 이룰 줄 알았습니다. 진평과 같은 자가 없었다면 유방이 아무리 좋은 생각을 가지고 있더라도 일을 이룰 수는 없었을 것입니다.

자신을 내세우지 않고 큰 흐름에 순응하다

노자는 "최상의 선善은 물과 같다"고 했는데 이는 진평을 두고 하는 말이었습니다. 진평은 부딪히지 않고 피해갈 줄 알았고, 부드러운 것이 가장 강한 것임을 보여주었습니다.

그가 물처럼 부드럽고 유연하게 처신할 수 있었던 것은 그가 이상주의자가 아니라 현실주의자였기 때문이었습니다. 그는 이상을 가지고 현실을 비판하거나 재단하지 않았고 저열한 현실에서 이상에 이르는 길을 한 걸음씩 찾아간 사람이었습니다. 그가 항우와 유방, 여후와 한문제에 이르기까지 적절하게 처신하며 실족하지 않을 수 있었던 것은 바로 이런 유연한 현실주의적인 태도로 일관했기 때문입니다. 현실주의적인 그의 태도는 유방이 죽은 후 여씨들이 권력을 잡았을 때 두드러지게 나타납니다.

한혜제 5년(기원전 190) 상국 조참이 세상을 떠났을 때 여후는 충직하고 직언을 잘 하는 왕릉王陵을 우승상에 임명합니다. "왕릉이 할 수 있을 것이오. 그러나 왕릉은 다소 고지식하므로 진평이 그를 돕도록 하는 것이 좋소"라는 유방의 유언에 따른 인사였습니다.

하지만 혜제가 세상을 떠나자 여후는 조정을 좌지우지하게 되었고 측근들인 여씨들을 왕으로 삼으려 했습니다. 여후가 왕릉에게 이에 대해 의견을 묻자 왕릉은 유씨 성이 아닌 자가 왕이 되면 천하가 모두 일어나 그를 죽이라 했던 유방의 유언을 들어 반대합니다.

왕릉은 현실의 권력과 욕망을 무시하고 이상적인 기준으로 판단하고 행동한 자였습니다. 그래서 그의 행동은 물처럼 매끄럽지 못했습니다. 하지만 진평은 달랐습니다. 여태후가 여씨들을 왕으로 임명하는 일에 대해서 묻자 진평은 "고제께서 천하를 평정한 후 자제들을 왕으로 삼으셨습니다. 지금 태후께서 황제의 직권을 행사한다 하시면 이는 형제와 여러 여씨들이 왕이 되는 것과 같이 안 될 것도 없습니다"라고 대답합니다.

진평의 말은 '권력이 곧 힘이며 정의'라는 말로 해석될 수 있습니다. 권력을 가진 자가 분명히 하고 싶은 바가 있다면 그것을 막을 방법은 없습니다. 진평은 그런 현실을 인정해야 한다는 분명한 생각을 가지고 있었습니다. 여후는 진평의 말에 기뻐했고 왕릉의 권력을 빼앗아버립니다. 왕릉은 화를 삭이지 못하다가 병을 핑계로 관직에서 물러나 두문불출 조정에 나가지 않고 있다가 10년 후 세상을 떠나고 맙니다.

진평은 왕릉에 비해 정치적이었습니다. 진평은 큰 권력 앞에선 자신의 한계를 분명히 자각하고 있었기에 왕릉처럼 직언을 하지 않고 돌아가는 길을 선택합니다. 왕릉은 유방의 유언을 지키려 했지만 그렇게 죽고 말았습니다. 하지만 조금 기다리며 몸을 굽힌 진평은 후일 여후가 죽은 후 여씨 세력들을 모두 처단하고 유씨 왕조를 복원합니다.

왕릉이 여후의 권력에 아부한 진평과 주발을 나무랐을 때, 진평은 "지금 마주 대하고 과실을 질책하며 조정에서 잘못을 간언하는 것은 저희가 당신만 못해도 사직을 보전하고 유씨의 후손을 안정시키는 것은 당신이 저희만 못할 것입니다"라고 말했고, 왕릉은 이에 할 말이 없었습니다. 왕릉은 바른 길을 가려고만 했지 진평처럼 참고 돌아가지 못했습니다.

진평은 자신이 처한 상황을 정확하게 파악하고 있었습니다. 비록 여후가 왕릉을 파면하고 가신처럼 충성을 다한 심이기審食其를 좌승상에, 자신을 우승상에 임명했지만 진평은 자신의 처지를 고려해 자제했습니다. 여후는 심이기를 총애했고 이를 안 관리들은 모든 정사를 심이기를 통해 처결하고 있었습니다. 또한 과거 번쾌를 처형하려 했던 일로 진평은 여후의 동생 여수의 미움을 받고 있었습니다.

그래서 진평은 매일 술을 마시고 부녀자들을 희롱하고 다녔습니다. 여후는 진평이 이렇게 행동하자 은근히 좋아했습니다. 하지만 진평의 행동이 지나치자 여후는 "속담에 말하기를 '어린아이와 부녀자의 말은 신용할 수가 없다'라고 했으니, 그대를 보니 나에게 어떻게 하는가를 볼 뿐이오, 여수의 참언을 두려워할 것은 없소"라며 진평에게 면죄부를 주었습니다.

진평은 벽에 부딪혔을 때 그것을 넘어서려 하지 않고 돌아가는 길을 선택했으며, 참고 견뎠습니다. 《사기》는 "여태후가 서거하자, 진평은 태위 주발과 함께 모의하여 결국 여러 여씨들을 주살하고 효문황제를 추대하였으니 진평이 주도한 것이다"라고 적고 있습니다. 결국 유방과의 약속을 지킨 것은 왕릉이 아니라 진평이었습니다.

진평이 유방의 넷째 아들인 대왕代王 유항劉恒(한문제)을 황제로 추대하도록 논의를 이끈 것도 가장 현실적인 이유 때문이었습니다. 여후가 죽은 후 어떤 사람들은 유방의 장손이며 제왕인 유양劉襄을 황제로 세워야 한다고 주장했지만 여태후의 외척들이 악랄하고 흉악해 사직이 위태로워진 것이고, 제왕의 어머니 사駟씨 집안사람들도 역시 흉악하고 악독하니 황제로 세울 수 없다고 반대했습니다. 그리고 비슷한 이유로 회남왕 유장劉長도 거부했고 외척 세력이 없고 겸손하고 선한 유방의 첩 박희薄姬의 아들이며 유방의 자녀들 중 가장 나이가 많고 어질고 관대한 유항을 황제로 추대했습니다. 그 모든 논의는 진평의 주도로 이루어졌습니다. 한나라 초기의 안정을 이룬 한문제의 치세는 진평에게서 시작되었다고 말해도 과언이 아닐 것입니다.

진평이 물처럼 유연하게 처신하면서도 역사의 줄기를 바로 잡을 수 있었던 것은 그가 현실적인 큰 흐름을 누구보다 잘 알고 있었기 때문이었습니다. 그는 세심한 전술에 능했지만 그것은 어디까지나 큰 흐름 속에서의 전술이었습니다. 그가 위왕과 항우를 떠나 유방 진영에 합류한 것도 유방이 천하를 차지할 수 있는 사람이라는 판단 때문이었습니다. 그리고 그는 여후와 한문제에 이르기까지 시류時流를 거스르지 않고 그 흐름에 몸을 맡기며 기회를 엿보았습니다.

한문제는 황제에 즉위한 후 우승상이었던 진평을 좌승상으로 옮기고 주발을 우승상에 임명합니다. 한문제는 국사에 밝아진 후 조회에서 우승상 주발에게 "천하에 한 해 동안 소송 건을 얼마나 판결하오?"라고 하문합니다. 주발이 사죄하며 모르겠다고 하자, "천하에 한 해 동안 금전과 곡식의 수입과 지출이 얼마나 되오?"라고 다시 묻습니다. 주발은 또 모른다고 사죄하며 땀으로 등을 적시며 대답하지 못한 것을 수치스러워했습니다.

이에 한문제는 좌승상 진평에게 물었는데, 진평은 "주관하는 자가 있습니다"라며 옥사 판결에 대해서는 정위延尉에게, 재정에 대해서는 치속내사治粟內史에게 물으라고 합니다. 한문제는 "진실로 주관하는 자가 있다면 그대가 주관하는 바는 어떤 일이오?"라고 힐난하듯 따져 묻습니다. 이때 진평은 이렇게 말했습니다.

> 신하들을 주관합니다. 폐하께서는 저의 노둔함을 알지 못하시고, 저로 하여금 재상 자리에서 죄를 기다리게 하셨습니다. 재상이란 위로는 천자를 보조하며 음양을 다스려 사계절을 순조롭게 하고, 아래로는 만물이 제때 길러지도록 하며, 안으로는 백성들을 친하게 하여 복종하게 하고 경대부로 하여금 각자 그 직책을 맡게 하는 것입니다.

대답을 들은 문제는 훌륭하다고 칭찬을 했고 우승상 주발은 크게 부끄러워하며 조정에서 나와, "그대는 어찌하여 평소에 나에게 대답하는 법을 가르쳐주지 않았소!"라며 진평에게 원망합니다. 그리고 주발은 자신의 능력이 진평에 훨씬 미치지 못함을 알고 병을 핑계 삼아 재상의 자리를 내어놓았고 진평만이 유일한 승상이 됩니다.

진평은 재상이 하는 일은 천하의 큰 흐름을 돌보는 것이라 말했습니다. 그는 항상 큰 흐름 속에서 계책을 수립했고 몸을 낮추고 자제할 줄 알았습니다. 진평은 여후가 권력을 잡았을 때 몸을 낮추었고 여후가 죽고 상황이 유리해지자 여씨 세력들을 몰아내고 한문제를 옹립했습니다. 진평은 큰 흐름에 유연하게 몸을 맡기면서도 틈을 놓치지 않았고 그 흐름을 바꾸어놓았습니다.

이런 대단한 일을 했지만 진평은 자신의 공을 내세우지 않았습니다. 한문제가 즉위했을 때 진평은 우승상의 지위를 주발에게 양보하고 병을 핑계로 사직하려 했습니다. 한문제가 의아해 묻자, 진평은 "고제 때 주발의 공은 저 진평만 못했습니다. 여씨를 죽이는 것에 이르면 저의 공이 주발만 못합니다. 원컨대 우승상을 주발에게 양보하고자 합니다"라고 말했습니다.

진평은 은밀하고 세심한 계책을 잘 사용한 자였지만 대체大體와 근본이 무엇인지 아는 자였습니다. 유방은 진평의 이런 모습을 잘 알고 있었습니다. 한신을 잡은 후 유방이 진평에게 부절을 쪼개어주고 대대로 그 효력이 단절되지 않도록 호유후戶牖侯에 봉했을 때 진평은 자신의 공이 아니라 사양했고 자신을 천거한 위무지에게 그 공을 돌렸습니다. 이때 유방은 "그대 같은 사람은 근본을 어기지 않는다고[不背本] 말할 수 있소"라고 진평을 칭찬했고 진평을 추천한 위무지에게도 상을 내립니다. 진평은 진실로 '근본을 배반하지 않은' 사람이었습니다.

진평은 스스로 도가道家라고 생각하고 있었습니다. 자기를 내세우지 않고 자연의 큰 흐름에 순응하는 것이 도가라면 진평은 진정한 도가였습니다. 하지만 진평은 스스로 도가의 가르침을 위배했다고 생각했습니다. 그는 일찍이 이런 말을 한 적이 있습니다.

나는 은밀한 계책을 많이 세웠으니, 이는 도가道家에서 금지하는 바이다. 내 후손이 폐출된다면 끝난 것으로 결국 다시 일어설 수 없을 것이니, 이는 내가 은밀한 계책을 많이 쓴 화 때문일 것이다.

진평의 염려는 그대로 실현되어버렸습니다. 진평이 죽자 그의 아들이 작위를 물려받았고, 증손자 진하陳何가 23년간 그 자리를 지켰으나 다른 사람의 아내를 빼앗는 죄를 저질러 사형에 처해졌으며 결국 봉국도 빼앗기고 말았던 것입니다.

진평은 자연의 큰 흐름을 담담히 받아들이지 못하고 은밀한 계책을 사용한 것이 자신의 후손들이 다친 이유라 여겼지만 다른 공신들의 후손들도 마찬가지였습니다. 그것은 오히려 영고성쇠榮枯盛衰를 거듭하는 자연의 이치에 따른 것이며, 가장 도가적인 진리에 부합하는 결과일 수 있습니다.

"항상 기이한 계책을 내어 아귀다툼하는 어려움을 구해주었고 국가의 근심을 떨쳐냈다"는 태사공의 평가대로 진평의 은밀한 계책은 자연을 거스르는 것이 아니라 오히려 자연의 징조를 가장 잘 이용한 자연의 흐름에 부합하는 가장 도가적인 것이라 평가할 수 있습니다. 그래서 진평은 '어진 승상'이라는 평가를 받을 수 있었습니다. 진평은 사후 헌후獻侯라는 시호를 받았는데 역사적인 흐름 속에서 좋은 일을 이루기 위해 온전히 자신의 삶을 바친[獻] 진평의 삶을 잘 요약한 시호라 할 수 있습니다.

제5장

유방의 뒤를 든든히 받친 조강지처

여후

"암컷은 항상 고요함으로 수컷을 이기며

고요함으로 아래가 된다."

_《노자》, 제61장

보잘것없는 유방을 남편으로 선택한 여인

여후 여치呂雉는 유방의 뒤를 든든히 받쳐준 유방의 조강지처였습니다. 사마천은 여후를 이렇게 평가했습니다.

여후는 사람됨이 강단 있고 굳세 고조를 도와 천하를 평정했으며, 대신들을 죽일 때에도 대부분 여후의 힘이 많이 작용했다.

여후는 유방의 뒤를 든든히 받쳐주었고 권력에 위협이 되는 대신들을 제거하고 한나라 초기의 권력 기반을 튼튼히 다졌습니다. 그리고 유방이 죽은 후 스스로 권좌에 올라 강한 정치를 했습니다. 비록 그녀가 유씨 천하를 뒤흔들었지만 그녀는 보상補償의 정치를 통해 천하를 안정시켰습니다. 그러므로 그녀의 독재를 반드시 부정적인 것이라고만 말할 수는 없습니다. 여후는 위험한 공신들을 제거해 권력을 안정시켰고, 여후 자신이 의도한 것은 아니었지만 여후의 세력마저 제거되어 한나라는 안정의 길로 접어들게 되었던 것입니다.

여후는 산동성 단부 사람이었습니다. 여후의 부친 여공呂公은 원수진 사람을 피해 현령의 식객으로 패현에서 거주하고 있었습니다. 어느 날 귀빈이 왔다는 소식에 패현의 호걸과 향리들이 모두 방문해 인사를 드리는 자리에서 유방을 처음 만나게 됩니다. 당시 주리主吏였던 소하는 진상한 예물이 천 냥에 이르지 않는 사람은 당하堂下에 앉도록 했는데, 유방은 "하례금 만 냥"이라고 거짓으로 써넣었고 여공은 크게 놀라 자리에서 일어나 유방을 문 앞에서 맞이했습니다. 소하가 "유계劉季는 언제나 큰소리만 치지 끝마치는 일은 드뭅니다"라고 경고했지만 여공은 유방의 생김새를 보고 매우 존경하며 자리에 앉게 했고 술자리가 끝나서도 유방을 붙잡아두었습니다.

여공은 평소 관상보기를 좋아했고 유방의 관상에서 강한 인상을 받았습니다. 여공은 "당신만 한 호상好相은 없었습니다. 그러하오니 자중하시길 바라며, 저에게 딸이 있는데 당신의 아내로 삼아주십시오"라며 유방에게 딸을 주려고 했습니다. 여공의 아내는 "당신은 예부터 언제나 훌륭한 우리 딸을 귀인에게 주겠다고 하셨지요. 패현 현령이 당신과 사이가 좋아 딸을 요구했는데도 주지 않더니, 어떻게 함부로 유계에게 주기를 허락하십니까?"라며 화를 냅니다.

하지만 여공은 "이것은 아녀자가 알 바가 아니오"라고 부인에게 면박을 주고 마침내 딸을 유방에게 줘버렸습니다.

모친의 말로 미루어 여후는 현령이 요구할 정도로 젊은 시절 이미 홀

룽한 모습을 갖추고 있었던 것 같습니다. 당시 유계는 별볼일없는 자였지만 여후가 유방을 꺼려해 부친의 뜻을 거역했다는 흔적은 별로 보이지 않습니다. 이후의 여러 일들로 볼 때 여후는 여공처럼 유방의 숨은 가치를 오히려 잘 알고 있었던 것 같습니다.

유방이 산골짜기로 도망가 있을 때 여후는 유방이 있는 곳을 잘 찾아내곤 했는데 사람들이 기이하게 생각하자, "당신이 있는 곳은 그 위에 언제나 운기雲氣가 있으므로 그것을 따라가면 항상 당신을 찾을 수가 있습니다"라고 말하기도 했습니다. 이 말을 듣고 유방을 따르는 젊은이들이 더욱 많아졌습니다.

유방을 신화적인 존재로 만들기 위해서 여후가 이런 말을 거짓으로 했을 수도 있습니다. 하지만 이때 유방은 아무것도 아닌 존재였고 그저 목숨을 부지하기 위해 도망친 범죄자에 불과했습니다. 여후는 유방을 특별하게 생각하고 있었다는 것을 나타내는 사건으로 보는 것이 더 적절하지 않을까 합니다.

유방도 스스로를 특별한 존재로 생각하고 있었습니다. 시황제는 "동남쪽에 천자의 기氣가 있다"고 생각해 순행하면서 그 기를 꺾으려 했는데 유방은 그것이 자신이라고 생각했습니다. 그래서 화를 피해 깊은 산골짜기로 도망친 것이었습니다. 유방의 부모는 유방이 교룡에 의해 임신되었다고 생각했고 왼쪽 넓적다리에 있는 72개의 점도 신비스럽게 여겼습니다. 유방은 한밤중에 늪지를 지나다가 큰 뱀을 단칼에 벤 적이 있었는데 그 뱀은 백제의 아들이며 자신은 적제赤帝의 아들이라 생각했고 그런 소문이 퍼져나가기도 했습니다. 유방은 정장이라는 하찮은 직위에 있을 때에도 멀리 사람을 보내 죽피竹皮로 관冠을 만들게 해 쓰고

다녔고 천자가 되고 나서도 이 관을 써서 이 죽피관에는 '유씨관劉氏冠'
이라는 이름이 붙기도 했습니다.

예언자가 나타나기도 했습니다. 유방이 정장으로 있을 때 유방의 집
을 지나던 노인이 여후를 보고, "부인은 천하의 귀인이 되실 상을 가지
고 계십니다"라고 했고, 유방의 아들을 보더니 그 아들 때문이라고 말했
습니다. 그리고 딸도 귀상貴相이라 했고 이를 이상히 여긴 유방이 따라
가서 묻자, "당신은 말로 표현할 수 없을 정도로 귀하신 상입니다"라고
말해줍니다.

유방은 스스로 대단한 존재가 될 것이라 여겼고 여후도 유방에게 나
타난 여러 징조들을 상서로운 것으로 여겼습니다. 여후가 많은 어려움
을 잘 참아낸 것도 이런 기대가 있었기 때문이었습니다.

여후는 딸과 아들을 데리고 직접 밭에 나가 일을 해야 했고 손윗동서
의 구박을 받으면서도 유방의 부모를 모시고 가정을 돌보았습니다. 유
방은 팽성 전투에서 항우에게 패한 후 아들과 딸마저 버리고 도망가려
했고 부모와 처를 챙기지 못해 항우의 포로로 잡히도록 했습니다. 목숨
이 왔다 갔다 하는 상황에서도 여후는 잘 견뎠습니다. 그래서인지 유방
은 등극해 황제가 된 후 가장 먼저 여후에게 작위를 내립니다. 유방은
여후의 공을 높이 평가하고 있었던 것입니다.

그리고 여후의 두 오빠도 유방의 부장이 되어 측근에서 도왔습니다.
큰 오빠인 주여후周呂侯는 유방이 팽성에서 패배했을 때 하읍下邑에 주둔
해 있으면서 도피한 유방을 받아들였고 한나라 패잔병들을 다시 모아 재
기의 발판을 마련하도록 했습니다. 주여후는 후일 전사했는데 그의 두
아들과 여후의 작은 오빠 여석지呂釋之도 공을 세워 제후에 봉해집니다.

여후는 많은 고생을 했지만 유방의 사랑을 제대로 받지 못했습니다. 유방은 한왕이 된 후 정도定陶에서 얻은 척부인戚夫人을 총애했고, 척부인에게서 얻은 여의如意를 여후가 낳은 장자 유영劉盈보다 더 좋아했습니다. 유영은 사람됨이 인자하지만 유약했고 그런 유영보다 척부인의 아들 여의가 자신을 더 닮았다고 생각했기 때문이었습니다. 척부인은 유방이 출정할 때마다 따라다녔고 여후는 나이가 더 많아지면서 항상 집에 남아 있어 유방을 만날 기회도 더 적어졌습니다. 척부인은 밤낮으로 유방 앞에서 소리 내어 울며 자신의 아들 여의를 태자로 세워주기를 간청했고 거의 태자가 될 뻔한 적이 여러 차례 있었지만 대신들의 간쟁諫諍과 장량의 계책으로 이루어지지 않았습니다.

여후는 유방이 죽은 후 척부인에게 무서운 보복을 단행하고 여의를 죽입니다. 여후는 유방의 조강지처로 많은 고초를 당하며 유방의 가정을 지켜냈고 유방의 사랑을 받지도 못한 채 오로지 아들에 의지해 살고 있었기에 척희와 여의에 대한 분노와 복수심은 어쩌면 당연한 것일 수도 있었습니다. 여후는 유방이 죽은 후 이제까지 억누르고 있었던 자신의 강한 성격을 여지없이 드러냅니다.

그녀는 무서운 복수를 감행한 강하고 표독스러운 여자, 권력을 틀어쥐고 독단적인 정치를 한 여자로 역사에 각인되어 있습니다. 하지만 뜻밖에도 사마천은 그녀의 시대를 이렇게 평가하고 있습니다.

효혜황제와 고후의 재위 시절, 백성들은 비로소 전국시대의 고통에서 벗어날 수 있었다. 군주와 신하가 전부 쉬면서 아무것도 행하지 않으려 했기 때문에 혜제는 팔짱만 끼고 아무 일도 하지 않았고, 고후가 여주인으로서 황제의 직권을 대행해 정치가 방 안을 벗어나지 않았어도 천하는 편안했다. 형벌이 드물게 사용되어 죄인이 드물었다. 백성들이 농사에 힘쓰니 옷과 음식은 더더욱 풍족해졌다.

사마천은 여후의 시대를, 고통이 없었고 무위無爲의 경지에서 휴식할 수 있었던 평화로운 시대였으며 형벌이 드물었고 의식은 풍족했다고 평하고 있습니다. 여후는 안방에서 정치를 했고 권력자들을 죽였으며 여씨들을 왕으로 삼아 유씨 천하를 뒤흔드는 사적인 정치를 했지만 오히려 국가 전체의 정치는 안정되었다고 사마천은 증언하고 있습니다.

이런 증언을 고려한다면 우리가 여후에 대해 가진 생각들이 지나친 선입견은 아닐까 의심해볼 수 있습니다. 여후는 여씨들과 측근들을 등용하고 모든 정치를 사적으로 틀어쥐었지만 모든 왕들을 여씨로 바꾸려 하지는 않았습니다. 여후는 권력의 화신化身으로서 자신의 권력에 도전하는 자들을 발본색원拔本塞源하려 했습니다. 하지만 자신의 권력을 인정하는 자들은 죽이지 않았고 관대하게 대했습니다. 장량·소하·진평·조참·주발·하후영·관영 등 유방의 공신들은 여씨 천하에서도 몸을 보존할 수 있었고 왕으로 나가 있었던 유방의 아들들도 처음에는 그러했습니다.

권력 유지를 위해 공신을 제거하다

여후는 절대적인 권력을 행사했습니다. 반역의 싹이 조금이라도 보이면 뿌리를 뽑아버리는 것이 그녀의 방식이었습니다. 유방이 죽자 자신의 아들인 태자를 폐하고 권력을 빼앗으려 했던 척희와 여의에게 무서운 보복을 단행한 것도 그런 맥락에서 이해할 수 있습니다.

여후는 우선 척부인을 감금하고 조왕으로 나가 있는 여의를 불러들입니다. 하지만 사자가 세 번이나 갔지만 여의를 불러오지 못하고 돌아왔습니다. 조왕의 승상 건평후建平侯 주창周昌이 "고제께서 제게 조왕을 부탁하셨는데, 조왕은 지금 나이가 어립니다. 태후가 척 부인을 원망해 조왕을 불러 함께 죽이려 한다고 들었기에 저는 감히 조왕을 보낼 수 없습니다. 게다가 왕은 병까지 걸렸으니 조칙을 받들 수 없습니다"라며 명을 거부합니다.

주창은 유방이 여후의 아들 유영을 폐하고 척희의 아들 여의를 태자로 세우려 할 때 어사대부였는데, 정색을 하며 격렬히 반대했던 사람입니다. 유방이 의견을 묻자 말더듬이인 주창은 "신은 입으로는 잘 말씀드릴 수 없사오나, 기, 기, 기필코 그것이 옳지 않다는 것을 알고 있습니다. 폐하께서 아무리 태자를 폐하시려 하더라도 신은 기, 기, 기어코 폐하의 명령에 따르지 않겠습니다"라고 흥분해서 말했고 유방은 혼연히 웃고 말았습니다. 이를 엿들었던 여후는 주창이 나오자 무릎을 꿇고 감사의 인사를 했습니다. 유방은 이런 사실을 알고 있었기에 주창을 여의가 나가 있는 조나라의 상국으로 임명해 여후로부터 방패막이 되도록 했던 것입니다.

여후는 우선 주창을 장안으로 불러들여 꾸짖고 다시 사람을 보내 조왕 여의를 불러 죽이려 합니다. 하지만 천자가 된 여후의 아들 혜제는 인자한 사람이었고 태후의 분노를 알고 있는 터라 스스로 패상覇上까지 나아가 여의를 맞이하여 함께 궁궐로 들어왔고 숙식을 함께하며 여의를 보호합니다. 여후는 여러 번 여의를 죽이려 했지만 기회를 찾지 못하다가 혜제 원년 12월, 혜제가 새벽에 홀로 활을 쏘러 나간 틈을 이용해 독주를 먹여 여의를 죽이고 맙니다. 여의가 어려 일찍 일어날 수 없어서 혜제는 홀로 나갔는데 여후는 그 틈을 놓치지 않았던 것입니다. 혜제가 돌아와보니 이미 여의는 싸늘한 시신이 되어 있었습니다.

이것으로 끝이 아니었습니다. 여후는 척부인의 손과 발을 자르고 눈을 뽑고 귀를 불태우고 벙어리가 되는 약을 먹여 돼지우리에 기거하게 하고 그녀를 '사람돼지[人彘]'라고 부릅니다. 며칠 후 여후는 혜제를 불러 '사람돼지'를 보도록 합니다. 혜제는 사람들에게 물어보고 나서야 그것이 척부인이라는 것을 알고 큰 소리를 내어 웁니다. 이 일로 충격을 받은 혜제는 병이 나서 1년이 다 되도록 자리에서 일어날 수 없었습니다. 그리고 여후에게 사람을 보내 "이것은 사람으로서 할 수 있는 일이 아닙니다. 저는 태후의 아들로서 결국 천하를 다스릴 수 없게 되었습니다"라며 정사를 거부했고 하루 종일 술과 음란한 즐거움에 빠져 정사를 돌보지 않았고 이에 병이 생기게 되었습니다.

여후는 유방 사후 15년 넘게 국정을 장악했는데 이런 잔인한 보복은 자신의 절대적인 권력을 과시하고 사람들에게 경고하기 위한 것이었습니다. 여자였으며 약한 아들을 황제로 두고 있었고 유방의 여러 자제들이 각지의 왕으로 나가 있는 상황에다가 개국 공신들이 여전히 막강한 권력을 누리고 있는 시점에서 권력을 유지하는 것은 결코 쉬운 일이 아니었습니다.

여후는 먼저 척희를 영항永巷(한나라 초기 비빈들을 유폐하던 곳)에 감금하고 철 가락지를 목에 걸어 조이게 하고 광목으로 만든 촌 아낙의 옷을 입혀 하루 종일 방아 찧는 일을 시켰습니다. 하지만 척희가 슬프고 분해, "아들은 왕이나 어미는 노예로구나. 하루 종일 해질 때까지 방아를 찧지만 늘 죽음이 따라다니네! 3천 리를 떨어져 있으니 누구를 시켜 여의에게 알릴꼬!"라는 〈영항가永巷歌〉를 불렀고 여후는 이 노래를 들은 즉시 여의를 장안으로 불러들여 후환의 싹을 자른 것이었습니다.

여후는 권력에 대한 도전을 허락하지 않았고 그럴 가능성이 있는 자들을 가만히 두지 않았습니다. 여후가 한신과 팽월을 죽인 것도 그런 이유 때문이었습니다. 척희가 이때 반성을 하고 몸을 굽혔다면 여후는 아마 그처럼 끔찍하게 보복을 하지는 않았을 것입니다. 유방의 장자인 제나라

도혜왕悼惠王 유비劉肥를 죽이려고 한 사건을 봐도 알 수 있습니다.

유비는 유방의 큰 아들이었고 혜제의 이복형이었습니다. 여후가 참석한 연회에서 착한 혜제는 일반 평민 집안의 예절에 따라 형인 유비에게 윗자리를 내어주었습니다. 이를 본 여후는 매우 화가 났습니다. 그래서 독주 두 잔을 유비 앞에 놓게 하고 일어나서 자기에게 축수祝壽를 올리고 술을 들도록 권합니다. 유비가 일어나자 혜제도 따라 일어나 유비와 함께 독주의 잔을 들었습니다. 여후는 놀라 혜제의 술잔을 엎었고 눈치를 챈 유비는 감히 그 술을 마시지 못하고 술에 취한 척하며 자리를 뜹니다.

유비는 그것이 독주인 것을 나중에 알았고 살아서 장안을 벗어나지 못할 것이라 걱정합니다. 이때 한 관리가 유비에게 "태후에게는 혜제와 노원공주뿐입니다. 지금 왕께는 일흔 개가 넘는 성이 있지만, 공주는 겨우 식읍이 몇 성만 있습니다. 왕께서 군 하나를 태후께 바쳐 공주의 탕목읍湯沐邑(개인 소유 식읍)으로 삼게 한다면, 태후는 틀림없이 기뻐할 것이고 틀림없이 왕께는 우환이 없어질 것입니다"라고 충고합니다.

유비는 이 충고를 받아들여 군 하나를 노원공주에게 바쳤고 공주를 높여 왕태후王太後로 존칭했습니다. 여후는 이를 기뻐하며 받아들였고 유비에게 주연을 베풀고 즐겁게 마신 다음 유비를 제왕으로 돌려보냈습니다. 군 하나를 바쳐 마음을 풀 수 있을 정도였으니 여후의 욕심이 과하다고 할 수는 없을 듯합니다. 여후는 자신에게 굽히는 자들은 죽이지 않았습니다.

한신과 팽월을 여후가 죽인 것도 그들이 권력에 분명한 위협이 되고 있었기 때문이었습니다. 여후는 유방에게 "팽월은 장사壯士인데 이제 촉으로 옮겨 보내는 것은 스스로 근심거리를 남겨두는 것입니다. 그를 죽이는 것이 더 낫습니다"라고 권했습니다. 한신과 팽월은 분명한 '근심거리'였고 여후는 주저하지 않고 그 근심거리를 제거한 것입니다. 여후는 장량이 지나치게 벽곡을 하며 몸을 사릴 때에 그러지 말라고 만류를 했고 권력에 협조하는 소하와 진평을 살려 두었습니다. 여후의 목적은 오로지 권력의 유지였고 판단의 기준도 그것이었습니다.

여후는 팽월을 죽인 후 시체를 잘게 다져 각 제후들에게 나누어주었는데 이 또한 그녀의 절대권력에 도전하지 말라는 강력한 경고의 의미였습니다. 유방은 껄끄러운 자들을 살려두는 관용을 보였지만 여후는 껄끄러운 자들을 제거하는 방식의 정치를 했고 그것은 때로 도를 넘기도 했습니다.

여후의 아들 혜제의 부인 장황후에게는 아들이 없었습니다. 그래서 장황후는 후궁 비빈이 낳은 아기인 유공劉恭을 자신이 낳은 것처럼 꾸미고 생모를 죽인 다음 유공을 태자로 삼았습니다. 혜제가 죽은 후 이 아기를 황제로 옹립해 소제少帝가 되었는데, 소제는 이후 철이 들 무렵 자신의 생모가 살해당했으며 자신은 장황후의 친아들이 아니라는 사실을 알게 되었고 이를 원망하는 마음이 생겼습니다.

여후는 어린 황제가 커서 난을 일으킬까 걱정되었습니다. 그래서 소제를 비밀리에 영항에 감금했으며, 황제의 병이 위중하다며 측근 대신들조차 만나지 못하게 했고 결국은 폐위시킨 후 몰래 죽여버립니다. 그리고 상산왕 유의劉義를 황제로 삼고 이름을 유홍劉弘으로 바꾸도록 합니다. 여후가 계속 황제의 직권을 행사했기 때문에 전자를 전소제前少帝라고 하고, 후자를 후소제後少帝라고 칭하게 됩니다. 이름이 같은 두 황제가 있었고 여후가 권력을 계속 행사했기에 원년이 바뀌지 않은 전대 미문의 일이 벌어진 것입니다.

비록 육친內親은 아니었지만 여후는 자신의 손자마저 권력에 위협이 될 때에는 죽일 수 있었던 비정한 권력의 화신이었습니다. 여후는 조왕 여의를 죽인 후 다시 조왕으로 임명한 유우劉友를 죽였고, 그의 뒤를 이어 다시 조왕에 임명한 유회劉恢마저 죽도록 합니다.

유우는 여씨의 딸을 왕후로 삼았지만 다른 희첩을 사랑했고, 왕후는 "여씨가 어떻게 왕이 될 수 있단 말인가! 태후의 백 년 뒤엔 내가 반드시 여씨를 칠 것이다"라고 유우가 말했다고 여후에게 참소합니다. 여후는 유우를 도성에 불러들여 굶겨 죽였고 시체를 대충 거두어 평민의 예로 장사를 치르게 합니다.

이어 양양 유회를 다시 조왕으로 옮겼고 여산의 딸을 왕후로 삼게 합니다. 여씨 일족들이 조왕의 거둥을 은밀히 감시해서 조왕은 자유롭게 행동할 수 없었고 심지어 자신이 총애하는 애첩을 여후가 독살해버리자 유회는 결국 자살하고 맙니다. 여후는 유회가 부인 때문에 종묘제사의 예禮를 버렸다며 후대의 왕위 계승권마저 취소해버립니다.

여후는 이어 후일 한문제가 된 대왕 유항을 조왕으로 옮기겠다고 했지만 유항은 조정을 위해 변경을 지키겠다며 사양해 목숨을 구합니다. 유방의 여덟 아들 중 첫째인 유비와 넷째인 유항은 조신하게 처신해 목숨을 지킬 수 있었고, 다섯째인 유장劉長은 여후, 혜제와 친하게 지내 목숨을 지킬 수 있었습니다. 그리고 나머지 아들들은 모두 천수를 다하지 못했는데 이들의 죽음에는 모두 여후가 연관되어 있었습니다. 여후는 자신의 절대권력에 도전할 가능성이 있는 유방의 아들들을 하나씩 제거해나갔던 것입니다.

여후는 죽는 순간까지 권력을 지킬 궁리를 했습니다. 병이 악화되어 금방이라도 숨이 끊어질 것 같았지만 여후는 여록呂祿을 상장군으로 임명해 북군을 통괄하게 하고 여산呂産은 남군을 장악해 관리하게 합니다. 그리고 여록에게 "고제께서 천하를 평정하고 나서 대신들과 맹약해 말하기를 '유씨가 아닌데도 왕이 되는 자는 천하가 함께 그를 공격하리라'라고 했다. 지금 여씨가 왕이 되었으니, 대신들은 마음이 편하지 않을 것이다. 내가 죽고 나면 황제가 나이가 어려 대신들이 난을 일으킬까 걱정되니, 기필코 병권을 장악해 황궁을 호위하고 신중히 행동해 나를 장사 지내도 배웅하지 말며 사람들에게 제압당하게 하지 말라"고 유언합니다. 자신의 죽음이나 장례보다 권력을 지키는 것이 우선이라고 여후는 말한 것입니다.

여후는 절대권력을 틀어쥐고 그것을 지키기 위해 어떤 일도 마다하지 않았습니다. 반란의 싹을 무자비하게 잘라버렸고 결속력이 강한 자들로 권력을 형성했습니다.

하지만 여후의 권력은 불안정하고 불완전한 것이었습니다. 그녀의 정치가 사적인 관계에 기초했기 때문이었습니다. 그것은 공적인 정치를 훼손하는 것이었습니다. 진평은 권력이 있는 자가 왕이 될 수 있다며 여씨 천하를 만들려는 여후에게 면죄부를 주었지만 여후는 사적인 권력만을 형성했을 뿐 혈연이나 지연을 넘어서서 사람들을 받아들였고 그들과 더불어 천하를 나누려 했던 유방의 개방성을 배우지는 못했습니다. 유씨 왕조에 여씨 실세라는 불완전한 구조는 공적인 성격을 획득하지 못하고 정당성이 없는 사적인 지배에 머물고 말았습니다.

하지만 여후는 자신의 문제를 어느 정도 인식하고 있었습니다. 그리고 부족하나마 그것을 보상하기 위해 노력을 했습니다. 여후는 보상을 통해 안배하려는 노력을 기울였기에 사마천의 평가대로 여후의 시대는 평안한 안식의 시대가 될 수 있었습니다.

보상과 균형의 정치로 천하를 안정시키다

여후는 유방이 천하를 평정할 때까지 유방의 가족을 돌보는 것 외의 별다른 경험은 없었지만 상당한 정치력을 가지고 있었습니다. 그녀가 별것 아니었던 유방과 기꺼이 결혼을 한 사실 자체가 그녀의 정치적인 판단력과 그릇의 크기를 잘 보여줍니다. 여후는 유방이 태자를 바꾸려는 것을 막았고 유방이 죽기 전 이미 유방의 사후를 미리 준비하고 있었습니다.

유방의 병이 심할 때 여후는 앞으로 어떻게 정치를 해야 할지를 유방에게 묻습니다. 유방은 소하에 이어 조참을 등용하고 이어서 왕릉에게 일을 맡기되 진평이 보좌해야 한다고 말합니다. 그리고 주발은 문재文才가 모자라지만 결국 유씨 왕조를 안정시킬 것이라 말합니다.

여후는 미리 대비를 했고 대단한 카리스마로 권력을 장악했습니다.

여후는 말을 돌려서 하지 않았습니다. 여후는 사람들의 마음을 정확히 간파했고 직선적으로 핵심을 찌르는 말로 사람들을 대했습니다. 이는 그녀가 얼마나 대담한 성격과 카리스마를 가지고 있었는지를 잘 보여줍니다. 산전수전 다 겪었고 능수능란한 임기응변 능력을 가지고 있었던 진평이나 장량마저 여후의 카리스마 앞에서는 몸을 굽히고 허심탄회하게 행동할 수밖에 없었습니다.

여후는 진평이 여수의 모함을 피하기 위해 주색에 빠져 있는 것을 잘 알고 있었습니다. 진평은 여수의 남편 번쾌를 체포해 죽이는 계책을 유방에게 권했기 때문이었습니다. 여후는 여수가 보는 앞에서 진평에게 "속담에 말하기를 '어린아이와 부녀자의 말은 신용할 수가 없다'라고 하였으니, 그대를 보니 나에게 어떻게 하는가를 볼 뿐이오. 여수의 참언을 두려워할 것은 없소"라고 말합니다. 여수도 뜨끔했을 것이고 진평도 놀랐을 것입니다. 여후는 직선적으로 핵심을 찌르는 말로 여수와 진평 모두에게 경고했던 것입니다. 다른 사람은 신경 쓰지 말고 자신에게만 잘하라는 여후의 대단한 카리스마 앞에 천하의 진평도 꼼짝을 할 수가 없었습니다. 장량도 마찬가지였습니다.

유방이 태자를 바꾸려 하자 어떤 사람이 여후에게 "유후는 계책을 잘 세우므로 황상께서 그를 믿어서 등용하였던 것입니다"라며 장량을 이용하라고 권합니다. 여후는 동생 여택을 시켜, "당신은 항상 황상의 모신謀臣이 되었으면서도 황상께서 태자를 바꾸려고 하시는데, 어찌하여 베개를 높이 하고 누워만 있소"라며 위협합니다. 이에 장량은 태자를 구할 계책을 세우지 않을 수 없었습니다.

장량은 상산사호를 불러 태자를 보위하게 했고 유방은 자신이 불러도 오지 않던 상산사호가 온 것을 보고 마음을 돌립니다. 후일 장량이 목숨을 부지하기 위해 벽곡을 계속할 때에도 여후는 "사람이 한세상 살아가는 것은 마치 흰 망아지가 지나가는 것을 문틈으로 보는 것과 같은데, 어찌하여 스스로 이처럼 고통스러워합니까?"라고 했고 장량은 하는 수 없이 음식을 억지로 먹을 수밖에 없었습니다. 그렇게까지 하지 않더라도 권력을 멀리 해 목숨을 부지하려는 당신의 의도를 잘 알겠으니 너무 지나치게 하지 말라는 말이었고 장량은 여후의 카리스마 앞에 두 손을 다 들 수밖에 없었습니다.

여후는 대단한 카리스마로 상황을 지배했지만 그녀의 진정한 정치력은 보상과 균형을 실천한 데 있었습니다. 여후는 유방이 서거했을 때 심이기와 "지금 여러 장수들은 황제와 함께 호적 명부에 올랐던 평민이었다가 지금은 신하가 되어 항상 불만을 품고 있는데 이제 어린 군주를 섬기게 됐으니 멸족하지 않으면 천하가 안정되지 않을 것입니다"라고 의논합니다. 즉 유방의 신하들을 모두 죽여야 한다는 말이었습니다. 하지만 이때 이 소식을 들은 역이기의 동생 역상酈商 장군이 "황제께서 이미 돌아가신 지 나흘이 지났는데 발상하지 않고 여러 장수를 죽이려 한다고 들었소. 만약 이렇게 한다면 천하가 위태로울 것이오"라고 경고합니다. 이미 군대를 장악하고 있는 진평과 관영, 번쾌와 주발 등이 제후들과 함께 관중을 공격할 것이라는 말에 여후는 유방의 상사를 발표하고 천하에 대사면령을 내립니다. 여후는 남의 말을 듣는 귀를 가지고 있었고 균형을 잡을 줄 알았습니다.

여후는 자신의 아들 유영이 황제가 된 후 유방의 아들들을 모두 왕에 봉합니다. 혜제의 이복형인 맏아들 유비는 제왕齊王에, 척부인의 아들

유여의는 조왕趙王에, 박부인薄夫人의 아들 유항은 대왕에, 그밖에 비빈들이 낳은 유회劉恢는 양왕梁王에, 유우는 회양왕淮陽王에, 유장劉長은 회남왕淮南王에, 유건劉建은 연왕燕王에 모두 봉했고 유방의 동생 유교劉交는 초왕楚王에, 유방의 조카인 유비는 오왕吳王에 봉합니다. 그리고 유씨가 아니면서 공신이었던 파군番君 오예吳芮의 아들 오신吳臣은 장사왕長沙王에 봉합니다.

아직 권력을 장악하지 않은 상황에서 어쩔 수 없이 유씨들을 모두 왕에 봉한 것이었겠지만 서두르지 않는 여후의 정치력을 엿볼 수 있는 대목입니다. 이후 여후는 이들의 충성을 확인하면서 반란의 씨앗을 품은 자들을 하나씩 제거해나갑니다. 여후는 여씨들을 왕으로 삼을 때에도 왕릉과 진평에게 의견을 물었고 왕릉은 반대하고 진평은 동의하자 조심스럽게 일을 실행합니다.

여후는 유방이 죽은 후 천하에 대사면령을 내렸고 이후에도 위기가 있을 때마다 대사면령을 내려 천하를 위로했습니다. 자신의 손자인 전소제를 죽이고 후소제를 몰래 황제로 삼았을 때에도 새롭게 태위太尉의 관직을 설치해 강후 주발을 태위로 임명했고 천하에 대사면령을 내렸습니다.

효혜제 7년, 조왕 여의를 죽이고 그 뒤를 이은 유우마저 죽인 후 어느 날 일식日食이 발생해 대낮인데도 밤처럼 어두워진 적이 있습니다. 여후는 기분이 나빴지만 "이것은 나 때문이로다"라면서 자책합니다. 그리고 유방의 친척이며 공을 많이 세운 영릉후營陵侯 유택劉澤에게 자신의 동생 여수의 딸을 주고 유택을 낭야왕琅邪王으로 임명합니다. 자신이 죽은 후 난을 일으킬 것을 두려워 한 여후가 유씨들의 마음을 위로하기 위해 행한 보상이었습니다.

이후 여후는 사악한 기운을 없애기 위한 불제祓祭를 지내기도 했는데, 제를 지내고 돌아오는 길에 지도軹道를 지날 때 검정색 개처럼 생긴 괴물이 보였는데 여후의 겨드랑이를 툭 치고는 갑자기 사라지는 일이 발생합니다. 점을 쳐보니 자신이 죽인 여의가 귀신이 되어 재앙을 내리는 것이라 했고 이때부터 여후는 겨드랑이에 통증이 오는 병을 앓게 됩니다. 여후는 자신이 권력을 지키기 위해 무슨 일들을 했는지 잘 알고 있었고 이에 양심의 가책을 느끼고 있었습니다. 그리고 그런 행위의 결과와 책임에 대해서도 잘 인식하고 있었습니다.

여후는 병세가 위독해지자 조왕 여록과 여왕 여산에게 대신들이 난을 일으킬 것이라고 분명히 예고했고 병권을 장악하도록 부탁했습니다. 그리고 자신이 죽은 후 제후왕에게 각각 황금 1천 근을 하사하고 장상將相, 열후列侯, 낭리郞吏에게도 모두 품계에 따라서 금을 하사하고 천하에 대사면령을 내리라는 유조遺詔를 남기고 서거합니다. 죽음에 임해서도 여후는 보상으로 사람들의 마음을 달래려 했던 것입니다.

여후가 사적인 관계를 통해서만이나 천하를 지배할 수 있었던 것도 보상하고 균형을 잡을 줄 아는 능력을 가지고 있었기 때문이었습니다. 하지만 여후는 새로운 왕조를 건설하지 못한 채 사적인 기반으로 정치를 했기에 한계를 가질 수밖에 없었고 권력을 유지하기 위해 억압적이고 잔인한 방법을 사용할 수밖에 없었습니다.

여후는 강력한 카리스마와 보상의 정치로 당대의 평화를 이루었지만 더 넓게 보지는 못했습니다. 그녀의 보상은 자신의 악행과 문제를 덮으려는 동기에서 나온 것이었지 세상의 억눌리고 기울어진 것들을 북돋아 균형을 이루려는 진정한 의미의 보상은 아니었습니다.

유방은 사람들의 억눌리고 피폐한 마음을 따뜻하게 달래는 보상을 통해 승리를 차지했고 결국 공적인 한 국가를 이루는 데까지 나아갔습니다. 여후는 유방의 그런 방식을 제대로 이해하지 못했고, 그 뜻을 이어받지 못했습니다. 일족을 중심으로 협소하게 권력을 운영하며 드러난 악행을 보상으로 가리려 했지만 결국 패망으로 이어질 수밖에 없었습니다. 공적인 조직은 사적으로 운영될 수 없기 때문입니다.

| 제6장 |

말과 논리로 상대를 제압한 유방의 입

역이기

"천하에서 가장 유약한 것이

천하에서 가장 단단한 것을 부린다."

_《노자》, 제43장

유방의 무례함을 꾸짖다

역이기는 유방을 널리 홍보했고 말과 논리로 싸움을 한 사람이었습니다. 유방에게는 칼과 창을 들고 싸움을 한 장군들이 많았지만 또한 세치 혀로 싸움을 한 세객說客들도 많았습니다. 역이기·수하·육가 등이 그런 사람들이었고 그들은 치열한 논리로 제후들을 설득해 유방은 싸움을 하지 않고도 많은 성을 차지할 수 있었습니다. 펜은 칼보다 강하며, 유약한 것이 단단한 것을 이길 수 있음을 보여준 사람들이었습니다.

역이기는 진류陳留 고양高陽 사람이었는데 진류를 지나던 유방과 만나 제나라 왕 전광을 설득해 항복하게 하는 마지막 임무를 다할 때까지 세객으로서 유방의 홍보팀장과 대변인의 역할을 충실히 했던 충신이었습니다.

역이기는 독서를 좋아했지만 집안이 가난해 영락한 채로 떠도는 신세로 지냈고 어느 마을의 성문을 관리하는 감문리監門吏로 있었습니다. 그는 술을 좋아했고 자신의 능력을 감춘 채 지냈습니다. 현 안의 현인들이나 호걸들은 역이기에 대해서 별로 신경을 쓰지 않았고 현의 사람들은 모두 역이기를 '미치광이 선생[狂生]'이라고 불렀습니다. 역이기는 또한 '역생酈生'이라고도 불렸는데 사람들은 그가 별로 뛰어난 존재는 아니지만 어떤 학문적인 능력을 가지고 있다고 인정하고 있었습니다.

역이기는 고양에 살면서 진나라 말기에 봉기한 많은 장수들이 지나가는 것을 주의 깊게 봤습니다. 하지만 역이기는 그들이 모두 도량이 작고 까다로운 예절을 좋아하며 자기만 옳다고 여길 뿐 원대한 계책을 말하더라도 들어주지 않는다고 여겨 나아가지 않고 자신의 계략을 깊이 감추고 있었습니다.

하지만 유방이 진류의 교외를 공략한다는 말을 들은 역이기는 유방의 측근 지인에게 이렇게 자신을 유방에게 소개해달라고 부탁합니다.

들리는 바에 의하면, 패공은 거만해서 사람을 무시하기가 일쑤라 하지만, 내가 보기에는 웅대한 꿈을 지니고 있는 것 같더군. 그런 인물이야말로 바로 내가 모시고 싶은 사람이었소만, 나를 그에게 소개해줄 만한 사람이 없구려. 그러니 패공을 만나거든 '우리 마을에 역생이라는 사람이 있는데, 나이는 60여 세로 키는 8척이 되며, 사람들은 모두 그를 미치광이 학자라고 부르고 있으나, 그 사람은 자신은 절대로 미치광이가 아니라고 합니다'라고 말을 좀 해주게.

하지만 그 지인은 "패공은 선비들을 좋아하지 않습니다. 관을 쓴 선비들이 찾아오면, 그때마다 그 관을 빼앗아 거기다가 오줌을 눌 정도입니다. 사람들과 이야기를 할 때에는 언제나 선비들 욕을 합니다. 패공에게 당신을 천거해봐야 소용이 없을 겁니다"라고 말합니다. 역이기는 유가였고 도가적인 유방은 까다로운 논리와 예의범절을 앞세우는 말 많은 선비들을 좋아하지 않았던 것입니다.

고양의 객사에서 역이기는 유방과 처음 대면하는데 이때 유방은 다리를 벌리고 침상에 걸터앉아 두 여자에게 발을 씻기게 하고 있었습니다. 선비 역이기는 유방의 그런 모습이 마음에 들지 않았습니다. 그래서 양손을 모아 읍을 할 뿐 엎드려 절은 하지 않았습니다. 그리고 유방에게 "족하는 진나라를 도와 제후들을 치려하고 있습니까, 아니면 제후들을 이끌고 진나라를 쳐부수려 하고 있습니까?"라는 이상한 질문을 합니다. 유방은 기분이 나빠, "이 철없는 선비놈아, 천하가 모두 오랫동안 진나라에게 고통을 겪고 있었기에 제후들이 서로 손을 맞잡고 진나라를 치는 것이다. 어째서 진나라를 도와 제후를 친다는 말을 하는 거냐?"라고 소리칩니다.

역이기도 주저하지 않고, "반드시 대중을 모으고 의병들을 합쳐 무도한 진나라를 쳐서 없앨 생각이라면, 그렇게 걸터앉아서 어른을 대하는 일은 없어야만 할 거요"라고 훈계를 합니다.

유방은 소박함과 자연스러움을 추구하는 자였습니다. 그래서 그의 행동은 자주 무례하게 보였습니다. 유방을 배신한 위왕 위표는 자신을 설득하러 온 역이기에게 "한나라 왕은 오만하여 사람을 업신여기고, 제후와 신하를 꾸짖기를 노예와 같이 하며, 조금도 상하의 예절을 분별하지 않는다. 나는 한나라 왕과는 만나지 않겠다"라고 말하기도 했습니다.

함양의 아방궁에서도 유방은 여자들과 재물에 혹했습니다. 항우의 본 거지인 팽성을 점령했을 때에도 보물과 미녀들을 차지하고 날마다 주 연을 베풀다가 급습한 항우에게 혼쭐이 나기도 했고 영포를 처음 만났 을 때에도 여자들과 같이 있다가 영포를 잃을 뻔하기도 했습니다. 역이 기는 이런 유방의 무례함을 정면으로 꾸짖은 것입니다.

유방은 자신을 꾸짖는 역이기에게 화를 내지 않았습니다. 유방은 부 드러운 자였고 때를 봐서 굽힐 줄 아는 자였습니다. 유방은 발 씻기를 멈추고 일어나 의관을 단정히 하고 역이기를 윗자리에 앉게 한 뒤 사과 했습니다. 마음이 풀린 역이기는 6국의 합종연횡合縱連橫의 형세에 대해 서 유방에게 상세히 설명합니다. 유방은 기뻐했고 음식을 대접하며 어 떻게 해야 할지를 묻습니다. 역이기는 이렇게 말합니다.

족하가 오합지졸을 모으고 흩어진 군사들을 거둬들여도 만 명이 채 못 될 것입니다. 그 정도의 병력으로 강한 진나라로 쳐들어가는 것은 이른바 호랑 이 입 속으로 뛰어드는 것과 같습니다. 그런데 이곳 진류는 천하의 요충지 로서 사통오달할 뿐만 아니라 성안에 저장해둔 곡식이 많으며, 백성들은 현 령의 명령에 순종하고 있습니다. 저 역시 전부터 현령과 가까이 지내고 있 으니, 청컨대 저를 사자로 보내주신다면 족하를 위해 항복을 권하겠습니다. 만일 말을 듣지 않는다면 군사를 거느리고 공격하십시오. 저는 성 안에서 대응하겠습니다.

역이기는 먼저 사신으로 갔고 유방은 군대를 이끌고 뒤를 따라 들어 가 마침내 현령의 항복을 받아냅니다. 유방은 역이기를 광야군廣野君에 봉하고 존중했습니다.

유방이 장량을 얻은 것과 더불어 역이기를 얻은 것은 새로운 전쟁의 형태를 맛보는 중요한 계기가 되었습니다. 유방은 이후의 전투에서 역이기가 제안한 방식을 사용해 싸움을 하게 됩니다. 우선 세객을 보내 말과 논리로 설득을 하고 그것이 무위가 되면 무력을 사용하는 방식이었습니다. 당시에 유방의 측근들은 모두 무식한 싸움꾼들이었고 천하의 대세를 논할 논리를 갖춘 사람은 드물었습니다. 유방은 비로소 말과 논리가 어떤 힘을 가지고 있는지를 알게 되었습니다. 유방은 고답적인 유생들을 좋아하지 않았지만 그들의 가치를 이때 비로소 알게 되었습니다.

역이기는 유방의 참모로 있으면서 명분으로 사람들을 설득하며 유방을 홍보하는 역할을 했고 상황을 정확히 파악해서 전달하는 역할을 했습니다. 그는 "하늘이 하늘이 된 까닭을 아는 사람이 왕업을 성취할 수 있고, 하늘이 하늘이 된 까닭을 알지 못하는 사람은 왕업을 성취하지 못한다. 왕자는 백성을 하늘로 알고, 백성은 먹는 것으로 하늘을 삼는다"는 유가적인 가치관에 충실한 사람이었고, 유방이야말로 그런 대의명분에 맞는 사람이라고 생각했습니다. 그래서 자신의 모든 능력을 다해 유방을 도왔습니다.

역이기는 지식을 다루는 선비였습니다. 그래서 그는 정보를 취합해 유방에게 전달하고 사실과 명분을 바탕으로 제후들과 적군들을 설득하는 임무를 맡아했습니다. 유방은 이제 논리와 명분을 무기로 가지게 되었고 이는 유방의 미약한 무력을 크게 보충해주었습니다.

정확한 정보와 치밀한 논리로 무장하다

역이기는 유방의 입이었습니다. 그는 유방이 하고 싶은 말들을 다른 제후들에게 전하는 대변인이었고 유방을 널리 홍보하는 홍보팀장이었습니다. 누군가를 대변하고 홍보하기 위해서는 상황을 누구보다 잘 파악하고 있어야 합니다. 역이기는 정보를 잘 파악해 전달하는 탁월한 능력을 지니고 있었습니다. 역이기의 이런 모습은 여러 대목에서 드러납니다.

항우의 진영에 있다가 유방에게 투항한 위왕 위표는 한고조 3년 부모의 병을 핑계로 휴가를 청해 위나라로 갔는데, 도착하자마자 황하의 포구를 끊고 유방을 배신하고 다시 항우의 진영으로 갑니다. 유방은 우선 역이기를 보내 위표를 달랩니다. 하지만 위표는 유방이 교만하여 사람들을 모욕하고 제후들과 신하들을 노예처럼 다루어 다시는 보고 싶지 않다며 거부합니다. 유방은 한신, 역이기와 더불어 전쟁을 논의합니다.

이 대목을 살펴보면 역이기가 어떤 역할을 했는지 잘 알 수 있습니다.

한왕이 역이기에게 물었다.

"위의 대장이 누구인가?"

"백직柏直입니다."

왕이 말했다.

"아직도 입에서 젖 냄새가 나는데, 어찌 한신을 당해낼 수가 있겠는가?"

"기병騎兵의 대장은 누구인가?"

"풍경馮敬입니다."

"진의 장수였던 풍무택馮無擇의 아들인데, 비록 똑똑하다고 해도 관영을 당해낼 수 없다."

"보졸步卒 대장은 누구인가?"

"항타項它입니다."

"조참을 감당할 수 없을 것이다. 나는 걱정할 것이 없겠다."

한신도 역시 역이기에게 물었다.

"위는 주숙周叔을 대장으로 쓸 수 없었소?"

역이기가 말했다.

"백직입니다."

한신이 말했다.

"어린놈일 뿐이군!"

드디어 군사를 진격시켰다.

역이기는 사자로서 위표에게 유방의 말을 전하고 설득했지만 또한 그곳의 정보를 자세히 파악해 유방과 장군들에게 전달했습니다. 처음 역이기가 유방에게 유세할 때에도, "이곳 진류는 천하의 요충지로서 사통오달할 뿐만 아니라 성안에 저장해둔 곡식이 많으며, 백성들은 현령의 명령에 순종하고 있습니다"라며 그곳의 정보를 잘 파악해 유방에게 전달했고, 이는 승리를 위한 소중한 계기가 되었습니다. 유방은 이런 상황 파악에 기초해 전략을 수립했고 진류를 차지할 수 있었으며 위표를 이길 수 있었습니다.

역이기는 사실 전쟁의 방향을 바꾸는 데 큰 공을 세웠는데 제나라의 왕 전광을 설득해 항복하게 했던 일이 그것이었습니다. 이 일도 역이기의 지정학적인 상황에 대한 정세 판단이 없었다면 불가능한 일이었습니다.

한고조 3년 가을, 항우는 유방을 공격해 형양을 함락시켰고 유방은 군대를 낙양 일대로 퇴각시킬 수밖에 없었습니다. 이때 한신은 조나라를 공격하고 있었고 팽월은 양 땅에서 여러 차례 항우의 군대를 공격하고 있었습니다. 유방은 이미 여러 차례 형양과 성고에서 항우에게 곤란을 당했기에 성고 쪽을 포기하고 낙양 근처에 군대를 주둔시켜 항우에게 수비적으로 대응할 계획을 세우고 있었습니다.

이때 역이기는 항우의 군사가 엄청난 군량미를 보관하고 있는 오창敖倉에 대한 수비를 게을리하고 있다는 것을 지적하고 공세를 펴야 한다고 주장합니다.

지금은 초나라를 공격하기에 다시없이 좋은 기회입니다. 그런데도 오히려 한나라가 스스로 찾아온 그 기회를 놓친다는 것은 큰 잘못입니다. 또 두 영웅은 함께 설 수 없습니다. 초나라와 한나라가 오래 맞서서 승패가 결정되지 않으면, 백성들은 안정을 찾지 못하고 천하는 동요할 것이며, 농부는 쟁기를 버리고 길쌈하는 여인들은 베틀에서 내려와 천하의 민심이 불안해질 것입니다.

역이기는 이제 결전을 해야 할 때라고 주장합니다. 물러서서 수비를 할 것이 아니라 진격해 형양을 회복하고 오창의 식량을 차지한 뒤 성고의 요새를 막고 대행大行으로 가는 길목을 차단하며, 비호蜚狐의 입구를 가로막고, 백마白馬를 견고히 지켜 공세적이고 유리한 형세를 만든 후 제후들을 설득해야 한다는 것이 역이기의 주장이었습니다. 그리고 자신이 직접 제나라로 가서 제왕 전광을 설득하겠다고 나섭니다.

지금 전광은 천 리의 광대한 제나라 땅을 차지하고 있고, 전간田間은 20만 대군을 거느리고 역성에 진을 치고 있습니다. 전씨 일족은 강한 세력을 유지하여 바다를 등지고 하수와 제수를 내세우며, 남쪽은 초나라에 가깝고 사람들은 권모술수에 뛰어납니다. 족하가 수십만의 군사를 보내더라도 짧은 시간에 깨뜨릴 수는 없을 것입니다. 바라옵건대 신으로 하여금 명령을 받들고 제나라 왕을 달래어 제나라로 하여금 한나라 동쪽 속국이 되도록 설득하게 해주십시오.

역이기는 제나라의 정치적·지리적·문화적인 정보를 소상하게 잘 파악하고 있었습니다. 역이기는 여기에 유방이 승리할 수밖에 없는 여러 이유들과 명분들을 더해 제왕 전광을 설득합니다.

천하의 민심은 유방에게 있으며 항우는 함양에 먼저 입성하는 자를 왕으로 삼겠다는 약속을 저버렸고 의제를 추방하고 살해했기에 유방은 그 책임을 묻기 위해 동진을 했다고 말합니다. 그리고 유방은 천하와 더불어 이익을 함께 나누려 하므로 영웅, 호걸, 현인, 재사들이 모두 합류하고 있지만 항우는 오로지 항씨 일족만을 위해 일을 하고 있으며 남에게 상을 주기를 싫어하는 자라 비판합니다. 유방은 이미 삼진을 평정했고 북위北魏를 격파했으며 오창의 곡식을 차지했습니다. 그가 성고의 요새를 막고 백마진을 지키며 태행산으로 가는 길목을 차단하고 비호의 입구를 장악하고 있으니 이제 대세는 유방 쪽으로 기운 것이라 단언합니다. 시기를 놓쳐 항복하게 되면 멸망하게 되니 서둘러 항복해 사직을 보존해야 한다는 협박도 잊지 않았습니다.

전광은 역이기의 정확한 정보와 논리에 무릎을 꿇을 수밖에 없었습니다. 그래서 역하歷下의 방비를 풀고 역이기와 더불어 날마다 술자리를 벌이며 유방에게 항복할 것을 다짐했고 역하의 병사들에게도 음주를 허용했습니다. 하지만 조나라와 연나라를 평정하고 제나라로 진군하고 있었던 한신의 군대는 평원 나루를 건너 역하를 습격하고 그 기세를 몰아 제나라의 수도 임치에 순식간에 입성합니다. 제왕은 화가 나 역이기를 삶아 죽이고 말았습니다.

비록 역이기는 죽었지만 한신은 역이기 덕분에 제나라를 쉽게 공략할 수 있었고 이는 전쟁의 흐름을 크게 바꾸어놓았습니다. 제나라는 항우의 초나라에 인접했고 물자와 인구가 풍부한 대국이었기 때문입니다. 역이기의 판단과 목숨을 건 설득이 없었다면 한신도 제나라를 공략하는 데 상당한 희생을 치러야 했고 전쟁은 그만큼 더 길고 힘들어졌을 것입니다. 유방의 승리는 역이기의 희생에 큰 빚을 지고 있었습니다.

이전에도 역이기는 몸을 사리지 않았습니다. 유방은 우선 역이기나 육가 등의 세객을 보내 상대편을 설득했고 뇌물로 유혹하기도 했는데 이런 일에 역이기는 목숨을 아끼지 않고 앞장을 섰습니다. 역이기는 자신의 동생 역상도 유방을 따르도록 해 서남쪽지방을 공격하도록 했고 상황이 유방에게 유리하도록 모든 노력을 다 바쳤습니다.

하지만 역이기는 유학자였고 현실에 좀더 천착하지 못한 바가 있었습니다. 도가적인 유방의 사람들은 상황을 우선시하고 느리게 한 걸음씩 천천히 나아가려 했지만 역이기는 좀 급하게 서두르는 감이 있었고, 정치적인 지형에 대한 고려가 부족했습니다. 곧은 선비였기에 안배의 미덕이 부족했던 것입니다.

한신은 역이기가 제나라를 달래어 항복을 받았다는 소문을 듣고 처음에는 제나라를 치려는 일을 그만두려 했습니다. 하지만 한신의 책사 괴통은 공격을 그만두라는 조칙을 받지 못해 보잘것없는 한낱 선비에게 공을 빼앗길 수 없다며 공격을 주장했고 한신은 이를 받아들여 제나라를 급습합니다. 역이기의 설득에 이미 방비를 풀고 있었던 제나라를 차지하는 일은 쉬운 일이었습니다.

역이기는 제나라를 설득하는 일에만 온통 마음을 쓰고 있었고 제나라를 향해 진격하고 있었던 한신에 대해서는 마음을 쓰지 못했습니다. 역이기가 겸양하고 둘러보는 노자적인 미덕을 가지고 있었다면 진격하고 있던 한신에게 먼저 사람을 보냈을 것입니다. 하지만 역이기는 스스로의 공에 도취해 그런 안배의 미덕을 발휘하지 못했습니다. 진격해 제나라를 완전히 정복하는 큰 공을 세울 수 있는 상황에서 공격적인 한신이 멈출 이유가 있을지에 대해서 한걸음 물러서서 생각할 여유를 가지지 못했습니다. 이후 장량은 한신을 제나라 왕에 임명해 그가 가진 공명심을 채워주었지만 역이기는 거기까지 생각이 미치지 못했습니다. 역이기는 상황을 전체적으로 더 넓게 보지 못했기 때문에 몸을 보존하지 못했습니다.

역이기의 성급하고 좁은 시각은 진나라에 의해 망한 육국의 왕손들을 찾아 다시 왕으로 봉하자는 주장에서도 볼 수 있습니다. 한고조 3년 항우가 형양에서 유방을 포위하자 유방은 두려워하며 역이기와 함께 의논합니다. 이때 역이기는 이렇게 말합니다.

옛날에 탕湯은 걸桀을 정벌하고 그의 후손을 기杞 땅에 봉해주었으며, 무왕武王이 주紂를 정벌할 때는 송宋 땅에 그 후손을 봉해주었습니다. 지금 진나라가 덕을 잃고 의로움을 저버리고 제후들을 침입하여 정벌하고 육국의 후대를 끊어버려 그들에게 송곳 세울 땅조차 없게 했습니다. 폐하께서 진실로 육국의 후손들을 다시 자리에 오르게 하여 그들 모두에게 군왕의 관인을 받게 하며, 그 나라의 군신과 백성이 반드시 폐하의 은덕을 우러러볼 것이고, 군왕의 덕망과 의로움을 흠모해 마지않을 것이며, 신하가 되기를 원할 것입니다.

유방이 육국의 후손들을 봉한다면 그들은 유방의 편이 되어 항우와 싸울 것이라는 주장이었습니다. 유방은 역이기의 주장에 기뻐하며 급히 관인을 새겨 역이기에게 직접 육국을 다녀오도록 명합니다. 하지만 이는 역이기의 머리에서 나온 성급한 판단이었습니다.

역이기가 떠나기 전 장량이 마침 외지에서 돌아와 유방을 만납니다. 유방이 밥을 먹다가 육국의 후예들을 세우겠다는 계책을 말해줍니다. 하지만 장량은 "누가 폐하를 위하여 계책을 냈습니까? 폐하의 대사는 끝났습니다"라 단언합니다.

장량의 탕왕이나 주무왕이 각지에 왕들을 봉한 것은 이미 대세가 완전히 기울었기 때문이라며 이렇게 말합니다.

하물며 천하의 유사遊士들이 그들의 친척과 헤어지고 분노를 버려두고 친구를 떠나 폐하를 따라 유세하는 것은 단지 밤낮으로 지척의 땅이라도 떼어주기를 바라서입니다. 지금 육국을 회복하여 한韓나라·위魏나라·연燕나라·조趙나라·제齊나라·초楚나라의 후대를 세우면 천하의 유사들이 저마다 돌아가 그의 주군을 섬길 것이고, 그 친척을 따라 그의 친구와 분묘로 돌아갈 것이니, 폐하께서는 누구와 함께 천하를 취하시겠습니까?

역이기는 고국이 진에 의해 무너져 의지할 곳이 없는 자들이 반진 세력으로 규합되어 유방의 무리를 이루고 있다는 사실을 잊어버렸습니다. 그리고 육국의 제후들을 왕으로 세워주기만 하면 유방에게 충성을 다할 것이라 순진하게 생각했습니다. 역이기는 본인이 충성을 다하는 강직한 선비였기에 다른 자들도 그러리라는 순진한 기대를 가지고 있었습니다. 하지만 장량은 그런 순진한 기대를 가지고 있지 않았습니다. 비록 유방이 왕으로 세워주더라도 육국의 후예들은 항우가 강해지면 다시 몸을 굽혀 초나라를 따를 것이라며 장량은 역이기의 주장에 반대합니다.

유방은 밥을 먹고 있다가 장량이 상세하게 반대 의견을 말하자 입안의 음식을 내뱉고, "유가儒家 놈이 하마터면 너와 나의 일을 망칠 뻔했구나!"라며 황급히 관인을 녹여버리게 해 육국의 왕손들을 봉하려는 계획을 철회합니다.

역이기는 정세를 잘 파악했고 용기 있게 적장들과 대면해 말과 논리로 싸움을 잘해왔지만 이론적인 사람들이 흔히 그렇듯이 현실론보다 명분론에 더 강하게 기울어져 있었습니다. 의리나 명분보다 이익이 더 강하게 작동하는 현실을 역이기는 잘 이해하지 못했습니다. 명분과 의리는 힘이 있을 때 지킬 수 있다는 것이 장량의 생각이었고 이는 현실에 더 가까운 것이었습니다. 역이기는 유가로서 명분을 중시했고 그에 따라 자신에게 주어진 역할을 충실히 했던 것입니다. 그는 곧은 선비였고 죽음에 임해서도 그랬습니다.

역이기의 설득에 항복을 결정했음에도 한신이 수도로 진격해 들어오자 제왕 전광과 재상 전횡은 역이기가 자신들을 속였다고 생각합니다. 그래서 "네가 한나라 군사의 침입을 그만두게 하면 살려두지만, 그렇지 못하면 삶아 죽이겠다"고 위협합니다. 하지만 역이기는 목숨을 구걸하지 않습니다. 역이기는 "큰일을 하는 사람은 사소한 조심 따위는 염두에 두지 않고, 덕이 높은 사람은 겸손 따위에는 관심을 갖지 않는다. 나는 그대를 위해 앞서 한 말을 바꿀 생각은 없다"며 의연히 죽어갑니다. 역이기가 유방이나 소하, 진평과 같은 사람이었다면 설득을 핑계로 한신에게 달려가 목숨을 부지할 길을 찾았을 것입니다. 하지만 역이기는 지조를 중시하는 선비였고 구차한 이름을 역사에 남기려 하지 않았습니다.

유방은 역이기가 죽은 후 몹시 애석해했습니다. 그는 천하를 평정한 후 역이기의 아들 역개酈玠를 고량후高梁侯로 봉封하고 무수武遂를 식읍食邑으로 주어 역이기의 공을 기렸습니다. 하지만 유방은 역이기를 죽게 한 한신을 책망하지 않습니다. 유방의 입장에서 역이기의 설득에 의한 항복보다는 한신의 완전한 점령이 더 나았을 것입니다. 유방은 그런 계산을 하고 냉정하게 돌아설 수 있는 자였습니다.

역이기는 치밀한 논리와 대단한 용기로 제나라를 설득해 전쟁의 판세를 바꾸어놓았고 선비다운 장렬한 죽음으로 삶을 마감했습니다. 그가 남을 좀더 배려하고 안배하는 미덕이 있었더라면 하는 아쉬움이 있지만 그것은 너무 많은 것을 기대하거나 역이기가 아닌 다른 사람을 기대하는 것일 수도 있습니다. 역이기는 선비다운 삶을 온전히 살다 간 사람이었습니다. 하지만 아쉬움이 남는 것은 어쩔 수 없습니다. 선비다운 사람들은 역이기의 삶과 죽음에서 많은 교훈을 얻을 수 있으리라 생각합니다.

역이기의 동생 역상도 장군으로서 유방을 보필해 전쟁에서 많은 공을 세웠습니다. 여후가 여러 공신들을 제거하려 할 때 이를 만류해 학살을 막았고, 후일 여씨 세력을 제거하는 데도 큰 공을 세웁니다. 그리고 형을 삶아 죽인 제나라의 영웅 전횡이 자결해 죽은 것을 지켜보기도 했습니다. 역상은 승상丞相의 지위까지 올랐으며 곡주후曲周侯로 봉해졌고 역이기와 마찬가지로 성실하게 유방에게 충성을 다했습니다. 그들은 유방에게 참 좋은 형제들이었습니다.

| 제7장 |

유방이 흉금을 털어놓은 평생 술친구

하우영, 번쾌

"만물이 스스로 그러하도록 돕되

감히 작위作爲하지 않는다."

_《노자》, 제64장

항상 변함없는 신뢰를 지킨 최측근

유방을 가장 측근에서 모신 자는 하우영과 번쾌였습니다. 하우영은 유방의 마차를 몰며 항상 유방을 수행했고 번쾌는 유방이 봉기한 처음부터 측근에서 모시는 사인舍人으로 활동하며 유방을 경호했습니다. 그들은 항상 유방과 함께 있었고 유방을 모신 수족들이었습니다.

여음후汝陰侯 하후영은 유방과 같은 고향인 패현沛縣 사람이었습니다. 하후영은 등공滕公이라고도 불렸는데, 등滕은 패현 동북쪽에 있는 하후영의 고향이었습니다.

하후영은 유방을 가장 가까이에서 모신 측근 중의 측근이었고 변함없는 충성을 바친 인생의 진정한 동반자였습니다. 하후영은 패현에서 마굿간을 돌보는 하급관리였는데 유방과 처음부터 마음이 잘 맞았고 말이 잘 통했습니다. 매번 사신과 빈객을 전송하고 돌아올 때에는 패현의 사상정泗上亭을 지나면서 유방과 만나 대화를 나누었고, 그 대화는 하루해를 넘기지 않은 적이 없을 정도였습니다.

하후영은 이후 현리縣吏가 되어 유방과 사이좋게 지냈는데 유방이 하후영을 희롱하다가 상처를 입힌 적이 있었습니다. 어떤 사람이 이를 고발했고 유방은 당시 정장亭長의 위치에 있었기 때문에 남에게 상처를 입히면 가중처벌을 받게 되어 있었습니다. 유방은 자신이 상처를 입힌 것이 아니라고 거짓 진술을 했고 하후영도 그렇게 진술했습니다. 나중에 이 사건에 대한 조사가 다시 이루어져 하후영은 위증죄로 수백 대의 매질을 당했고 1년여 동안 수감이 되었지만 유방을 언급하지 않아 유방은 결국 이 사건에서 벗어날 수 있었습니다. 이처럼 하후영은 의리 있는 자였습니다.

유방이 은둔하다가 패현으로 돌아올 때 하후영은 현령의 부관이었고 유방과 현령 사이에서 사신 역할을 했습니다. 마음이 바뀌어 유방에게 문을 열지 않은 현령을 제거하고 패공이 되자 유방은 하후영에게 칠대부七大夫의 작위를 하사하고 측근에서 자신을 수행하는 태복太僕으로 임명합니다. 하후영은 전차를 모는 데 전문가였고 유방과 함께 탕현碭縣·제양현濟陽縣·호향戶鄉·옹구雍丘·동아東阿·개봉開封·곡우曲遇·낙양·남양南陽에서 "전차로 질주하면서 치열하게 전투를 벌인 공"을 늘 세웠습니다. 이후 그는 등공滕公이라는 작위를 받게 되었고 항상 마부로서 유방을 든든히 수행했습니다. 유방이 홍문연에서 모든 일을 장량에게 맡겨 두고 도주할 때에는 마차마저 버리고 유방을 호송하기도 했습니다.

하우영은 단순히 충직한 마부만은 아니었습니다. 그는 건전한 판단력을 지닌 사람이었습니다. 한신을 살린 것도 하후영이었습니다. 한신은 항우에게서 인정을 받지 못하자 파촉으로 가는 유방에게로 와서 귀순했는데 연오連敖라는 낮은 직책을 받았고 법을 어겨 참형을 당하게 되었습니다. 같은 무리 13인이 이미 모두 참형을 당한 후 한신의 차례가 되었을 때, 한신은 등공 하후영에게 천하를 차지하려면 장사를 죽이면 안 된다고 애걸했고 하후영은 이 말을 기특히 여겨 한신을 죽이지 않고 풀어주었습니다. 하후영은 한신과 대화를 나누면서 한신의 사람됨을 알아보고 크게 기뻐하며 유방에게 추천했습니다. 유방은 한신을 양곡을 관리하는 치속도위에 임명합니다. 사람을 알아보는 하후영의 좋은 판단력이 없었다면 한신은 이때 참형을 면할 수 없었을 것이고 한신이 없었다면 유방이 승리할 수도 없었을 것입니다.

하후영은 좋은 판단력과 용기 있는 행동으로 유방의 자녀들의 목숨을 구하기도 했습니다. 유방이 팽성에서 패배해 겨우 수십 기의 병사와 도주했는데 패현에 있는 가족들을 데리고 서쪽으로 가려 했지만 초군들이 패현까지 추격해와 가족들을 붙잡는 바람에 만날 수 없게 되었습니다. 도중에 우연히 유방은 아들 효혜孝惠와 딸 노원魯元을 만났고 이들을 수레에 태우고 길을 재촉했습니다. 하지만 초군 기병들이 이를 알고 유방을 추격하자 그는 다급한 나머지 아들과 딸을 수레 아래로 밀쳐 떨어뜨렸습니다. 수레를 가볍게 해서 홀로 살아남으려는 생각도 있었을 테고, 자신과 함께 죽도록 하지 않겠다는 의도도 있었을 것입니다.

유방은 세 번이나 아들과 딸을 수레 밖으로 밀쳐 떨어뜨렸습니다. 이때마다 하후영은 "비록 위급한 상황이고 말을 빨리 몰 수 없긴 하지만, 어찌 자제분들을 버리십니까"라며 매번 내려가 이들을 수레에 다시 태웠습니다. 유방은 진노해 10여 차례나 하후영을 참수하려 했습니다. 결국 하후영은 초군들의 추격을 따돌릴 수 있었고 유방과 그의 자녀들을 모두 구할 수 있었습니다.

이때 유방의 아버지 태공과 여후는 심이기와 함께 유방을 찾다가 초군에게 잡혔고 항우는 그들을 늘 군영에 인질로 잡아두었습니다. 유방은 형양에 도착해 흩어진 병사들을 규합하고 다시 세력을 회복하자 하후영에게 기양祈陽을 식읍으로 더해주며 감사함을 표시했습니다.

항우의 측근이었던 계포季布를 살린 것도 하후영이었습니다. 계포는 의리가 있었고 불의를 참지 못하는 협기를 가진 사람으로, "황금 백 근을 얻는 것도 계포의 한 번 허락을 받는 것만 못하다[得黃金百斤, 不如得季布一諾]"라는 말이 유행할 정도로 초나라에서 의리로 유명한 인물이었습니다. 항우는 계포에게 군대를 거느리게 했고 계포는 유방을 여러 차례 위험에 빠뜨렸습니다. 천하를 통일한 후 유방은 계포에게 천금의 상금을 걸어 수배했고 그를 숨겨주는 자는 삼족三族을 멸할 것이라 공고했습니다.

계포는 복양濮陽의 주씨周氏라는 사람의 집에 숨어 있었는데 주씨는 계포의 머리를 깎고 칼을 채우고 허름한 베옷을 입혀 노魯나라의 협객인 주가朱家에게 팔았습니다. 주가는 그가 계포인 것을 알면서도 받아들여 자기 집에서 일을 하도록 하고 낙양으로 가서 하후영을 만납니다. 주가는 하후영과 술을 마시며 이렇게 말을 했습니다.

신하는 저마다 자기의 군주를 위해 일하는 것입니다. 계포가 항적을 위해 일한 것은 자기의 직분에서는 마땅히 할 일을 한 것뿐입니다. 항적의 신하가 직분을 다했다고 해서 그 신하를 다 죽여야 한다는 말입니까? 주상께서는 이제야 비로소 천하를 평정하셨는데, 자신의 사사로운 원한만으로 한 사람의 목숨을 노리고 있으니, 어찌 천하 사람들에게 주상의 도량이 좁다는 것을 보이십니까? 더구나 계포 같은 현인을 한나라가 현상금까지 내걸고 이렇게 급하게 찾는다면, 계포는 북쪽 흉노에게로 가거나 남쪽 월나라로 달아날 것입니다. 이는 장사를 꺼려하여 적국을 이롭게 하는 것과 같은, 오자서가 초나라 평왕의 묘를 파헤쳐 그 시신에 매질을 한 것과 같습니다. 그대는 어찌하여 주상을 위해 조용히 말씀을 아뢰지 않습니까?

주가는 사람을 제대로 찾아간 것이었습니다. 계포를 살려달라고 유방에게 감히 청할 수 있는 사람은 하후영 외에는 별로 없었으니 말입니다. 하후영은 주가가 대협大俠인 것을 알고 있었고 계포가 그의 집에 숨어 있으리라 짐작했고 주가가 말한 대로 유방에게 말합니다.

유방은 계포를 용서했고 직접 만나 사죄를 받고 낭중郎中에 임명합니다. 계포는 효혜제 때에는 중랑장 벼슬을 지내며 번쾌가 성급하게 흉노를 치려는 것을 막기도 했고 후일 하동河東 군수까지 지내게 됩니다. 하후영의 건전한 판단력과 용기 있는 진언이 없었더라면 유방은 관용을 베풀고 계포처럼 좋은 사람을 얻을 기회를 놓치고 말았을 것입니다.

하후영은 유방의 마부로서 늘 유방과 동행했고 위기의 순간마다 목숨을 걸고 유방을 도주시켰습니다. 형양에서 기신으로 하여금 유방으로 변장하게 하고 도주할 때에도 그랬고, 이후 성고에서 항우의 군에 포위되었을 때에는 하후영이 모는 마차를 타고 유방과 함께 성고의 북문으로 도주해 밤새 말을 달려 황하를 건너 수무修武에 있는 한신과 장이의 군영으로 도주해 재기의 발판을 마련했습니다.

유방이 황제에 즉위한 후에도 하후영은 늘 유방과 함께 했습니다. 황제에 즉위한 해 가을, 연왕燕王 장도臧荼가 반란을 일으켰을 때에도 하후영은 태복의 자격으로 유방을 따라가 장도를 공격했고 이후 한왕韓王 신信이 흉노와 함께 반란을 일으켰을 때에도 대代나라 땅까지 따라가 흉노의 기마병을 공격해 크게 무찌릅니다. 유방이 흉노에게 포위되었다가 진평의 계책으로 후한 예물을 주고 풀려날 때에도 하후영은 유방과 함께 있었습니다. 그들은 적진을 향해 쇠뇌를 조준한 뒤 흉노가 풀어준 한쪽 포위망으로 천천히 물러나와 마침내 탈출했습니다.

이후에도 하후영은 유방을 보좌해 여러 차례 흉노를 무찔러 공을 세웠고 많은 식읍을 상으로 받았습니다. 하후영은 유방이 처음 패현에서 봉기할 때부터 서거하는 날까지 항상 태복의 자리에 있으면서 유방을 가장 측근에서 섬겼고 유방의 아들 효혜제와 한문제까지 태복으로 섬겼습니다. 여후는 하후영이 하읍현下邑縣에서 효혜제와 노원공주를 살려준 것에 감사해 궁궐 북쪽에 제일 훌륭한 저택을 지어주면서 "가깝게 지냅시다"라고 말했고 각별히 하후영을 존중했습니다.

효혜제가 죽은 후에도 하후영은 태복의 신분으로 여후를 모셨고, 여후가 죽은 후 여씨 잔당을 말끔히 정리하는 데 기여했습니다. 또한 천자의 어가를 가지고 한문제를 영접했고 다시 태복이 되었습니다.

8년 후 하후영은 죽었고 문후文侯라는 시호를 받습니다. 그의 아들 조竈가 계승했으나 일찍 죽었고 그 손자 파頗는 평양공주平陽公主와 결혼했지만 부친의 하녀와 간통죄에 연루되어 자살했고 봉국도 박탈당하고 맙니다. 그의 후손들이 하후영의 건전한 판단력과 변함없는 충심을 제대로 이어받지 못한 것은 참 아쉬운 일이 아닐 수 없습니다.

유방의 친구였지만 유방을 윗사람으로 모셨고, 유방의 모든 것을 다 알고 있었지만 충성을 다한 하후영은 참으로 충직하고 훌륭한 사람이었습니다. 이런 친구를 곁에 둔 유방 역시 대단한 사람이었습니다.

일을 잘하는 사람을 얻는 것보다 변함없이 신뢰를 지킬 수 있는 충직한 인물을 얻는 것은 더 어려운 일입니다. 그래서 유방은 참으로 행복한 지도자였다고 할 수 있습니다.

직언을 아끼지 않은 유방의 오른팔

하후영과 함께 유방을 지근거리에서 모신 사람은 번쾌였습니다.《사기》는 "그는 항상 패공을 모시고 따라다녔는데"라고 번쾌의 행적을 서술하고 있습니다.

번쾌는 유방과 동향인 패현 사람이었고 개 도살업자였습니다. 그는 유방의 경호실장과 같은 사람이었습니다. 유방이 처음 패공이 되었을 때 번쾌를 측근에서 모시는 사인舍人으로 삼았고 번쾌는 이후 전쟁에서도 용맹을 떨쳤습니다. 번쾌는 유방을 위해서라면 목숨이라도 내어놓으려 했지만 또한 유방에게 옳은 소리도 할 줄 아는 사람이었습니다. 유방이 황제가 된 후 좌승상, 상국에 이르렀고 여러 반란을 평정했으며 죽어서는 무후武候라는 시호를 받았습니다.

번쾌는 유방과 원래 가까운 사이였지만 여후의 여동생 여수와 결혼해 아들 항(伉)을 낳아 유방과 인척관계가 되었습니다. 유방과 번쾌의 가까운 사이를 상징적으로 보여주는 한 일화가 있습니다.

경포가 반란을 일으켰을 때 유방은 병이 깊어 사람을 만나기 싫어했고 궁중에서 와병을 하고 있었습니다. 호위병들을 불러 군신들이 들지 못하게 해 주발과 관영 등도 유방을 볼 수 없었습니다. 10여 일이 지나도 유방이 나오지 않자 모두가 궁금해 했습니다. 하지만 그 누구도 감히 유방을 만날 엄두를 내지 못하고 있었습니다. 이때 번쾌는 궁중의 작은 문을 열어젖히고 앞장서서 곧장 앞으로 들어갔고, 다른 대신들도 번쾌를 따랐습니다. 유방은 홀로 환관을 기대어 누워 있었습니다. 번쾌는 눈물을 흘리며 이렇게 말합니다.

옛날 폐하께서는 신들과 더불어 풍, 패에서 군사를 일으켜 천하를 평정하실 때만 해도 정정하기 이를 데 없었습니다. 그런데 이미 천하를 평정하고 난 지금 폐하의 모습은 너무도 피로해 보이기만 합니다. 더군다나 폐하의 병환이 이렇듯 무거우니 대신들의 두려움은 말할 수조차 없습니다. 그러하온데도 폐하께서 신들을 불러 일을 계획해보려고도 하시지 않을 뿐 아니라, 일개 환관 따위만 상대로 세상일을 멀리 하려 하십니까? 폐하께서는 저 조고의 일을 잊으셨습니까?

천하를 평정한 후에도 계속 난을 진압해야 했던 유방은 병이 깊어 이제 천하대사에 대한 흥미를 잃어버리고 말았습니다. 번쾌의 직언에 유방은 그제야 웃으면서 일어났습니다. 그 누구도 들어갈 수 없었던 와병 중인 유방의 침소에 과감히 들어갈 수 있는 자는 번쾌 한 사람뿐이었습니다.

유방을 측근에서 모셨지만 번쾌는 싸움에서 몸을 사리지 않고 늘 선두에 섰습니다. 복양현濮陽縣에서 장한을 공격할 때 가장 먼저 성에 올라 적군 23명의 목을 베었고, 성양현城陽縣·원릉宛陵·완현宛縣을 공격할 때에도 가장 먼저 적의 성벽에 올랐습니다. 번쾌는 서진해 진을 무너뜨릴 때 많은 전공을 세웠고 유방이 한왕이 된 후에는 열후列候의 작위를 받고 임무후臨武侯로 불렸으며 낭중으로 승진했고 유방을 따라 한중으로 들어갑니다.

유방이 삼진을 평정한 후 동진을 할 때에도 번쾌는 용감하게 싸웠습니다. 단독으로 서현西縣 현승縣丞의 군대를 공격했고 옹현雍縣과 태성을 공격했을 때에도 가장 먼저 성에 올라 싸움을 했습니다. 번쾌는 많은 성을 차지했고, 수많은 적의 목을 베었고, 수많은 적장과 적군을 포로로 잡는 대단한 무공을 세웠습니다. 유방은 황제가 된 후 "견고한 수비와 전공[堅守戰有功]"이라는 명목으로 번쾌를 포상해 800호의 식읍을 더 내렸습니다.

이처럼 번쾌는 대단한 무공을 세웠지만 그는 단순한 무장이 아니었습니다. 그는 일의 옳은 방향을 본능적으로 알아차리는 직감直感의 능력을 가지고 있었습니다. 그리고 더 대단한 점은 그것을 마음에만 담아두지 않고 직간直諫할 수 있는 용기를 가지고 있었다는 점이었습니다.

한고조 원년 10월, 서진하던 유방의 군대는 다른 제후들보다 앞서 패상에 이르렀고 방어를 하던 진왕 자영은 지도정軹道亭으로 나와 항복합니다. 자영을 죽이자고 주변에서 간했지만 유방은 관용을 베풀어야 한다며 죽이지 않았고 황궁으로 들어갑니다. 유방은 진나라의 화려한 궁전과 그득히 쌓인 보물, 수많은 미녀들에게 넋을 잃어 황궁에서 영원히 살아야 하겠다고 생각했습니다.

이때 눈이 먼 유방에게 즉각적으로 간한 자가 바로 번쾌였습니다. 번쾌는 유방에게 이렇게 말했습니다.

패공께서는 천하를 갖고 싶으십니까? 장차 부잣집 영감이 되고 싶으십니까? 무릇 이들 사치한 물건은 모두 진을 망하게 한 것들인데, 패공께서는 무엇에 쓰려고 하십니까? 바라건대 급히 패상으로 돌아가시고 궁중에 머무르지 마십시오.

하지만 유방은 번쾌의 말을 듣지 않았습니다. 유방은 쾌락을 마다하지 않는 자였고 전쟁으로 피로한 몸을 녹이고 싶었던 것입니다. 승리한 군대가 적지를 약탈하고 즐기는 것은 보통의 일이었지만 번쾌는 그래서는 안 된다는 직감을 가지고 있었고 그래서 유방에게 간했던 것입니다. 결국 "진나라가 무도했기 때문에 패공께서 여기에 오게 된 것입니다. 천하를 위해 남아 있는 적을 없애려면 마땅히 검소함을 근본으로 삼아야 합니다"라는 장량의 설명을 듣고 나서야 유방은 황궁에서 나와 패상으로 환군했습니다.

번쾌는 유방이 궁에서 나와야 하는 이유를 장량처럼 역사적인 배경을 들어 설명하는 능력을 가지지는 못했습니다. 하지만 그는 사태의 옳은 방향을 직감하는 동물적인 능력을 가지고 있었고 그것은 대체로 적절한 것이었습니다. 유방이 이때 번쾌의 직감에 따른 충고와 장량의 설명에 따르지 않았다면 후일 홍문연에서 항우에게 큰 곤란을 당했을 것입니다. 항우는 함곡관을 막아선 유방을 질책했고 유방은 항우를 위해서 진나라의 재보를 손대지 않았다고 변명해 위기를 벗어날 수 있었기 때문입니다.

곧이어 들어온 항우는 약탈과 살육과 파괴를 일삼아 진나라의 백성들의 원성을 받았지만 이때 유방은 진의 궁궐과 백성들을 약탈하지 않고 약법삼장으로 달래어 큰 인기를 얻었습니다. 유방이 이후 전쟁에서 관중을 기반으로 해 승리할 수 있었던 것은 이때 얻은 인기 때문이라 할 수 있으니 번쾌의 직감은 대단한 것이라 하지 않을 수 없습니다. 번쾌는 또한 홍문연에서 사태의 위험을 직감하고 항우에게 나아가 바른 소리를 해서 유방의 목숨을 구합니다.

홍문연에서 유방은 항우에게 변명을 했고 항우는 유방을 죽이기를 주저합니다. 항우의 책사 범증은 항장에게 검무를 추게 해 유방을 죽이려 합니다. 이때 장량은 번쾌가 있는 곳으로 나아가 사태가 심히 위급하다고 말합니다. 번쾌는 이 말을 듣자마자 방패를 들고 연회가 벌어지고 있는 장막 안으로 즉각 들어갑니다. 호위병들이 막아섰지만 밀쳐 쓰러뜨렸고 장막 안으로 들어서서 번쾌는 눈을 부릅뜨고 항우를 쏘아봅니다. 이때 번쾌의 머리카락은 위로 솟고 눈초리는 찢어질 대로 찢어져 있었습니다. 항우마저 긴장해 칼을 만지고 무릎을 세우고는 "너는 무엇을 하는 자인가?"라고 묻습니다.

장량은 "패공의 참승 번쾌입니다"라고 소개했고, 항우는 "장사이니 그에게 술을 내리겠다"고 말합니다. 항우는 한 말이나 되는 술을 주었고 번쾌는 고맙다는 인사를 하고는 선 채로 다 마셔버립니다. 항우는 익지도 않은 돼지 어깻죽지를 안주로 주었고 번쾌는 그것도 방패 위에 올려

놓고 칼로 썰어서 먹어버립니다. 항우는 놀라서 "장사여, 더 마실 수 있 겠는가?"라고 물었고, 번쾌는 말할 기회를 놓치지 않고 항우에게 일장 연설을 합니다.

신[臣]은 죽음 또한 피하지 않는데, 잔술을 어찌 사양하겠습니까! 진나라 왕 은 호랑이와 승냥이의 마음이 있어 사람을 죽이는 데 있어 다 죽이지 못할 것 같아 걱정하고, 형벌을 내리는 데 있어 무겁지 않을 것 같아 두려워했으 므로 천하가 모두 그를 배반했습니다. 회왕께서 여러 장수와 맹약해 '먼저 진나라를 쳐부수고 함양에 들어가는 자가 왕이 되리라'라고 하셨습니다. 지 금 저희 주군께서는 먼저 진나라를 쳐부수고 함양에 들어갔지만 감히 터럭 만큼도 가까이하지 않으셨고 궁실을 밀봉해 잠가버리고는 돌아와 패상에 서 주둔하며 장군께서 오시기를 기다렸습니다. 그러고 나서 일부러 장수를 보내 관을 지키도록 한 것은 도적들의 출몰과 예기치 않은 일을 대비한 것 입니다. 애써 고생한 공로가 이처럼 높은데 제후로 봉하는 상은 내리지 않 으면서 하찮은 사람의 말을 듣고 공 있는 사람을 죽이려 합니다. 이는 멸망 한 진나라를 이어가는 것일 뿐이니, 제가 생각하기에 장군께서 취해서는 안 된다고 봅니다.

항우는 이성이나 논리의 사람이 아니었습니다. 그는 힘과 용맹을 뽐 내는 사람이었기에 번쾌는 우선 자신의 동물적인 힘과 용맹을 과시해 항우의 마음을 사로잡았습니다. 그리고 항우에게 자신을 '신하[臣]'라 낮추며 연설을 시작합니다. 이때 항우는 왕이 아니었습니다. 번쾌는 공 명심이 대단한 항우의 성격을 잘 알고 있었고 어떻게 해야 이런 사람의 마음을 높이 세워줄 수 있을지 잘 알고 있었습니다.

번쾌는 돌려서 말하지 않았습니다. 유방은 먼저 왕이 될 수 있었지만 그러지 않고 궁실을 항우를 위해 보존했습니다. 또한 도적 때문에 함곡관을 막았으며, 오해에서 비롯된 일이라면서 간결하고 직선적으로 해야 할 말을 다 했습니다. 유방을 제후로 봉해 상을 내려야 한다는 번쾌의 말에 항우는 더욱 우쭐한 기분을 느꼈을 것입니다. 제후로 봉하는 것은 황제가 하는 일이기 때문입니다. 기분이 좋아진 항우는 더 이상 할 말이 없어졌습니다. 아무런 말을 하지 않고 항우는 번쾌에게 앉으라고 말합니다.

번쾌의 등장은 유방을 죽이려는 항장의 검무는 중단되었고 항우는 유방에 대한 오해를 풀었습니다. 그래도 불안해진 유방은 측간에 가는 척하며 도주하려 합니다. 유방은 번쾌를 밖으로 불러내 "방금 나오느라 간다는 인사도 하지 않았으니 어떻게 하면 되겠소?"라고 묻습니다. 이때에도 번쾌는 주저하지 않고, "큰일을 할 때에는 사소한 예의는 돌보지 않으며, 큰 예의를 행할 때에는 사소한 허물을 마다하지 않는 법입니다. 지금 저들은 칼과 도마가 되고 우리는 물고기가 되었는데 무슨 인사를 하십니까?"라며 도주하기를 간합니다. 유방은 번쾌의 말에 용기를 얻어 뒷일을 장량에게 맡기고 수레도 남겨둔 채 번쾌를 비롯한 다른 사람들은 뛰어서 호위하게 하고 혼자 말을 타고 샛길로 줄행랑을 칩니다.

홍문연에서 번쾌가 이렇게 개입하지 않았다면 유방은 살아남지 못했을 것입니다. 정확한 판단력을 가진 장량이 위기의 순간에 번쾌에게 달려간 것만을 보더라도 번쾌가 상황을 제어할 상당한 능력을 지니고 있었다는 것을 알 수 있습니다. '개백정 번쾌'라는 별칭에 어울리지 않게 번쾌는 위기를 돌파할 용기만이 아니라 정확한 판단력과 순간적인 기지를 함께 가진 보기 드문 자였습니다.

번쾌는 유방이 황제가 된 후에도 천하를 평정하는 일에 늘 앞장섰습니다. 연燕나라 왕 장도藏茶가 반란을 일으켰을 때 공격해서 장도를 사로잡고 연나라를 평정했으며 초나라 왕으로 나가 있었던 한신이 모반의 혐의를 받았을 때 유방을 따라 진陳 땅에 도착해 한신을 체포했고 초나라를 평정했습니다. 이후 대代 땅에서 반란을 일으킨 한왕韓王 신信을 공격해 대 땅을 평정했고 진희의 난과 한나라를 안정시키기 위한 여러 전쟁에서도 항상 "가장 먼저 성에 올라" 전공을 세웠습니다.

번쾌는 승승장구했고 유방의 최측근으로서 한나라 개국의 일등 공신이었지만 위기는 있었습니다. 번쾌는 유방의 인척이 되어 더욱 큰 권세를 누렸는데 이것이 그에게는 결정적인 위기의 원인이 되었습니다.

노관이 반란을 일으켰을 때, 번쾌는 재상의 신분으로 연나라를 공격했습니다. 이때 유방은 병석에 누워 있었는데 번쾌를 미워하는 어떤 사람이 번쾌가 여후와 작당해서 유방이 죽으면 군대를 이끌고 척부인과 그의 아들 조왕 여의의 일족을 멸살시키려 한다고 밀고합니다. 유방은 자신의 사후 척희와 여의의 안전을 무척 걱정했는데 이를 듣고 진노해 주발로 하여금 번쾌를 대신해 군대를 통솔하게 하고 번쾌를 즉각 참수하라고 진평에게 명합니다. 진평과 주발은 유방의 병이 이미 깊었고 여후의 보복이 두려워 주저하며 번쾌를 죽이지 않고 장안으로 압송합니다. 유방은 곧 죽었고 여후는 번쾌를 석방하고 작위와 식읍을 되돌려줍니다.

여후와 번쾌가 그런 모의를 하지 않았다고 하더라도 충분히 그런 의심을 살 수 있는 상황이었습니다. 이때의 일은 권력에 가까운 자가 상황에 따라 그런 오해를 받을 수 있고, 그 처신이 얼마나 어려운 것인지 잘 보여주고 있습니다. 민감하게 상황을 잘 파악하고 직간을 한 번쾌였지만 권력의 중심부에 있으며 좀 경솔하고 교만해진 것 같습니다. 여후가 통치할 때 권력의 핵심에 있었던 번쾌는 자신의 집을 방문한 한신을 비웃어 한신의 분노를 사기도 했고 북방의 흉노에 대해서 큰 실수를 할 뻔하기도 했습니다.

혜제 때 흉노의 묵돌선우가 사절단을 통해 여후에게 저속하고 음란한 서찰을 보내왔고 여후는 이를 보고 피를 통할 지경이었습니다. 조정의 대신들도 격분해 흉노 사절의 목을 베고 군대를 보내어 흉노를 치자고 입을 모았고 상장군이었던 번쾌는 더욱 화를 내며, "원컨대 10만 명의 군사를 이끌고 가서 흉노의 한복판을 마음껏 짓밟고 다니게 해주십시오"라고 호언장담을 합니다. 다른 대신들도 분노한 여후의 마음을 위로하기 위해 모두 동의하고 나섰기에 흉노와의 전쟁이 결정될 수 있는 상황이었습니다.

이때 항우의 부장으로 있다가 유방의 용서를 받아 중랑장 자리에 있던 계포는 이렇게 말하며 반대합니다.

번쾌는 조심성이 없는 자이니 목을 베어 죽이는 것이 마땅합니다. 고제는 군사 30만을 인솔하면서도 평성에서 곤란을 받았습니다. 이제 번쾌는 10만 군사로써 어떻게 흉노의 한복판을 마음대로 짓밟고 다닐 수 있겠습니까? 이것은 태후를 면전에서 속이는 것입니다. 뿐만 아니라, 진나라는 흉노 정벌을 일삼았기 때문에 진승 등이 반란을 일으킬 수 있었던 것입니다. 아직 전란의 상처가 다 낫지도 않았는데 번쾌가 또 면전에서 아첨하는 것은 천하를 동요케 하려는 것입니다.

진실을 말하지 않고 아부하는 말을 했으므로 번쾌를 죽이라는 계포의 말에 모든 장수들은 겁에 질렸습니다. 여후는 화가 나 모두 조정에서 물러가라는 명을 내렸고 신하들은 더 이상 흉노의 일을 입에 담지 않게 되었습니다. 곧이어 여후는 흉노에 예물을 보내어 화친을 하게 됩니다. 상황을 직감적으로 파악하고 직간을 했던 번쾌도 이때에는 그저 마음이 앞서 물불을 가리지 않고 오판을 했던 것입니다.

번쾌는 효혜제 6년에 죽었고 무후武侯라는 시호를 받았습니다. 그의 아들 번항樊伉이 대신해 후작侯爵이 되었고 번쾌의 아내이자 여후의 동생인 여수도 권력을 휘둘러 모두 두려워했습니다. 여후가 죽은 후 군대를 통솔하고 있던 조카 여록이 군사를 태위 주발에게 맡기고 봉지인 조나라로 돌아가려고 했을 때, 여수는 "너는 상장군으로서 군대를 내버려두었으니 우리 여씨 집안은 죽더라도 몸 둘 곳조차 없겠구나"라고 한탄하며 집 안에 있던 금은보화와 진귀한 보석들을 모두 마당에 내던집니다. "이런 것들을 가지고 있으면 뭐에 쓰겠느냐? 어차피 다 남 좋은 일만 하겠구나!"라며 한탄했는데 그녀의 말은 현실이 되었습니다. 주발은 병사를 여럿으로 나누어 여씨 집안의 남자와 여자들을 모두 잡아들인 후 남녀노소를 막론하고 모두 죽여버렸고, 이때 여수 역시 채찍에 맞아 죽었고 번쾌의 아들 번항도 주살당합니다.

번쾌는 여후의 한 세력으로 권력의 정점에 이르렀지만 그 권력이 언제까지 지속될지 내다보지 못했습니다. 그래서 적절한 대책을 마련하지 못했고 결국 멸문지화를 당하고 맙니다.

번쾌의 가통은 몇 개월 동안 끊어졌는데 한문제는 번쾌의 다른 서자인 번불인樊市人을 무향후로 봉하고 옛 작위와 식읍을 돌려줍니다. 번불인이 죽은 후 그의 아들 번타광樊他廣이 대를 이었지만 성불구였던 번불인이 아내와 자기 동생에게 음란한 행위를 시켜 낳은 아들임이 밝혀져 작위를 박탈당해 평민이 되고 봉지도 빼앗기고 맙니다. 개백정 번쾌는 최고의 권력에 이르렀지만 명문가를 만들지 못했고, 결국 개백정 같은 가문으로 결말을 맺고 말았던 것입니다.

제8장

유방 대신 현장 궂은일을 처리한 해결사

조참, 관영

"바름으로 나라를 다스리고 기이함으로 군사를 쓰며,

일을 만들지 않음으로써 천하를 취한다."

_《노자》, 제57장

실무와 이론을 겸비한 최고의 공신

조참은 유방과 동향인 패沛 사람이었고 진나라의 옥리獄吏로서 소하와 더불어 현縣의 권세 있는 관리였습니다. "소하, 조참, 번쾌 등과 같은 뛰어난 젊은 관리들이 패현의 젊은이 2,000~3,000명을 모아" 유방이 봉기했다고 《사기》에 나올 정도로 조참은 처음부터 유방과 함께 봉기를 했습니다.

조참은 소하와 더불어 이때 이미 현의 관리였고 지도자가 되기에 유방보다 더 유리한 상황에 있었습니다. 하지만 소하와 조참은 목숨을 중히 여겼고 일이 실패할 경우 멸족의 화를 당할까 두려워 유방에게 자리를 양보했습니다. 조참은 소하처럼 자신의 도량을 정확히 알고 있었고 그래서 큰 그릇인 유방에게 지도자의 자리를 양보했던 것입니다.

사마천은 조참에 대해 이런 평을 남겼습니다.

상국 조참이 성을 공격하는 야전野戰의 공이 이와 같이 많다고 볼 수 있는 근거는 회음후와 같다. 한신이 멸망하고 나서 열후의 공을 봉한 것 중에 조참만이 그의 명성을 휘날렸다. 조참이 한나라의 상국이 되자, 청정淸靜을 온 힘으로 말하여 도가道家의 원칙과 합치시켰다. 그러나 백성들이 진나라의 잔혹함에서 벗어난 이후에 조참은 그들에게 아무 일도 하지 않고 쉬도록 했으므로 천하 사람들이 모두 그의 미덕을 찬미한 것이다.

조참은 처음 유방과 함께 봉기해 야전에서 특히 많은 공을 세웁니다. 그리고 조참은 소하가 죽은 후 한나라의 상국이 되어 청정무위의 좋은 정치[無爲以治]를 했습니다. 그는 장군으로도 재상으로도 큰 공을 세웠던 것입니다. 유방의 책사 육가陸賈는 여후가 다스리고 있을 때 재상인 진평과 장군인 주발이 반목하자 장군과 재상에 대해서 이렇게 말한 적이 있습니다.

사람들은 천하가 태평할 때 재상에게로 눈을 돌리고, 위급할 때는 장군을 주목하게 됩니다. 장군과 재상이 서로 뜻이 맞으면 모든 벼슬아치들이 다 따르게 될 것입니다. 모든 벼슬아치들이 다 따르게 되면 천하에 변이 생기더라도 권력은 흩어지지 않습니다.

전쟁을 맡아 하는 장군과 정치를 하는 재상은 나라를 받드는 중요한 두 기둥입니다. 그래서 조趙나라 혜문왕惠文王의 재상 인상여藺相如와 장군 염파廉頗가 오해를 풀고 화해를 해 나라를 든든히 지켰고 결국 서로 죽음을 함께 할 수 있는 사이인 '문경지교刎頸之交'를 이루었다는 고사가 나오기도 했습니다.

장군과 재상이라는 두 덕목이 한 사람에게 모두 구현되어 나타나는 사례는 드문데 조참이 바로 이런 경우였습니다. 조참은 장군으로서 큰 역할을 했고 재상으로도 그랬습니다. 진평과 소하는 정치를 했고 한신은 전쟁만 했지만 조참은 공격적인 전쟁과 두루 안배를 해야 하는 정치를 모두 잘해 역사상 보기 드문 사례를 남긴 것이었습니다.

조참은 야전사령관으로서 몸을 아끼지 않고 전쟁에 참여해 큰 공을 세웠습니다. 《사기》에 따르면 조참은 두 제후국과 122현을 함락시켰고, 두 명의 제후왕, 세 명의 제후국 승상, 여섯 명의 장군, 그리고 대막오大莫敖, 군수郡守, 사마司馬, 군후軍候, 어사禦史 각 한 명씩을 포로로 잡아 큰 공적을 세웠다고 합니다.

조참은 유방이 패공이 되어 궐기할 때부터 가까이에서 보좌하는 중연中涓의 신분으로 전쟁에 참여했는데 중요한 전투마다 참여하지 않은 전투가 없었습니다. 조참은 서진해 함양을 차지할 때 가장 큰 공을 세운 일등 공신이었습니다. 유방은 한왕이 되자마자 조참을 건성후建成侯로 봉했고, 한중에 도착했을 때에는 장군으로 승진시켰습니다.

이후 조참은 동진을 할 때에도 삼진을 대파했고 항우와의 싸움에서도 선봉에 섰습니다. 한고조 2년, 조참은 좌승상이 되어 군대를 이끌고 관중을 지켰고 위표가 반란을 일으키자 한신과 함께 각기 군대를 이끌고 공격해 위표를 사로잡았습니다. 그리고 동으로 계속 진격해 조나라와 제나라를 정벌했습니다. 조참은 제나라를 도우러 온 용저의 군대를 한신과 함께 대파했고, 결국 제나라 땅을 평정해 모두 70여 현을 얻었습니다. 한신은 제나라 왕에 봉해진 후 항우를 공격하러 출정했지만 조참은 제나라에 머물며 항복하지 않은 지역을 평정하는 데 전념했습니다.

유방은 항우를 물리친 후 제나라 왕이었던 한신을 초왕으로 옮겼고, 장자 유비를 제왕으로 봉하는 동시에 조참을 제나라의 상국으로 임명합니다. 유방은 조참에게 열후列侯의 작위를 주었고 제후의 신표를 나누어 가져 그것을 증표로 작위를 대대로 이어지게 했고, 평양의 1만 630호를 식읍으로 주어 평양후平陽侯로 봉했습니다.

이후에도 조참은 제나라 상국의 신분으로 군대를 이끌고 진희의 난을 평정했고 영포가 반란을 일으켰을 때에도 20만 대군을 이끌고 유방과 함께 영포의 군대를 공격해 대파했습니다. 그리고 남쪽의 여러 지역들도 함께 평정해 한나라 초기의 안정에 이바지했습니다.

조참의 전공은 비록 한신의 전략과 전공에 많이 가려졌지만 대단한 것이었습니다. 그래서 유방이 천하를 차지한 후 공신을 봉할 때 사람들은 "평양후平陽侯 조참은 70여 군데나 상처를 입었고, 성을 공격하고 땅을 빼앗음에서 공이 가장 큽니다. 마땅히 제일 처음으로 배열해야 합니다"라며 조참을 최고의 공신으로 삼아야 한다고 주장하기도 했습니다. 비록 유방은 후방에서 보급과 정치를 잘한 소하를 최고의 공신으로 삼았지만 사람들은 최전방에서 현장사령관으로서 몸을 사리지 않고 싸움을 한 조참의 공적이 얼마나 가치 있는 것인지 모두 알고 있었던 것입니다. 조참은 용맹스러운 장군이었고 후방에서 전투를 지휘하며 전황이 불리할 때에는 후퇴를 명하고 목숨을 부지하는 유형의 지휘관이 아니었습니다.

조참은 장군으로서 전쟁에서 많은 공을 세웠지만 좋은 정치로도 이름을 남겼습니다. 한혜제 원년 조참은 제나라의 승상으로 임명되어 제나라의 70성읍을 통할했는데, 이때 제나라 도혜왕齊悼惠王 유비는 어린 나이였습니다. 승상이 되어 모든 정치의 책임을 맡은 조참은 놀라운 일을 합니다. 그는 당대의 원로들이며 지식인들이라 할 장로長老들과 독서인讀書人들을 모두 불러들여 백성을 안정시킬 방법을 물었던 것입니다.

조참은 전쟁을 잘했지만 어떻게 정치를 하는 것이 잘하는 것인지 알지 못했고, 이를 인정하고 겸손하게 질문했던 것입니다. 제나라에는 원래 100명을 헤아리는 유생이 있었고 이들이 모여 각자 자신의 의견을 말하자 의견이 분분했습니다. 조참은 어떤 결정을 내려야 할지 몰랐습니다.

고민하던 조참은 교서膠西에 황로학설黃老學說에 정통한 개공蓋公이라는 사람이 있다는 말을 듣고 후한 예물을 보내 그를 초대합니다. 개공은 조참에게 "국가를 다스리는 이치로 귀한 것은 맑고 고요한 것[淸靜無爲]이니 그렇게 되면 백성들은 스스로 안정된다"라고 충고했고 조참은 그 충고를 받아들입니다. 개공은 청정무위의 이론에서 유추해 모든 이치를 말했고, 조참은 큰 감명을 받습니다. 조참은 정당正堂을 양보해 개공이 거주하게 했고 황로학설을 제나라를 다스리는 강령으로 채택했습니다. 조참이 제나라의 승상이 된 지 9년 동안 백성들은 편안하고 즐거운 생활을 할 수 있었습니다. 그래서 모든 백성들은 조참을 현명한 승상이라고 칭찬했습니다.

소하가 병이 들었을 때 혜제는 병문안을 하면서 후계자로 조참이 어떤지 물었고 소하는 평소 조참과 사이가 좋지 않았지만 혜제에게 좋은 선택이라 동의합니다. 한혜제 2년, 소하가 죽은 후 조참은 사인舍人들에게 행장을 꾸리라고 재촉합니다. 조참은 "나는 입궐하여 상국이 될 것이다"라고 예측했고 곧 사자가 조참을 부르러 왔습니다. 이때 이미 조참은 상당한 정치적인 식견을 가지게 된 후였습니다.

조참은 떠날 때 후임 승상을 불러, "제나라 감옥과 시장은 간사한 사람들이 모이는 곳이니, 그러한 곳에 대해서는 삼가고 소란스럽게 해서는 안 될 것이오"라고 당부합니다. 후임 승상이 "국가를 다스리는 일로 이보다 더 큰일이 없습니까?"라고 묻자 조참은 이렇게 말합니다.

그렇지 않소. 감옥과 시장이라는 곳은 선과 악이 모두 용납되는 곳이오. 만약 당신이 그곳을 소란스럽게 한다면 간악한 사람이 어느 곳에서 용납될 수 있으리오? 나는 이 때문에 이 일을 우선시하여 말한 것이오.

조참은 경제 문제와 치안 문제가 가장 기본적이고 중요한 문제임을 잘 알고 있었습니다. 그래서 그곳을 잘 다스리면 세상이 편안해질 것이라 생각했습니다. 조참은 인간의 이기심이 가장 극명하게 드러나고 다툼이 많고 혼란스러운 곳인 시장과 감옥에 관심을 집중해 문제를 관리하는 데 초점을 두는 정치를 해야 한다고 훈계했습니다.

승상이 되고 나서도 조참은 자신의 생각대로 독단적인 정치를 하지 않습니다. 승상이 된 조참이 가장 먼저 한 것은 좋은 사람들을 불러 모으는 일이었습니다. 승상이 되자마자 조참은 각 군郡이나 제후국의 관리 중에서 문사文辭가 질박하고 꾸밈이 없는 중후한 장자長者를 찾았습니다. 이런 자가 있으면 바로 불러들여 승상부의 관리로 임명해 일을 시켰습니다. 그리고 관리 중에서도 언사言辭와 문사가 각박하고 칭송이나 명성을 얻기에만 힘쓰는 자는 바로 물리쳐 내보내버렸습니다. 조참은 유방이 그랬듯이 좋은 사람들을 불러 모았고 그들이 스스로 일을 할 수 있도록 멍석을 깔아주었던 것입니다.

그리고 조참은 밤낮으로 술을 마시며 정치를 돌보지 않았습니다. 그래서 공경대부와 관리들, 빈객들은 조참이 정사를 돌보지 않는 것을 걱정해 찾아와 진언進言을 하거나 권고하려고 했습니다. 하지만 조참은 그들의 말에는 귀를 기울이지 않았습니다. 정치에 신경을 쓰라고 권고하기 위해 사람들이 찾아오면 조참은 곧 맛있는 술을 마시게 하고 조금 지나서 말을 하려 하면 또다시 술을 권해 취하게 한 뒤 돌려보내 방문한 사람은 끝내 말을 꺼내지 못했습니다. 조참은 늘 이런 식으로 사람들이 정치에 대해서 논란을 벌이는 것을 막았습니다.

조참의 집은 관리들의 숙사와 가까웠는데 관리들이 하루 종일 숙사에서 술을 마시고 노래하고 큰 소리로 떠들어대자 조참의 수종관리隨從官吏는 그들을 미워했습니다. 하루는 그들의 행태를 보고 조참이 충격을 받도록 조참을 후원으로 나와 놀게 했습니다. 하지만 조참은 오히려 술을 가져오게 해 그들과 함께 마시기 시작했고 고성방가를 하며 그 관리들과 사이좋게 지냈습니다. 조참은 관리들의 사소한 잘못을 보면 오히려 숨겨주고 덮어주었습니다. 이로 인해 상국부相國府에서는 거의 문제가 나타나지 않았습니다.

조참은 온건한 사람들로 관리를 선발하고 지나치게 일을 벌여 사람들을 억압하지 않으려 했습니다. 조참은 엄격한 법과 억압적인 관리들로 진나라가 멸망하게 되었다는 것을 잘 알고 있었습니다. 그래서 억압이 없는 노자적인 무위의 정치를 통해 각박한 세상을 편안하고 부드럽게 만들려고 했습니다. 모든 법령은 이미 소하가 잘 제정해놓았고 세상은 원만하게 돌아가고 있었기에 조참은 그런 상황을 바꾸려 하지 않았습니다. 조참은 관료를 지낸 경험이 있고 누구보다 현장을 잘 아는 사람이었으며, 흔히 이론만 아는 사람들이 가지는 급진성이 없었기 때문에 이런 정치가 가능했던 것입니다.

이런 조참의 정치를 혜제와 조참의 아들인 조줄曺窋은 제대로 이해하지 못했습니다. 혜제는 조참이 정사를 제대로 돌아보지 않는 것을 괴이하게 여기며 "어찌하여 짐을 하찮게 여기는가?"라고 생각하며, 중대부中大夫로 있던 조줄에게 "그대가 집에 돌아가거든 한번 남모르게 조용히 그대 아버지에게 '고제가 여러 신하들과 이별한 지 얼마 안 되었고, 또 황제의 나이도 젊으신데, 당신은 상국이 되어 날마다 술만 마시고 황제께 이를 주청하는 바가 없으니 무엇으로써 천하 대사를 걱정하십니까?'라고 물어보라고 몰래 시킵니다.

휴가를 얻어 집으로 내려간 조줄은 혜제의 지시대로 조참에게 물었습니다. 그러자 조참은 크게 화를 내며 아들의 종아리를 200대나 때리고서, "빨리 궁에 들어가 황제를 모시어라. 천하의 일은 네가 말할 것이 못 된다"고 꾸짖습니다.

이 사실을 들은 혜제는 조회를 할 때 조참을 나무랐습니다. 조참은 관을 벗고 사죄하며 "폐하께서 스스로 살펴보시기에, 폐하와 고제 중 어느 분이 더 성스럽고 영민하십니까?"라고 묻습니다. 혜제가 "짐이 어찌 감히 선제를 바라볼 수 있으리오!"라고 답하자 조참은 다시 "폐하께서 신을 보시기에 저와 소하 중 누가 더 현명합니까?"라고 묻습니다. 효제는 "그대가 미치지 못하는 것 같소"라고 솔직히 대답합니다. 이에 조참은 이렇게 말합니다.

폐하의 말씀이 옳습니다. 또 고제와 소하가 천하를 평정했고, 법령도 이미 명확해졌습니다. 지금 폐하께서는 팔짱만 끼고 계시고 저희 대신들도 직책만 지키면서 옛것을 따르기만 하고 바꾸지 않으려고 하니, 이 또한 옳지 않습니까?

이 말을 들은 혜제는 "됐소. 이제 그대는 더는 말하지 마시오"라고 조참의 의견을 인정합니다. 조참은 번거로운 일을 벌여 세상을 어지럽게 하려 하지 않았습니다. 이미 모든 것들은 잘 정리되어 있었고 법령은 복잡하지 않고 명확해 사람들이 혼란하지 않은 상태에서 새로운 일을 벌이는 것은 불필요한 일입니다. 조참은 '옛것'을 잘 따르는 사람이었고 자신의 업적을 위해 새로운 것을 만들어내지 않는 사람이었습니다. 새로운 법령이나 복잡한 제도를 통해 백성들의 삶을 혼란하게 하고 옥죄어서는 안 된다는 것이 조참의 생각이었고 이는 진나라가 일으킨 혼란에 대한 해결책이었습니다.

백성들은 조참의 가볍고 맑은 정치를 잘 이해하고 있었고 감사했습니다. 조참이 한나라의 상국이 된 지 3년 만에 죽었을 때, 백성들은 이런 노래를 부르며 조참을 칭송했습니다.

소하가 법령을 제정했으니
명백하여 한 획을 그은 것 같네
조참이 그를 대신하여
지켜 가며 바꾸지 않았네
그 맑고 고요함대로 정책을 집행하니

"소하가 법을 제정했고 조참은 이를 잘 따라서[蕭規曹隨]" 맑고 간소한 정치가 이루어졌습니다. 진나라의 엄격하고 혹독한 정치로 시달린 백성들은 이제 간소하고 명확하고 가벼운 법을 통해 한결같이 편안한 삶을 살 수 있게 되었습니다.

조참은 현장사령관으로서 유방이 전쟁에서 승리하는 데 큰 업적을 남겼고, 어렵고 복잡한 정치의 영역에서도 큰 업적을 남겼습니다. 그의 청정무위 사상에 입각한 정치는 문제와 경제 시대의 치세에 큰 영향을 미치기까지 했습니다. 이런 일이 가능했던 것은 그가 일찍이 하급관리에서 시작해 삶의 현장을 잘 이해하고 있었고, 자신이 잘 모르는 영역에 대해서는 남의 자문을 구하는 태도와 능력을 가지고 있었기 때문이었습니다.

묵묵히 자신의 소임을 다하다

조참처럼 늘 현장에서 묵묵히 싸움을 한 또 다른 사람은 관영이었습니다. 관영은 현장에서 많은 군공을 세웠고 문제가 생길 때마다 특별 임무를 맡아 수행한 특임팀장이라고 할 수 있습니다. 그는 자신에게 맡겨진 소임을 잘 처리했지만 자신의 과업에만 전념을 했고 다른 공신들처럼 영화에 집착하지 않은 순수하고 좋은 사람이었습니다.

관영은 원래 수양현睢陽縣에서 비단을 파는 상인이었습니다. 유방이 봉기한 초기부터 측근에서 모시는 중연中涓의 신분으로 있으면서 "치열하게" 전투에 참여해 많은 공을 세웠고, 죽음에 임박할 때까지 그것은 계속되었습니다.

관영은 성무成武에서 동군東郡의 군위郡尉를, 강리杠裏에서 진秦나라 군대와 "치열하게 전투를 벌인 공로로[疾鬪]" 칠대부七大夫의 작위를 받았습니다. 관영은 유방을 따라 박亳의 남쪽인 개봉開封과 곡우曲遇에서 진나라 군대를 공격했는데, "치열한 전투를 벌인[疾力]" 공로로 집백執帛의 작위를 받았고 선릉군宣陵君이라는 칭호를 가지게 되었습니다. 또한 서쪽 무관武關으로 진입해 남전藍田에서 "치열한 전투를 벌였고[疾力], 패상覇上에 이른 공로로 집규執珪의 작위의 받았으며, 창문군昌文君이라고 불리게 되었습니다. 정도定陶 남쪽에서 항우의 장군 용저, 위魏나라 재상 항타項他의 군대를 공격했고, 역시 "치열한 전투를 벌여[疾戰]" 격파했으며 그 공로로 열후의 작위를 받아 창문후昌文侯라고 불렸으며 두현杜縣의 평향平鄕을 식읍으로 받았습니다.

이처럼 관영을 따라다닌 말은 "치열하다, 빠르다[疾]"는 말이었습니다. 관영은 '질풍노도疾風怒濤'처럼 적진을 향해 돌진했고 큰 성과를 냈습니다. 관영은 한신과 함께 제나라를 함락시켰고, 용저와의 전투에서 승리해 용저를 죽였고, 한신이 제나라의 왕이 된 후에는 별동대장이 되어 노魯나라 북쪽의 초군을 공격했습니다. 그리고 쉬지 않고 남쪽으로 진군해 승리했으며 동남쪽으로 다시 진군해 회수를 건너 팽성까지 함락시키는 대단한 전공을 이룹니다.

이런 대단한 전공을 세웠지만 관영의 공은 잘 드러나지 않았고 사람들의 주목을 별로 받지 못했습니다. 그가 스스로 이름을 드러내려 하지 않고 묵묵하고 성실하게 자신의 과업에만 충실했기 때문이었습니다. 관영은 한신의 지휘를 받으며 자주 전투를 수행했지만 이름을 추구한 한신과는 다른 사람이었습니다. 그는 자신을 드러내지 않고 치열하고 충성스럽게 임무를 완수했던 것입니다.

유방은 이런 관영을 깊이 신뢰했습니다. 유방은 형양에서 초나라의 기병이 몰려올 때 관영이 나이가 어리기는 하지만 "여러 차례 치열한 전투 경험이 있으므로[然數力戰]" 곧바로 중대부中大夫로 임명해 기마대장으로 삼아 출전하도록 합니다. 관영은 기대를 저버리지 않고 형양 동쪽에서 초나라 기병대를 공격해 대파합니다. 이로 인해 항우의 병사들은 형양 서쪽을 공략할 수 없었습니다. 그리고 관영은 단독으로 군대를 이끌고 초나라 후방을 공격해 그들의 군량 보급선을 차단하기도 했습니다.

유방이 항우와의 마지막 전투에서 화룡점정의 특별 임무를 맡긴 자도 관영이었습니다. 항우가 해하에서 패해 달아났을 때 유방은 관영을 어사대부로 임명해 조서를 내려 단독으로 기마병을 이끌고 항우를 추격하도록 했고, 관영은 동성까지 항우를 몰아붙입니다. 결국 관영은 항우를 궁지로 몰아넣었고 자결한 항우를 참수한 것도 관영 휘하의 병사 다섯이었습니다.

이후에도 관영은 양자강을 건너 오현吳縣 일대에서 오군吳郡의 군장郡長을 격파해 마침내 예장군豫章郡과 회계군會稽郡을 평정했고 귀국해 회북淮北 지역의 52현을 평정해 항우와의 싸움을 잘 마무리지었습니다.

유방은 이렇게 치열하게 맡은 바 소임을 다한 관영에게 황제가 된 후 3,000호의 식읍을 하사했습니다. 이후에도 관영은 혼란이 있을 때마다 임무를 맡아 잘 수행했습니다. 연왕 장도가 반란을 일으켰을 때 기병을 통솔하는 거기장군車騎將軍에 임명되어 장도를 공격했고, 반란의 혐의를 쓴 한신을 체포하는 데 공을 세워 대대로 공을 인정받는 부절符節을 하사받기도 했고 영음후潁陰侯에 봉해졌습니다. 그리고 한왕 신이 반란을 일으켰을 때에도 유방과 함께 출정해 흉노와 싸웠고, 유방이 흉노에 포위되었다가 풀려나는 현장에도 함께 있었습니다.

영포가 반란을 일으켰을 때에도 유방은 관영을 거기장군의 신분으로 가장 먼저 출진하도록 명합니다. 관영은 영포의 별동대장을 무찔렀고 결국 영포를 격파하게 됩니다. 관영은 46개 성을 함락시켰고 한 개 국國과 두 개의 군郡, 52현을 평정하는 대단한 공적을 세웠다고 《사기》는 적고 있습니다.

관영은 현장에서 싸우느라 유방의 임종도 지키지 못했습니다. 관영이 영포를 격파하고 귀국할 때 유방이 붕어했던 것입니다. 유방 사후 관영은 효혜제와 여후를 섬겼습니다. 여후가 죽은 후 반란이 일어나자 여록은 관영을 대장으로 삼아 반란을 막으려 할 정도로 관영은 여씨들에게도 신임을 받고 있었습니다. 하지만 관영은 주발과 함께 형양에 병사를 주둔시키고 여씨 일족을 처단했고, 주발·진평 등과 모의해 한문제를 옹립합니다. 한문제는 관영에게 3,000호의 식읍을 더 책봉했고 황금 1,000근을 하사했으며 태위로 임명합니다. 여씨 치하에서 비록 몸을 낮추고 있었지만 관영이 근본을 잊고 있지는 않았던 것입니다.

이후 관영은 주발이 재상직을 사직하고 봉국으로 돌아가자 승상에 임명되었습니다. 하지만 관영은 내직에 만족해 머물지 않았습니다. 승상으로 있을 때에 흉노가 대대적으로 침입을 했고 관영은 기마 8만 5천을 이끌고 직접 흉노를 공격해 퇴각시킵니다. 임무를 완수한 후 관영은 다시 승상으로 임명을 받았고 1년여 뒤에 숨을 거두게 됩니다. 관영은 죽음에 임박할 때까지 전쟁터에서 싸우며 자신의 임무를 치열하고 성실하게 이행했던 것입니다.

관영에게는 의후懿侯라는 시호가 내려졌는데 '의懿'란 '아름답다, 훌륭하다, 칭송하다, 깊다' 등의 의미를 가지고 있습니다. 처음부터 끝까지 자신에게 주어진 임무를 성실하고 치열하게 수행했던 관영을 가장 잘 표현한 시호가 아닐 수 없습니다. 번쾌의 경우와 마찬가지로 관영의 손자인 현賢도 뇌물을 준 죄로 영지를 빼앗기고 말았습니다. 또한 비단장수였던 관영은 최고의 지위까지 올랐지만 명문가를 만들지는 못했습니다.

의후懿侯 관영이 걸어간 궤적은 '의궤懿軌', 즉 가장 좋은 모범이라 할 수 있습니다. 하지만 관영의 후손들은 관영의 치열함과 성실성을 추앙하고 이어받지 못했습니다. 그들은 선조가 얻은 영화를 즐기는 데 급급했고 고인의 진정한 자취를 더듬는 일에는 소홀했습니다.

관영은 불확실하고 어려운 상황 속에서 늘 어떤 임무를 수행하기 위해 떠나야 하는 우리들에게 가장 좋은 모범을 보여주었습니다. 말없이 충직하게 자신에게 주어진 임무를 성실히 수행하는 관영과 같은 자는 드러나지 않지만 가장 중요하게 집을 떠받드는 주춧돌과 같은 사람입니다.

제9장

강직한 품성과 두터운 인정을 가진 조직관리자

주발, 노관

"그 모습이 꾸민 듯이 엄숙하며, 얼음이 녹듯이 풀어지고,

다듬지 않은 통나무처럼 진실하며,

계곡같이 비고, 탁한 듯이 섞여 있다."

_《노자》, 제15장

진중하게 처신해 유씨 왕조를 재건하다

주발은 패현沛縣 사람으로 유방과 동향이었습니다. 그는 누에치기로 생활을 했고 항상 피리를 불어 남의 상사喪事를 처리해주는 의리 있는 사람이었습니다. 그는 체격이 건장했고 당기는 것조차 힘이 드는 강궁을 잘 쏘는 강한 사람이었습니다.

《사기》에서는 그의 품성을 '돈후敦厚'라고 표현하고 있습니다. 그는 인정이 두텁고 강하고 의리가 있는 사람이었습니다. 그는 말이 별로 없었지만 유방의 참모들 중 무게중심 역할을 하며 유방의 곁을 든든히 지킨 사람이었습니다. 유방은 자신이 죽은 후에도 주발이 유씨 왕조를 든든히 떠받치는 기둥 역할을 할 것이라 예언했고 이는 그대로 맞았습니다. 주발은 유방 사후 권력을 전횡한 여씨 세력으로부터 다시 유씨 세력들이 권력을 되찾아오는 데 핵심적인 역할을 수행했습니다. 그는 조직을 잘 돌보고 관리하는 역할을 충실히 이행한 사람이었습니다.

주발은 단순한 사람이었습니다. 그래서 형식적인 예의나 긴 말을 좋아하지 않았습니다. 그래서 형식과 예의를 따지고 말이 많은 유생과 유세객들을 별로 신뢰하지 않았습니다. 주발은 그들을 대할 때에는 마주보지도 않았고 말이 길어질 때에는 "빨리 말하시오!"라고 재촉하기도 했습니다. 주발은 불필요한 문사文辭와 번거로운 예의범절을 싫어하는 전형적인 노장파老莊派 인물이었습니다.

유방은 이처럼 강직하고 돈후한 주발을 깊이 신임하고 있었고 늘 대사大事를 맡길 수 있다고 늘 생각하고 있었습니다. 유방은 "주발은 중후하나 문재文才가 모자라오. 그러나 유씨劉氏의 한 왕조를 안정시킬 자는 틀림없이 주발이니 그를 태위太尉로 삼을 만하오"라고 여후에게 말했고, 이는 가장 정확한 평가와 예측이었습니다. 주발은 유방이 봉기한 때부터 많은 공을 세웠지만 유방의 예측대로 여씨들에게 빼앗긴 권력을 되찾아 유씨 왕조를 살려 한나라 초기의 권력을 안정시키는 큰 공을 세웠습니다.

주발도 번쾌와 마찬가지로 유방이 처음 봉기한 때부터 천하를 평정할 때까지 항상 최전방에서 싸움을 했습니다. 함양을 향해 서진을 할 때에 주발은 늘 선봉에 섰습니다. 하읍下邑을 함락시킬 때 가장 먼저 성루에 올랐고 설상齧桑을 공격할 때에도 가장 먼저 성城에 올라 싸움을 이끌었습니다. 항우와의 싸움에서도 몸을 사리지 않았고 항우가 죽은 후에도 주발은 싸움을 그치지 않았습니다. 항우를 이긴 승세를 타고 동쪽으로 초나라 땅의 사수泗水와 동해東海 두 군郡을 평정하고 모두 22현을 함락시켰으며 회군해 낙양과 역양을 수비했습니다.

주발은 또한 장군의 신분으로 유방과 함께 여러 반란들을 진압했는데, 연왕 장도를 토벌해 역성易城 아래에서 격파한 것은 큰 공이었습니다. 이를 기려 유방은 주발에게 열후列侯의 작위를 하사하고 신표를 쪼개 작위가 대대로 전해져 끊어지지 않게 했고, 강絳을 식읍으로 했습니다. 이때부터 주발은 강후絳侯라고 불리게 되었습니다.

주발은 계속해서 반란을 진압하며 한나라를 안정시켰습니다. 한 10년 반란을 일으킨 진희를 토벌했고 한왕 신의 군대를 대 땅에서 토벌했으며, 선봉이 되어 무천武泉에서 흉노의 기병을 격파하기도 했습니다. 그리고 한 12년 연왕燕王, 노관이 반란을 일으키자 주발은 상국의 신분으로 번쾌를 대신해 부대를 이끌고 계현을 함락했고, 노관의 대장大將들을 대파해 장성長城까지 추격하기도 했습니다.

주발은 상국 한 명, 승상 두 명, 장군과 2석石 관리 각 세 명을 포로로 잡았고, 단독으로는 또 두 개 부대를 격파하고 세 개의 성을 함락시켰고 5군, 79현을 평정했으며 승상과 대장 각 한 명을 포로로 잡는 눈부신 전공을 거두었습니다.

이렇게 대단한 공을 세웠고 유방의 신뢰가 대단한 주발이었지만 그는 지혜롭고 겸손했으며 상선약수의 미덕을 가지고 있었습니다. 여후가 권력을 잡고 여씨 일족을 왕으로 세우려 할 때 주발은 진평과 더불어 그것을 우선 인정했습니다. 왕릉이 비난할 때 주발은 "사직을 보전하고 유씨의 후손을 안정시키는 것은 당신이 저희만 못할 것입니다"라며 유씨 왕조를 안정시키라는 유방의 유훈을 잊지 않고 있음을 보였고, 결국 그 일을 이루고 맙니다. 이길 수 없는 강한 힘을 만났을 때 왕릉은 부딪혔지만 주발은 돌아가는 상선약수의 미덕과 지혜를 가지고 있었습니다.

주발의 지혜로운 모습은 반역의 혐의를 쓴 번쾌를 체포할 때에도 보입니다. 유방이 경포의 난을 진압하고 장안에 이르렀을 때, 연왕 노관이 반란을 일으켰습니다. 유방은 번쾌를 시켜 상국의 신분으로 노관을 진압하게 합니다. 그런데 이때 번쾌가 유방이 아픈 틈을 타 여후와 함께 모반하려 한다는 고변이 들어왔습니다. 유방은 진평에게 주발을 데리고 가 번쾌의 목을 베도록 명합니다.

하지만 번쾌의 군영에 이르기 전에 주발은 진평과 상의합니다. 번쾌는 유방의 오랜 친구이자 공신이었고 여후의 동생인 여수의 남편이었기에 경거망동을 할 수가 없다는 것을 주발은 잘 알고 있었습니다. 주발과 진평은 군영 안으로 들어가지 않고 단壇을 쌓아 황제가 내린 부절로 번쾌를 불렀습니다. 번쾌가 조칙을 받자 곧바로 두 손을 뒤로 묶어 죄수의 수레에 실어 장안으로 보냈습니다. 그리고 주발은 번쾌 대신 장군이 되어 군사를 거느리고 노관의 반란에 참여한 연나라의 각 현을 정벌하러 떠납니다.

주발은 진평과 같은 모사는 아니었고 중후한 자였지만 지혜로운 자였습니다. 그가 유방의 명만을 받들어 이때 번쾌를 죽였다면 여후의 원한을 사 비참한 최후를 맞고 말았을 것입니다.

여후가 죽은 후 여씨 세력을 몰아내고 현명한 한문제를 옹립하는 데도 주발은 결정적인 역할을 합니다. 여후는 병세가 위독해지자 조카들인 여록과 여산에게 북군北軍과 남군南軍을 통솔하게 해 군사권을 장악하게 했고, 유씨가 아니면서 왕이 되는 자가 있으면 천하가 함께 그를 토벌한다는 유방과의 맹약대로 대신들이 난을 일으킬 것이라 단단히 경계합니다.

이때에도 주발은 성급하게 나서지 않고 조심스럽게 기회를 봤습니다. 그리고 아주 복잡하게 전개되는 권력투쟁 속에서 지혜롭게 잘 처신합니다.

여후가 죽은 후 유방의 손자인 제애왕齊哀王 유양劉襄은 자신의 승상 소평召平이 일으킨 난을 제압하고 낭야왕 유택의 군사들을 병합해 장안을 향해 진격했고 여씨 세력을 척결하겠다고 제후왕들에게 천명합니다. 이 소식을 들은 여씨들은 제왕을 공격하도록 관영을 파견합니다. 하지만 유방의 충직한 신하였던 관영은 다른 유방의 사람들처럼 여씨들에게 등을 돌리고 형양에 주둔하며 반여씨 세력에 합류합니다. 여록과 여산은 관중에서 반란을 일으켜 유방의 세력을 다 죽이려 했지만 안으로는 주발과 제왕의 동생 유장劉章을, 밖으로는 제후왕들이 두려워 실행을 하지 못합니다.

이때 태위였던 주발은 진평과 상의해 곡주후曲周侯 역상을 위협해 그의 아들 역기酈寄가 조나라의 왕으로 가 전쟁을 끝내도록 군사권을 쥔 여록을 설득하도록 합니다. 여록은 그의 말에 마음이 흔들렸고 장군의 인수를 주발에게 넘기려 여씨의 장로長老들과 토론했지만 확실한 결론이 나지는 않아 주저합니다. 주발은 때를 놓치지 않고 가짜 부절을 가지고 황제의 칙령이라며 여록을 설득했고 여록은 장군의 인수를 풀어서 주발에게 넘겼고 주발은 북군을 장악합니다.

이어 주발은 주허후 유장을 불러 1천여 명의 병사로 궁궐 안으로 들어가 황제를 호위하도록 했고 유장은 궁궐에서 여산을 만나 공격해 측간으로 도주한 여산을 죽이고 궁궐을 장악합니다. 주발은 "걱정하던 것은 여산뿐이었는데, 지금 이미 주살되었으니 천하는 평정될 것이오"라며 난이 종식되었음을 선언합니다. 그리고 사람을 나누어 보내 여씨 남녀들을 모조리 사로잡아 나이가 어리거나 많거나 할 것 없이 모두 참수해버립니다.

짧게 상황을 요약했지만 실제의 상황은 이보다 더 복잡하고 미묘했습니다. 권력관계는 이처럼 복잡하게 얽히고설켜 있는 실타래와 같은 것이고 어디를 건드려야 할지 알기 힘든 것입니다. 예의 주시해서 조심스럽게 행동하지 않으면 큰 화를 당할 수 있다는 것을 주발은 잘 알고 있었습니다. 그래서 그는 진중하게 처신하며 그 실마리를 하나씩 풀어나갔으며 결국 여씨들을 척결하고 유씨 왕조를 재건할 수 있었습니다.

주발은 진중하지만 지혜로운 사람이었고 공적인 일을 위해 사적인 감정을 자제할 수 있는 사람이었습니다. 여후가 세상을 떠났을 때 주발은 태위이고 진평은 승상이었지만 권력은 여씨들이 잡고 있어서 정무를 볼 수 없는 상황이었습니다. 이때 주발과 진평은 사이가 좋지 않았습니다. 과거 주발이 진평을 비방했던 일이 있었던 것입니다.

하지만 현명한 육가는 "국가 대계는 바로 승상과 장군 두 사람의 손아귀에 놓여 있습니다"라며 진평과 주발의 화해를 주선했고, 주발과 진평은 이를 받아들여 마음을 합해 여씨들을 견제할 수 있었습니다.

주발은 유방의 넷째 아들인 대왕 유항을 황제로 옹립하는 데도 결정적인 기여를 합니다. 누구를 황제로 세울 것인가에 대해서 의견이 분분할 때 주발은, "대왕 유항은 고제의 아들로서 나이가 가장 많은 데다 어질고 효성스러우며 관대하오. 또한 태후의 집안인 박씨薄氏는 신중하고 선량하오. 더구나 맏아들을 황제로 세워서 순리대로 했으며, 어짊과 효성으로 천하에 소문이 나 있으니 그를 세우는 것이 적절하오"라고 논쟁에 마침표를 찍었고, 이에 대신들도 만장일치로 찬성했습니다.

혼란스럽고 위험한 상황에서 유항이 장안으로 오도록 설득하고 가장 먼저 영접한 자도 주발이었습니다. 황제로 모시겠다는 전언이 왔을 때 두려워하며 믿어서는 안 된다는 주장이 대세였습니다. 하지만 중위中尉 송창宋昌은 유씨의 지배가 아직은 공고하고, 한이 흥기해 진의 가혹한 정치를 제거하고 법령을 간소하게 하며 은덕을 베풀어 모두 만족하고 있어서 동요하기 어렵고, 현성賢聖함과 인효仁孝함 때문에 유항을 황제로 모시려는 것이라며 상황을 정확하게 파악하고 가기를 권해 유항은 이를 따릅니다.

하지만 태후 박희는 현명하고 신중한 사람이었습니다. 귀갑龜甲으로 점을 쳐보았고 점괘가 좋게 나오자 동생 박소薄昭를 주발에게 먼저 보내어 진의를 확인했습니다. 주발은 대왕代王을 황제로 옹립하려는 뜻을 확실하게 말해 안심시켰고, 장안으로 온 대왕 일행을 가장 먼저 영접했습니다.

이처럼 주발은 진중하고 현명하게 권력을 잘 돌보았기 때문에 권력 투쟁에서 승리를 차지할 수 있었습니다. 여씨 세력을 몰아내고 한나라를 재건하는 데 가장 큰 공을 세웠지만 주발은 겸손했고 그칠 줄 알았습니다.

문제가 등극한 후 진평은 공로가 주발만 못하다며 우승상 자리를 주발에게 양보했고 문제는 그 청을 받아들여 주발을 우승상에 진평을 좌승상에 앉히고 상을 내렸습니다. 얼마 후 국사에 밝아진 한문제는 나랏일을 우승상인 주발에게 물었지만 주발은 대답을 제대로 하지 못했습니다. 이어 진평에게 물었는데 진평은 천하의 조화를 주관하는 재상의 임무와 역할에 대해 적실하게 대답했습니다. 이에 주발은 자신의 한계를 깨닫고 병을 핑계로 재상의 자리를 내어놓아 진평만이 유일한 재상이 됩니다.

주발은 자신을 정확하게 돌아볼 줄 알았고 어떻게 처신하는 것이 자신의 처지에 맞는지를 잘 알고 있었습니다. 주발은 진평처럼 밝은 머리를 가진 사람은 아니었지만 한 번 돌아보고 물러서는 겸양의 미덕을 가지고 있었습니다. 주발이 물러선 것도 어떤 사람이 "당신은 이미 여러 여씨들을 주살하고 대왕을 황제로 세워 위세가 천하를 진동시켰습니다. 그리고 당신은 후한 상을 받았고 존귀한 지위를 차지했으며 황제의 총애도 입었으나, 이렇게 오래되다 보면 화가 당신에게 미칠 것입니다"라고 경고해서였습니다. 진평이 죽은 후 황제는 주발을 다시 승상에 임명했고 10여 개월 후 봉지인 강현으로 돌아가라 명했습니다. 주발은 승상직을 내려놓고 봉지로 돌아갑니다.

주발에게도 위기는 있었습니다. 그는 이때에도 현명하게 행동해 위기에서 벗어납니다. 주발은 항상 몸에 갑옷을 입고 무장한 가인家人들의 호위를 받으며 다녔는데 군수와 군위郡尉를 만날 때도 그랬고 누군가 이를 모반의 혐의로 고발합니다. 주발은 소환당하고 투옥되어 심문을 받게 됩니다. 이때에도 주발은 현명하게 행동합니다.

주발은 1천 근의 황금을 옥리에게 뇌물로 주었고, 옥리는 황제의 딸이자 주발의 며느리인 공주를 증인으로 삼으라 권했습니다. 주발은 자신이 받은 모든 포상을 태후 박희의 동생인 박소에게 보내며 박희에게 호소하도록 요청합니다. 박희는 문제에게 "강후絳侯 자신이 황제의 옥새를 걸고 있고 북군北軍에서 군대를 거느리고 있는데, 그때 모반하지 않고, 지금 작은 현에 의거하여 모반을 꾀하려 하겠습니까?"라고 변호했고, 문제는 주발을 석방합니다.

주발은 얼마나 놀랐던지 출옥한 후 "내가 일찍이 백만 군대를 거느렸는데 어찌 옥리의 존귀함을 알았겠는가"라며 감회 깊게 술회하기도 했습니다. 주발은 하찮은 옥리에게도 몸을 굽혔고 가장 정확하게 청원의 대상을 정해 위기에서 벗어날 수 있었습니다.

주발은 효문제 11년에 죽었고 강직한 그의 성품과 행동에 어울리게 무후武侯라는 시호를 받았습니다. 그의 봉지를 계승한 아들 주승지周勝之는 공주와 사이가 벌어지고 살인죄에 연루되어 작위와 봉지를 해제당했고, 문제는 주발의 아들들 중에서 현능賢能한 하내군수河內郡守 주아부周亞夫를 발탁해 주발의 계승자로 삼았습니다. 주아부는 비록 결말은 좋지 않았지만 아버지를 닮아 강직하고 현명하게 행동해 많은 공을 세웠고 승상에까지 이르렀습니다.

유방이 주발의 충성심을 알아보지 않았다면, 혹은 강직하고 현명하게 권력을 잘 돌본 주발이 없었다면 한나라는 문제와 경제의 치세인 '문경의 치[文景之治]'를 볼 수 없었을 것입니다.

친구의 신뢰를 버리고 권력을 탐하다

유방의 생전과 사후에 그가 세운 나라를 중후하게 지킨 주발과 달리 유방에게 가장 많은 사랑을 받았던 노관은 끝까지 의리를 지키지 못했습니다. 노관은 유씨가 아니면서 왕에 봉해지는 영화를 누렸지만 자신이 해야 할 과업보다는 지위에 연연해 유방을 배신하고 타국에서 죽게 됩니다. 노관의 삶은 여러모로 주발의 삶과 대비되는 것이었습니다.

노관은 풍豊에서 태어났는데 유방과는 깊은 인연이 있었습니다. 노관의 아버지는 유방의 아버지와 친한 친구 사이였고 노관은 유방과 같은 날에 태어나는 깊은 인연을 가지게 되었습니다. 유방과 노관이 태어난 날 마을 사람들은 양고기와 술을 가지고 와 두 집의 경사를 함께 축하했습니다.

유방은 노관과 자라면서 함께 글을 배웠고 서로 친하게 지냈습니다.

마을 사람들은 두 집안이 친하게 지내고 같은 날에 태어난 두 아들들도 친하게 지내는 것을 아름답게 여겨 다시 두 집에 양고기와 술을 가지고 와 잔치를 벌여 이를 축하했습니다.

노관은 유방이 벼슬을 하기 전 죄를 짓고 숨어 있을 때에도 유방에게 드나들며 도왔습니다. 노관은 유방이 봉기한 이후 유방과 함께 생활하며 늘 시중을 들었고 유방이 동진해서 항우와 전쟁을 할 때에도 태위太尉에 임명되어 침실까지 드나들며 유방을 모시고 시중을 들었습니다.

비록 소하나 조참 등이 유방에게 남다른 대우를 받았지만 총애를 받는 것으로는 노관을 결코 따를 수가 없었습니다. 노관은 장량이나 진평, 소하처럼 대사를 함께 의논하지는 않았지만 유방과 모든 생활을 함께하는 인생의 동반자였습니다. 노관은 후일 봉작을 받아 장안후長安侯가 되었는데, 장안이 진의 수도인 함양 근처이며 한나라의 수도가 된 도시인 걸 보면 유방이 노관을 얼마나 후대했는지 알 수 있습니다.

노관에 대한 유방의 정과 신임은 각별한 것이었습니다. 유방이 항우를 이긴 후에도 노관은 별장別將으로서 항상 유방을 따라다녔습니다. 유방이 천하를 평정한 후 제후 가운데 유씨가 아니면서 왕이 된 사람이 일곱이었는데, 유방은 이때 이미 노관을 왕으로 봉하려 했지만 다른 신하들의 불만이 두려워 그만두었습니다.

유방은 이후 연왕 장도를 사로잡은 후 여러 장군들과 재상 열후들에게 조서를 내려 여러 신하들 가운데 공이 있는 자를 연왕으로 삼겠다고 말했습니다. 여러 신하들은 유방이 항상 노관을 왕으로 삼고 싶어 하는 것을 알고, "태위 장안후 노관이 항상 폐하를 따르며 천하를 평정하여 공이 가장 많으니 그를 연나라 왕으로 함이 옳을 줄로 아옵니다"라고 청했고 유방은 노관을 연왕에 임명합니다.《사기》에서는 "여러 제후나 왕들 중 사랑을 받는 것이 연나라 왕만한 사람이 없었다"고 적고 있습니다.

하지만 노관은 유방의 사랑에 성실하게 보답을 하지 못했습니다. 노관은 말년에 큰 오점을 남기게 된 것입니다. 한고조 11년 진희가 대땅에서 반란을 일으켰고 유방은 한단邯鄲으로 가서 진희의 군사를 쳤고 노관도 그 동북쪽을 치게 됩니다. 진희는 흉노에게 구원을 청했고 노관도 자신의 신하 장승張勝을 흉노로 보내 진희의 군대가 격파되었다고 알립니다. 장승이 흉노에 도착해보니 유방에게 반란을 일으켰던 연왕 장도의 아들인 장연臧衍이 그곳에 있었습니다. 장연은 노관의 사신 장승을 이렇게 설득합니다.

공이 연나라에서 중용된 까닭은 흉노의 사정을 잘 알고 있기 때문입니다. 또 연나라가 오래 존속되고 있는 까닭은 제후들이 자주 반란을 일으키며 서로 군대를 합쳐 승패가 가려지지 않기 때문입니다. 지금 공이 연나라를 위해 급히 진희 등을 쳐서 없애려 하는데, 그들이 다 망하고 나면, 그다음은 연나라에 화가 미치게 될 것입니다. 그러니 공께서 진희를 놓아주고 흉노와 더불어 화친하여 일을 너그럽게 처리하면, 오래도록 연나라에서 왕 노릇을 할 수 있을 것입니다.

자리를 보전하기 위해 적당히 위기를 조성하라는 충고였습니다. 장승은 이 말을 옳게 여기고 흉노로 하여금 진희를 도와 연나라를 공격하게 합니다. 노관은 자신의 부하인 장승이 배신했다고 의심해 장승의 일족을 멸하려 했지만, 장승이 돌아와 그 이유를 말하자 거짓으로 다른 사람들을 벌하고 장승의 가족을 탈출시켜 흉노의 간첩이 되도록 합니다. 그리고 부장인 범제範齊를 보내 진희와의 전쟁을 오래 끌어 승패가 결정되지 않도록 합니다.

한고조 12년, 유방은 동쪽으로 가서 경포를 쳤고 번쾌를 보내 진희를 죽입니다. 진희의 부장이 항복하면서 연왕 노관이 부하를 시켜서 진희와 밀통을 하고 계책을 꾸몄다고 고변합니다. 유방은 사자를 보내 노관을 불렀지만 노관은 병을 핑계로 오지 않습니다. 유방은 다시 심이기를 보내 종용했지만 노관을 더욱 두려워하며 문을 닫고 숨어 지냅니다. 그리고 "유씨가 아니고서 왕이 된 사람은 다만 나와 장사왕뿐이다. 지난해 봄에 한나라는 회음후를 멸족하고 여름에는 팽월을 죽였는데, 모두가 여후의 계책에 의한 것이다. 지금 천자는 병으로 누워 있어, 모든 것을 여후에게 맡겨 두고 있다. 여후는 여자인지라 오로지 성이 다른 왕과 큰 공신들을 죽이는 것을 일삼고 있다"는 말을 측근을 통해 전합니다.

노관은 자신을 죽이려는 것이 유방이 아니라 여후라고 생각했고 한신처럼 토사구팽을 당하지 않을까 염려했습니다. 노관은 주발이 그랬듯이 자신을 적극적으로 변호하려 하지 않았고 여후에게 책임을 뒤집어씌우려 했습니다. 노관의 이 말은 유방에게 전해졌고 유방은 더욱 노했습니다. 더구나 노관의 부하 장승이 흉노에 도망을 와 있다는 말을 전해 듣고 유방은 노관의 배신을 확정짓습니다.

유방은 번쾌를 시켜 연나라를 치게 했고 노관은 자신의 궁인과 가솔들, 기병 수천 명을 거느리고 장성 아래로 도망가 머물면서 상황을 살피도록 했습니다. 유방의 병이 나으면 직접 들어가 사죄하려고 그곳에서 기다렸지만 유방은 곧 죽었고 노관은 더 이상 변명할 기회를 얻지 못했습니다. 노관은 자신의 무리를 이끌고 흉노로 도주했고, 흉노는 노관을 동호東胡의 노왕盧王으로 삼았습니다. 하지만 늘 다른 오랑캐들의 침략과 약탈을 당해 노관은 늘 한나라로 돌아가려고 생각했습니다.

결국 노관은 한나라로 돌아가지 못하고 타지에서 죽고 맙니다. 이후 효경제 6년, 노관의 손자 동호왕 타지가 한나라에 항복했고, 한나라에서 그를 봉해 아곡후亞穀侯로 삼습니다.

이런 노관에 대해 사마천은 한왕 신과 더불어 간사한 자라고 맹비난을 퍼붓습니다.

한왕 신과 노관은 원래가 덕과 선을 쌓은 집안이 아니고, 한때의 권모술수로써 벼슬을 얻었고 간사함으로써 공을 이룬 사람들이다. 한나라가 천하를 막 평정했을 때 만났기 때문에 땅을 갈라 받고 임금 소리를 듣게 된 것이다. 나라 안으로는 지나치게 강대해진 것으로 의심을 받고, 나라 밖으로는 오랑캐를 의지하여 구원을 얻으려 하고 있었다. 이 때문에 날로 조정과 거리가 멀어지고 스스로 위태롭게 되었으며, 일이 궁지에 몰리고 지혜 또한 막히게 되자, 마침내는 흉노로 달아나고 말았으니 어찌 슬픈 일이 아니겠는가.

노관은 유방의 가장 가까운 친구였고 많은 사랑과 특별한 대우를 받았습니다. 그는 왕이 되는 영화까지 누렸지만 자신이 해야 할 과업이 무엇인지 생각하려 하지 않고 단순히 그 영화를 지속하려고만 했습니다. 사마천의 비판대로 노관이 날마다 조정에서 거리가 멀어지고 스스로 위태로움을 느끼게 된 것은 그가 왕좌를 유지하는 데만 관심이 있었기 때문이었습니다.

노관은 유방의 사랑을 받았고 유방에게 큰 위로가 되었고 그것 자체가 큰 공적이었습니다. 하지만 사마천은 그것을 "한때의 권모술수"라 폄하했습니다. 그가 "임금 소리를 듣게 된 것"에만 가치를 두었고 그것에만 매달렸기 때문이었습니다.

영광은 업적에서 나오는 것입니다. 노관은 과거의 업적으로 왕이 되었지만 새로운 업적을 찾아 나서려 하지 않았습니다. 그는 업적보다 영광 자체에 집착했고 친구를 배신하고 변방의 위기를 조성해 왕좌를 유지하려 했습니다. 그가 변방을 든든히 지키는 새로운 업적에 충실했더라면 그의 영광은 오래도록 지속되었을 것입니다. 하지만 그는 그런 지혜를 가지지 못했고 결국 간사한 배신자라는 역사적인 낙인을 받고 말았습니다. 유방에게 가장 사랑받은 노관은 그 사랑을 오래도록 유지하는 길이 무엇인지에 대한 깨달음이 없었습니다. 그래서 그는 권력도 사랑도 결국 모두 잃고 말았던 것입니다.

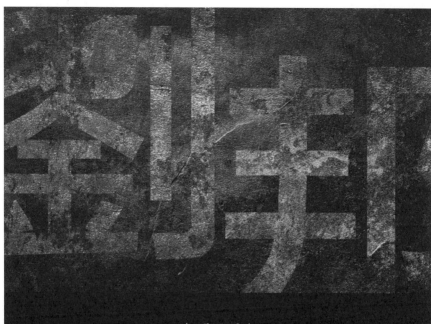

제10장

논리와 명분으로 승리를 안겨준 웅변가

수하, 누경

"옛날에 선비 노릇을 잘하던 이는 미묘하고

그윽이 통달하였으니, 깊이를 알 수 없었다."

_《노자》, 제15장

적장을 말로 설득한 대담한 승부사

수하는 역이기처럼 세 치 혀를 사용해 논리와 명분으로 적을 제압한 사람이었습니다. 수하는 원래 유방의 측근에서 시중을 드는 알자謁者에 불과한 사람이었습니다. 하지만 그는 항우의 오른팔 영포를 유방에게 투항하게 하는 특별한 임무를 자원해 성공하는 놀라운 능력을 발휘합니다. 그 누구도 알자인 수하에게 이런 능력이 있으리라 생각하지 못했는데 말입니다. 수하는 목숨을 걸고 영포를 설득했고 영포가 유방의 편으로 돌아서면서 항우의 세력은 크게 약화되었고 유방은 결국 승리를 차지할 수 있었습니다.

적장을 설득하러 떠나는 일은 목숨을 건 일이었습니다. 하지만 수하는 용기 있게 자원합니다. 항우와 다르게 유방에게는 수하처럼 기꺼이 목숨을 내어놓는 부하들이 많았습니다. 한고조 3년 유방이 형양성에 포위되어 있을 때 유방의 군대는 식량이 다 떨어졌고 저항할 힘도 없었습니다. 이때 유방의 부하 기신紀信은 "일이 다급해졌으니 제가 왕을 위해 거짓으로 모습을 꾸며 초나라를 속일 테니 왕께서는 그 틈을 타서 빠져나가십시오"라고 제안합니다.

기신은 여자 2,000명에게 갑옷을 입혀 군사로 위장한 다음 자신은 유방의 어가를 타고 동문으로 나가 항복합니다. 승리한 것으로 생각한 항우의 병사들은 만세를 부르며 환호했고 이런 어수선한 틈을 타서 유방은 수십 명의 기병과 함께 서문으로 도망칩니다. 유방이 아님을 알게 된 항우는 기신을 불에 태워 죽여버립니다.

항우에게는 기신과 같은 부하가 없었습니다. 하지만 여기서 끝이 아니었습니다. 유방은 형양성을 버리면서 어사대부 주가周苛와 종공樅公, 위표魏豹에게 성을 맡깁니다. 사실상 목숨을 내어놓으라는 것이나 마찬가지였습니다. 위표는 위왕을 지냈는데 처음에는 항우 편에 있다가 다시 유방에게 항복했다가 다시 항우 편으로 돌아섰고 결국 한신에게 잡혀 유방 쪽으로 와 있었던 배신자였습니다. 주가와 종공은 "나라를 배반한 적이 있는 제후왕은 함께 성을 지키기가 어렵다"며 위표를 죽이고 비장하게 항우에 맞섭니다.

형양성이 함락당한 후 항우는 주가에게 "나의 장수가 되면 그대를 상장군으로 삼고 3만 호를 봉해주겠다"고 회유합니다. 항우는 기신과 그의 친구 주가의 목숨을 건 충성에 놀랐고, 주가를 자신의 부하로 삼고 싶었을 것입니다. 하지만 주가는 "그대가 빨리 한나라에 항복하지 않으면 이제 한군이 그대를 사로잡을 것이다. 그대는 한왕의 적수가 되지 못한다"라며 욕을 퍼부었고 항우는 주가를 삶아 죽이는 팽살형烹殺刑에 처해버립니다.

유방의 참모들은 유방을 위해 기꺼이 목숨을 내어놓고 싸움을 했습니다. 유방은 그런 덕을 가진 사람이었습니다. 수하도 그런 유방의 참모들 중 하나였습니다.

한고조 3년, 팽성에서 크게 패한 유방은 양梁 땅에서 퇴각해 우虞 땅까지 후퇴합니다. 유방은 신하들을 불러서 "너희들하고는 함께 천하의 일을 의논할 수 없다"며 답답해합니다. 그리고 "누가 나를 위해 회남淮南으로 가서 영포에게 출정케 하여 초나라를 반역토록 할 사람은 없는가? 항왕을 몇 달 간만이라도 제나라에 붙들어놓을 수 있다면 내가 천하를 얻기에 백의 하나도 어긋남이 없으리라"고 말합니다.

이때 수하는 주저하지 않고 "신을 사자로 보내주십시오"라고 자원합니다. 그리고 고작 스무 명만을 데리고 영포에게 사신으로 갑니다. 구강에 도착한 수하는 사신을 접대하는 관리인 태재太宰에게 부탁해서 영포의 손님이 되었지만 사흘이 지나도 영포는 만나주지 않았습니다. 그래서 수하는 태재에게, "어떻게든지 왕을 뵐 수 있도록 주선해주십시오. 신이 아뢰는 말씀이 정당하다고 생각되시면 그것은 대왕께서 듣고자 하던 바가 될 것이며, 만약 그렇지 못하다고 생각되시면 우리들 20명을 회남의 광장에서 부질斧質의 형刑에 처하시어 한나라를 등지고 초나라의 편에 서는 것을 분명히 하심이 좋겠습니다"라고 과격하게 요청을 합니다. 도끼에 목을 내어놓겠다는 수하의 말에 영포는 수하를 접견합니다.

그리고 수하는 영포를 설득했는데, 이때 수하의 변설은 사람을 설득하는 가장 모범적인 연설이라 할 수 있습니다. 수하는 먼저 영포가 항우를 모시는 것은 실리적인 이유임을 지적합니다.

대왕과 항왕은 같은 제후의 지위에 있습니다. 그런데도 불구하고 북면하여 항왕에게 신하의 예로써 대하심은, 초나라가 강하여 나라의 안전을 믿을 수 있기 때문이겠지요?

수하는 영포가 주저하고 있는 사실을 정확하게 지적합니다. 항우가 제나라의 전영을 쳤을 때 스스로 판축板築(전쟁시에 장벽을 쌓는 널빤지와 기둥)을 메고 사졸들의 선두에 섰지만 영포는 단지 4천 명의 군사를 내어서 항우를 도왔을 뿐이었고, 팽성에서 유방과 싸울 때에도 모든 병사를 다 동원해 항우를 도와야 했지만 누구 한 사람 회수를 건너게 한 자가 없이 팔짱을 낀 채 형세만 관망했다고 지적합니다.

영포는 마음이 뜨끔했을 것입니다. 영포는 항우와 유방의 싸움이 누구의 승리로 끝날지 판단할 수 없어서 눈치를 보며 주저하고 있었으니 말입니다. 수하는 이어 비록 초나라의 군대가 강하지만 유방이 승리할 수밖에 없는 이유들을 하나씩 이야기해나갑니다.

항우는 의제를 죽여 불의하다는 오명을 쓰고 있으며 유방은 제후들과 연합해 성고와 형양을 든든히 지키고 있어 유리하다고 수하는 주장합니다. 그곳에는 촉과 한의 풍족한 양곡이 있지만 항우는 팽월의 공격 때문에 군량을 조달하는 데 불리하다는 점 또한 지적합니다. 그리고 제후들은 항우를 두려워해 초나라가 이기면 오히려 위기를 느껴 서로 구원하게 될 것이라 예측합니다. 그래서 영포가 항우를 배반해 몇 달 동안만 제나라에 항우의 발을 묶어 두면 유방이 승리를 차지할 수 있을 것이며, 그 공으로 회남 땅보다 더 많은 땅을 받고 대왕으로 봉해질 것이라며 영포를 회유합니다.

수하는 정세를 정확히 파악해 주저하는 영포의 마음을 읽었습니다. 그래서 유방에게 대의가 있으며 이를 바탕으로 승리할 수밖에 없는 근거들을 하나씩 구체적으로 말했습니다. 영포에게 주어질 보상에 대해서도 잊지 않고 말했습니다. 수하의 설득은 단순히 세객의 뛰어난 언변이 아니라 진실에 기초한 것이었습니다. 영포는 한나라 편을 들겠다고 수하에게 비밀리에 약속을 했지만 여전히 주저하고 있었습니다.

수하는 대담하게 정면 승부를 합니다. 이때 초나라의 사자도 영포에게 와 있으면서 급히 군대를 출동시키라고 재촉하고 있었습니다. 수하는 영포와 초나라의 사자가 회담을 하는 자리에 뛰어들어가 초나라 사자의 상석에 앉으며, "구강왕은 벌써 한나라 편이 되었습니다. 초나라는 군사를 징발할 수 없습니다"라고 외칩니다.

영포도, 초나라 사자도 깜짝 놀라 벌떡 일어섰습니다. 수하는 영포에게 "일은 이제 결판이 났습니다. 어찌 되었건 초나라의 사자를 죽여 돌려보내지 말고, 서둘러 한나라에 협력하십시오" 하고 요청합니다. 영포는 당황했고 수하의 청을 받아들여 초나라 사자를 죽이고 군사를 동원해 항우를 치러 갑니다.

수하는 대담한 승부사였습니다. 수하는 영포와의 비밀스러운 약속을 초나라 사자에게 공개해버렸고 영포는 유방과 항우 사이에서 주저하며 유방을 돕기로 약속한 사실이 초나라 사자에게 노출된 것에 당황했습니다. 항우의 성품을 잘 아는 영포는 후일 항우가 분명 이 일을 추궁할 것이라 생각했을 것입니다. 수하는 영포의 마음을 읽었기에 대담한 승부수를 띄울 수 있었던 것입니다.

천하가 평정된 후 유방은 이런 수하의 공적을 잊어버립니다. 사실 수하는 이 한 번의 특별 임무를 수행한 후 별다른 공적이 없었고 유방은 수하의 공을 잊어버린 것이었습니다. 유방은 "수하는 쓸모없는 선비에 불과하다. 천하를 다스리는 데 어찌 쓸모없는 선비를 등용할 것인가?" 라고 술자리에서 수하를 무시하는 말을 뇌까렸습니다.

이에 수하는 유방 앞에 꿇어 앉아 "그러면 폐하께서는 군사를 이끌고 팽성을 쳐서 초나라 왕이 아직 초나라를 떠나지 않았을 때, 보졸 5만 명, 기병 5만 명으로 회남을 칠 수 있었습니까?"라고 묻습니다. 유방은 "가능하지 않다"고 했습니다. 수하는 "폐하는 20명의 종자와 함께 저를 회남으로 보내셨고, 저는 폐하의 뜻을 받들었습니다. 이런 점으로 보더라도 저의 공로는 보졸 5만 명, 기병 5만 명을 능가한 바 있습니다. 그럼에도 불구하고 폐하께서는 '수하는 쓸모없는 선비에 불과하다, 천하를 다스리는데 어찌 쓸모없는 선비를 등용할 것인가'하심은 어찌된 말씀이오니까?"라며 항의합니다.

유방은 바로 자신의 잘못을 뉘우치고, "나는 그대의 공로를 고려하리라" 하며 수하를 호군중위에 임명합니다.

이때에 유방이 수하에게 큰 실수를 했지만 사실 수하와 같은 특임특사가 나타날 수 있는 것은 다른 사람의 말을 잘 듣고 능력에 맞게 발탁해서 잘 쓰는 유방의 능력 때문에 가능한 일이었습니다. 다른 지도자였다면 수하와 같은 심부름꾼이 20여 명의 사람들로 영포를 설득하러 간다는 말을 한다면 그저 웃고 넘겼을 것입니다. 하지만 유방은 그 말을 주의 깊게 들었고, 수하에게 믿고 일을 맡겨 보았던 것입니다. 유방은 여러 번 이런 모습을 보입니다.

유방이 촉한에서 나와 동진을 시작해 황하를 건넜을 때, 신성新城의

삼로三老(한 고을의 장로로서 교화를 맡은 사람)인 동공董公은 "항우는 이미 의제를 죽이는 불의한 일을 저질렀으니 우리 삼군의 병사와 장수들은 의제를 위해 상복을 입고 제후들에게 항우의 죄상을 낱낱이 고한 후, 이 명분으로 항우를 정벌하려 한다면 온 천하가 다 주군의 공덕을 우러러볼 것"이라며 명분을 세울 것을 유방에게 청합니다. 유방은 이를 받아들여 의제를 위해 발상해 3일 동안 장례의식을 치른 뒤 제후들에게 의제를 시해한 항우를 함께 토벌하자는 격문을 보냈고 이에 큰 호응을 받습니다.

유방이 형양에서 겨우 도망쳐 관중의 병사들을 모아 동진해 항우와 결전을 벌이려고 할 때에도 원생轅生은 앞을 막아서며 무관을 나가되 싸움을 하지 말고 수비만 해야 한다고 주장합니다. 그러고는 한신을 보내 조나라, 연나라, 제나라와 연합하라고 권했고 유방은 이를 따릅니다. 대패한 후 유방은 복수를 벼르고 있었지만 원생의 말을 들어 완읍宛邑, 섭읍葉邑 사이에 출병해 영포와 함께 병사를 모으며 서서히 출병하며 방비에 주력했습니다. 후방에서 팽월이 초군을 괴롭히자 항우는 다시 팽월과 싸우러 갔고 그 틈에 유방은 성고를 차지합니다.

유방이 성고에서 항우에 대패해 겨우 도망쳐 한신의 진영으로 가서 군사를 얻어 다시 사기가 고조되어 황하에서 초군과 결전을 벌이려 할 때에도 비슷한 일이 벌어집니다. 낭중郎中 정충鄭忠이 유방을 설득해 누벽을 높이 하고 참호를 깊게 해 수비를 견고히 하고 초군과 싸우지 않도록 막아서자 유방은 그의 말을 따릅니다. 다시 팽월이 초군의 군량을 불태웠고 항우가 팽월을 공격하는 사이에 성고를 탈취한 뒤 광무에 주둔해 수개월간 항우와 대치하게 됩니다.

이처럼 유방은 자신의 의견과 다른 의견에 귀를 기울였고 좋은 의견을 받아들였으며 그런 의견을 내는 인사들을 잘 발탁해서 썼습니다. 수하도 그런 경우였습니다. 수하는 유방의 기대를 저버리지 않고 영포를 설득하는 어렵고 특별한 임무를 잘 완수했습니다. 수하는 목숨을 걸고 영포에게 나아가 논리적으로 설득했고 대담하게 행동해 영포를 유방의 편으로 끌어들일 수 있었습니다.

　수하는 한 번의 행동으로 큰 공을 세웠고 역사에 깊은 흔적을 남겼습니다. 수하는 대단한 능력을 가지고 있었지만 그의 능력은 드러나지 않고 숨어 있었습니다. 이런 숨은 능력을 알아보고 인정한 유방과 같은 지도자가 있어야 수하와 같은 인물이 나타날 수 있습니다. 유방이 수하를 믿고 영포에게 보내지 않았다면 수하는 되지도 않는 헛소리를 지껄인 심부름꾼으로 역사에 기록되고 말았을 것입니다.

한 번의 웅변으로 유방에게 발탁되다

누경은 제齊나라 사람으로 유방이 도읍을 정할 때 결정적인 역할을 해서 유방에게 발탁된 인사였습니다. 그는 낙양이 아니라 장안長安을 도읍으로 정할 것을 논리정연하게 주장했고 그 주장은 받아들여졌습니다. 유방은 누경에게 유씨 성을 하사해 이후 유경劉敬이라 불리게 됩니다. 그리고 그는 북방 흉노에 대한 대책을 마련해 유방에게 큰 도움이 되도록 했습니다. 누경의 사례는 능력이 있지만 드러나지 않고 숨어 있는 자가 어떻게 발탁이 될 수 있는지에 대한 전형적인 사례입니다.

누경은 한고조 5년 위衞나라의 수레를 끄는 병참 보급병으로 농서로 가던 도중 유방이 머물고 있는 낙양을 지나가게 되었습니다. 이때 그는 양피 옷을 입은 채 짐수레를 타고 가고 있었는데 갑자기 뛰어내려 제나라 출신인 우虞장군에게 "폐하를 뵈옵고 국가 이익에 관한 말씀을 드리고 싶습니다"라고 청을 넣었습니다.

우장군은 누경을 좋게 보았던 모양입니다. 우장군은 누경이 유방을 만나도록 주선했고 누경에게 좋은 옷을 주려고 했습니다. 하지만 누경은 "저는 비단을 입었으면 비단을 입은 채, 누더기를 입었으면 누더기를 입은 채 뵙겠습니다"라고 말했습니다. 그리고 끝내 옷을 갈아입지 않으려 했습니다.

말단병사이며 옷차림도 변변치 못한 자를 황제에게 소개하려 했으니 우장군도, 있는 그대로의 모습으로 황제를 만나 아뢰겠다는 누경도 대단한 사람이었습니다. 그리고 말단 병사를 만나 이야기를 기꺼이 듣겠다고 허락한 유방은 더욱 대단한 사람이었습니다.

유방은 누경을 불러 음식을 하사하고 자신을 만나려 한 이유를 물었습니다. 이에 누경은 낙양을 도읍으로 할 수 없고 관중지역인 장안을 도읍으로 해야 하는 이유를 상세히 설명합니다.

낙양은 천하의 중앙으로서 제후들이 사방으로부터 조공을 드리고 부역을 바치기에 거리가 비슷하다고 생각했기 때문입니다. 낙양은 덕이 있는 사람에게는 왕 노릇하기가 쉽고, 덕이 없는 사람에겐 망하기 쉬운 곳입니다.

주나라가 낙양을 제2의 도읍으로 건립한 것은 태공망과 문왕, 무왕이 은주왕殷紂王을 쳐 은나라를 멸망시키고 성왕이 즉위해 주공의 무리들이 보좌하여 나라가 안정되었을 때입니다. 그래서 주나라가 흥성했을 때에는 천하가 다 화합했고, 심지어 사방의 오랑캐마저 천자를 섬기는 상황이었기에 방비에 불리한 낙양을 중심 도시로 삼을 수 있었습니다.

하지만 주나라가 약해지자 상황은 달라졌습니다.

그런데 주나라가 약해지자, 동과 서로 나뉘어 두 개의 주나라가 되었고, 천하에는 입조하는 제후도 없었고, 주나라 왕실은 그들을 제어할 수도 없었습니다. 덕이 없기 때문이 아니라 수도의 지형이 약했기 때문입니다. 지금 폐하께선 풍과 패에서 일어나 군사 3천 명을 이끌고 돌진하여 촉한을 석권하고, 삼진을 평정하여 항우와 형양에서 싸우고, 성고의 요지를 다투어 큰 싸움이 70회, 작은 싸움이 40회에 이르렀습니다. 이로 인해 죽은 천하의 백성들의 간과 골이 땅을 덮고, 아비와 자식의 뼈가 함께 들판에 뒹굴게 한 것이 이루 헤아릴 수 없이 많았습니다.

누경은 역사를 잘 알고 있었고 유방이 처한 현실 또한 잘 알고 있었습니다. 천하에 통곡과 흐느낌 소리가 아직 끊이지 않고 부상당한 사람은 지금도 일어나지 못하고 있는 형편인데 주나라의 전성기인 성왕과 강왕康王의 시대와 번영을 겨루려 낙양에 도읍하려는 어리석은 짓을 하려는 것입니다. 그래서 방비와 식량조달에 유리한 관중에 수도를 정하는 것이 옳은 일이라 누경은 주장합니다.

한편, 진나라 땅은 산에 싸여 있고, 황하 강이 주위를 에워싸고 있어 사방이 더없이 튼튼하게 나라를 지키고 있습니다. 따라서 갑자기 위급한 사태에 직면하더라도 백만 대군을 충분히 배치시킬 수 있습니다. 진나라의 옛 수도를 차지하여 다시없이 기름진 땅을 바탕으로 삼게 되면, 이거야말로 이른바 천연의 곳간이라고 할 수 있습니다.

누경은 누더기를 입고 있었지만 그의 입에서 나오는 말은 역사와 현실, 지형과 정치를 꿰뚫는 대단한 웅변이었습니다. 누경의 누추한 옷과 그의 대단한 웅변은 묘하게 대비가 되었을 것이고 그의 웅변은 누추한 행색 덕분에 더욱 선명하게 드러났을 것입니다.

산동 출신의 신하들은 여전히 반대했지만 장량마저 누경의 주장에 전적으로 찬성하자 유방은 그날로 서쪽으로 길을 떠나 장안에 도읍을 하게 됩니다. 유방은 관중 땅에 처음 도읍을 정하라고 주장한 누경에게 유씨 성을 내리고 낭중에 임명하고 봉춘군奉春君에 봉합니다. 그는 단번에 크게 발탁된 것이었습니다.

하지만 누경이 일회적인 능력으로 단번에 발탁된 것은 아니었습니다. 그는 정확한 판단력을 가지고 있었고 흉노 문제에 대해 유방에게 많은 도움을 주었습니다.

한고조 7년 한왕 신이 반란을 일으키자 유방은 직접 군대를 이끌고 출정을 하는데 유방은 진양에 이르러 한왕 신이 흉노와 내통하여 함께 한나라를 치려 한다는 소식을 듣고 크게 노해 흉노에 사신을 보냅니다.

흉노는 장사와 살찐 소와 말을 숨겨 두고 노약자와 여윈 가축만 눈에 띄게 했고 이를 본 열 명의 사신들은 모두 흉노를 칠 만하다고 보고했습니다. 유방이 다시 누경을 사신으로 보냈는데, 누경이 돌아와 "이것은 틀림없이 약점을 보여 놓고 기습부대로 승리를 취하려는 계략입니다. 신의 어리석은 생각으로는 흉노를 치지 않는 것이 좋을 것 같습니다"라고 보고합니다.

하지만 이미 구주산句注山을 넘어 20만이 넘는 군사와 행군 중이었던 유방은 화가 나서 "이 제나라 포로놈아, 입 끝으로 벼슬을 얻더니, 이제 또 함부로 지껄여대며 우리 군사의 행진을 막을 셈이냐?"며 누경에게 욕을 하고 옥에 가둔 다음 계속 진군합니다.

하지만 유방은 흉노의 기습부대를 만나 백등산에서 포위가 되었고, 비굴한 방법으로 7일 만에 겨우 포위에서 벗어납니다. 돌아온 유방은 "나는 그대의 말을 듣지 않았기 때문에 평성에서 치욕을 당했소. 앞서 흉노를 치자고 말한 열 명의 사자들은 모조리 베었소"라며 누경에게 사죄하고 식읍 2,000호를 하사한 뒤 중앙에서 황제를 보필하는 관내후關內侯에 임명합니다.

누경은 정확한 판단력과 전체를 보는 시각을 가지고 있었습니다. 흉노가 계속 괴롭힐 때 누경은 "천하가 이제 겨우 평정되었고 사졸들은 전쟁에 지쳐 있으므로, 도저히 무력으로 흉노를 정복할 수는 없습니다"라며 이쪽과 저쪽의 사정을 정확히 평가합니다. 그래서 유방의 딸을 흉노의 지배자인 묵돌선우에게 시집을 보내어 화친하도록 권합니다.

하지만 여후는 밤낮 울며 하나밖에 없는 딸을 흉노에게 시집보낼 수는 없다고 했고 결국 유방은 양가집 딸을 골라 공주라 속여 보내도록 명했고, 누경은 직접 흉노로 가 화친을 맺고 돌아옵니다.

흉노에서 돌아온 누경은 더 근본적인 대비책을 유방에게 권합니다. 흉노는 경무장한 기병부대로 하루 밤낮이면 관중에 이를 수 있는 거리에 있고 관중의 백성들이 얼마 되지 않아 방비가 어려우니 제나라 전씨田氏 일족과 초나라 소씨昭氏·굴씨屈氏·경씨景氏, 그리고 연·조·한·위나라의 황족과 후예 및 호걸 명문의 사람들을 옮겨 관중에 살도록 해야 한다고 주장합니다. 그렇게 되면 천하가 무사할 때에는 흉노에 대비할 수 있고 제후들이 변을 일으키면 그들을 이끌고 칠 수 있기 때문입니다.

이런 방법이야말로 "나라의 뿌리를 튼튼히" 하는 것이라고 누경은 제안했고, 유방은 이 제안을 받아들여 10만여 명의 사람들을 관중으로 옮겨와 살게 했습니다. 관중은 이때부터 번성의 길을 가게 됩니다.

누경은 한 번의 웅변으로 유방에게 발탁되었지만 그것은 단순한 임기응변이 아니었습니다. 누경은 대단한 관찰력과 전체를 보는 통찰력을 가지고 있었고, 그 능력을 숨기지 않고 드러냈습니다.

하지만 누경이 가만히 있다가 발탁된 것은 아니었습니다. 그는 제 발로 동향인 우장군을 찾아가 유방과의 만남을 부탁했고, 있는 모습 그대로 유방에게 나아가 용기 있게 자신의 의견을 피력했습니다. 열 명의 사신들이 흉노를 쳐야 한다고 주장했지만 혼자 반대해서 옥에 갇히기도 했고 흉노에게 여후가 낳은 공주를 시집보내야 한다는 위험한 주장을 하기도 했습니다. 그리고 천하의 세력가들을 관중으로 이동시켜야 한다는 크고도 어려운 제안을 하기도 합니다.

누경의 발탁은 깜짝 놀랄 만한 것이었지만 그의 성취는 이런 노력과 용기에 따른 것이었습니다. 누경처럼 대단한 능력을 가지려 노력하는 것이 발탁보다 더 우선이라는 것을 우리는 알아야 합니다. 오로지 발탁에 신경을 쓰거나 자리를 보전하기 위해서만 노력할 것이 아니라 업무에 대한 정확한 지식과 능력을 가지고 성실하고 용기 있게 업무에 임하는 게 더 중요하다는 것을 누경의 사례를 통해 알 수 있습니다. 누더기 옷 속에 빛나는 보석을 감추고 있었던 누경의 이야기는 우리에게 희망을 주는 참으로 아름다운 이야기가 아닐 수 없습니다.

제11장

한나라 통치 이념을 제공한 이론가

숙손통, 육가

"오직 다투지 않으므로 천하가 그와 더불어 다투지 않는다.

옛날에 이른바 굽으면 온전해진다는 말이 어찌 헛말이겠는가!"

_《노자》, 제22장

천하를 얻었으면 그것을 안정시킬 사람이 필요합니다. 시황제는 칼로 천하를 얻고 칼로 천하를 다스리려 하다가 실패하고 말았습니다. 칼로 천하를 다스릴 수 없다는 것을 유방에게 가르쳐주고 천하를 안정시킨 것은 숙손통과 육가와 같은 선비들이었습니다. 유방은 비록 선비들을 좋아하지 않았지만 천하를 얻은 후 그들의 주장을 받아들여 천하를 다스릴 수 있게 되었기에 시황제의 실패를 되풀이하지 않게 되었습니다.

역이기가 강하고 곧은 선비였다면 숙손통은 부드럽게 휘어질 줄 아는 선비였습니다. 한나라 초기 예법을 정할 때, 숙손통은 유방에게 "예법은 시대와 인정[時世人情]에 따라 간략하게 하기도 하고 꾸미기도 하는 것입니다"라고 주장한 바 있는데 이는 숙손통의 핵심을 잘 보여주는 말이라 할 수 있습니다. 숙손통은 자신의 논리와 의지보다 '시세'와 '인정'

을 잘 살펴 유연하게 대처했던 인물이었습니다.

일찍이 숙손통은 설薛 땅 사람이었는데 진나라 때에 학문이 뛰어나 부름을 받고 박사博士에 임용되기를 기다리고 있었습니다. 몇 년 뒤에 진승陳勝이 산동에서 봉기하자 2세 황제 호해는 박사와 선비들을 불러, "초나라 수졸이 기蘄를 공격하여 진陳에 들어왔다고 하는데, 경들은 이것을 어떻게 생각하는가"라고 묻습니다.

이때 박사와 선비 30여 명은 "신하로서는 반역할 생각마저 가질 수 없는 일이옵니다. 그러한 생각을 가지고 있으면 그것 자체가 이미 반역이옵니다. 사형에 처하고 용서함이 없어야 할 줄로 아옵니다. 바라옵건대 폐하께선 급히 군사를 보내어 이를 치게 하옵소서"라고 아룁니다.

호해는 이 말을 듣고 노해 안색이 변했습니다. 천하가 평정된 때에 난이 일어났다는 것 자체를 호해는 받아들이고 싶지 않았습니다. 이때 숙손통이 앞으로 나아가 이렇게 말합니다.

유생들의 말은 모두 틀린 말이옵니다. 지금 천하가 합하여 한집을 이루고, 군과 현의 성을 허물고 병기를 녹여, 그것을 두 번 다시 쓰지 않을 것을 천하에 보였습니다. 그리고 위로는 밝으신 임금이 계시고, 아래로는 법령이 완비되어 있어서 사람들은 저마다 자기 일에 충실하고, 사방의 백성들은 조정에 복종하고 있습니다. 어찌하여 감히 반역을 꾀하는 자가 있겠습니까? 그것은 한낱 도둑 떼이거나 좀도둑에 불과한 것으로 조금도 말할거리가 되지 못하옵니다. 군수와 군위가 곧 잡아 그 죄를 묻게 될 것인즉 새삼 걱정하실 필요가 없사옵니다.

천하는 이미 안정되어 있고 봉기한 자들은 도적 떼에 불과하니 걱정할 것이 없다는 숙손통의 말은 진실은 아니었지만 호해가 듣고 싶은 말이었습니다. 호해는 기뻐하며 반란을 일으킨 것이라고 말하는 자들을 감금해 조사하게 했고 도적 떼에 불과하다고 말한 자들은 모두 용서했습니다.

호해는 숙손통에게 비단 20필과 옷 한 벌을 하사하고 박사에 임명합니다. 숙손통이 궁전을 나와 숙사로 돌아오자 다른 선비들은 "선생은 어찌 그렇게 지나친 아첨을 하십니까?"라고 비꼬았습니다. 숙손통은 선비들에게, "당신들은 아직 모르오. 나는 하마터면 호랑이의 입을 빠져나오지 못할 뻔했소"라고 말하고 그 길로 설 지역으로 도주합니다.

숙손통은 설 지역을 정벌한 항량을 따랐고 항량이 정도에서 패해 죽자 회왕을 섬겼습니다. 그리고 회왕이 의제義帝가 되어 장사長沙로 쫓겨가자 숙손통은 그대로 남아 항우를 섬겼습니다. 한고조 2년, 유방이 제후들을 이끌고 팽성에 입성하자 숙손통은 유방에게 항복했고 유방이 전투에서 패해 서쪽으로 퇴각하자 유방의 군대를 따라가 끝까지 함께했습니다.

숙손통은 비록 충의를 중시하는 유가의 선비였지만 고집스러운 자가 아니었고 유연한 자였습니다. 그는 이리저리 옮겨 다녔지만 변절자라는 오명을 쓰지 않았습니다. 그는 섬길 만한 주군을 찾아다닌 것이었고 마침내 자신의 뜻을 펼 수 있는 주군을 만나게 된 것이었습니다. 그가 패망하지 않고 성공할 수 있었던 것은 이처럼 유연하게 현실에 적응할 줄 아는 자였기 때문이었습니다.

그는 항상 선비의 옷[儒服]을 입고 다녔는데 유방이 몹시 싫어하자 유방의 고향인 초나라 복색으로 옷을 바꾸었습니다. 그러자 유방은 기뻐했습니다. 옷이란 바꾸기 힘든 습성들 중 하나이지만 숙손통은 그것 때문에 불필요한 문제를 일으키고 싶지 않았습니다. 그는 작은 것을 버리고 큰 것을 얻을 줄 아는 사람이었습니다.

숙손통은 고루하지 않았고 현실에 천착한 선비였습니다. 숙손통이 유방에게 처음 항복했을 때 그를 따르는 선비들과 제자들이 100여 명 있었습니다. 하지만 숙손통은 그들 중 어느 누구도 유방에게 천거하지 않았고 오직 과거의 도적들 중 장사만을 천거했습니다.

이에 제자들은 "우리는 선생을 여러 해 동안 섬겼고, 다행히 선생을 따라 한나라를 따르게 되었는데, 선생은 우리들을 천거할 생각도 않고, 덮어놓고 교활한 녀석들만 천거하고 있다"며 불만을 털어놓았습니다. 숙손통은 "한나라 왕은 지금 화살과 돌을 무릅쓰고 천하를 다투고 있는 중이다. 너희들에게 싸울 만한 능력이 있느냐? 그래서 우선 적장을 베고 깃발을 빼앗을 수 있는 사람들을 천거하는 것이다. 나를 믿고 잠시 기다려라. 나는 너희들을 잊지 않는다"라고 선비들을 달랬습니다.

유방에게 당장 필요한 것은 싸움을 할 장사이지 말 많은 선비가 아니라는 것을 숙손통은 잘 알고 있었습니다. 선비들은 자신이 할 수 있는 일이 있는지를 생각하기보다 자리를 탐한 것이었고, 숙손통은 그들이 때를 기다리도록 자제시킨 것이었습니다. 숙손통이 선비들을 등용하도록 유방에게 천거한 것은 천하가 통일된 이후였습니다.

천하가 통일된 후 제후들은 정도에서 유방을 황제로 추대합니다. 이때 숙손통은 조정의 의례와 관제를 제정했습니다. 하지만 유방은 번거로운 진나라의 의례를 싫어해 모두 없애버리고 간편하고 쉬운 의례로 바꾸도록 했습니다. 이렇게 하자 문제가 발생합니다. 뭇 신하들은 술을 마시면 서로의 공을 다투었고 술에 취해서는 함부로 큰 소리를 지르며 검을 뽑아들고 기둥을 치기도 했습니다.

유방은 무척 근심스러웠습니다. 숙손통은 이제 선비들이 나서야 할 때라고 여겼습니다. 숙손통은 유방에게 다음과 같이 말했는데, 이는 선비들의 역할을 가장 잘 말해주고 있습니다.

대체로 선비란 것은, 진취하는 일을 함께 꾀하기는 어려워도 수성守成하는 일을 함께 하기에는 적당합니다. 바라옵건대 각 나라 학자들을 불러내어 신의 제자들과 함께 조정의 의식을 제정하도록 허락해주십시오.

이제 천하는 평정되었고 지키고 보존하는 일이 남은 상황이었습니다. 이런 시대적인 과제는 선비들의 몫임을 숙손통은 잘 알고 있었습니다. 유방은 "그건 너무 어려운 일이 아닐까?"라고 회의했지만 숙손통은 다시 이렇게 말합니다.

오제五帝는 각각 음악을 달리하고, 삼왕三王은 각각 예를 같게 하지 않았습니다. 예란 것은 시대와 인정에 맞게끔 간략하게 하기도 하고, 꾸미기도 하는 것입니다. '하·은·주의 예는, 각기 그 전대의 의례에 따르면서도 취사선택했다'합니다. '예'란 전 시대의 것을 그대로 따르는 게 아님을 의미합니다. 신은 고대의 예를 바탕으로 하고, 여기에 진나라의 의식도 섞어서 새로운 것을 만들어낼 생각이옵니다.

숙손통은 과거를 존중하는 자였고 과거의 것을 바탕으로 새로운 것을 보충하는 방식으로 예법을 제정하는 게 안전하다는 것을 잘 아는 온건한 선비였습니다. 그래서 그는 과격한 선비들이 가지는 실수를 피할수 있었습니다. 의례를 극히 싫어한 유방은 "그렇다면 알기 쉽게, 내가 실행할 수 있는 범위를 생각해서 만들어보라"고 지시합니다.

숙손통은 유방의 명을 받고 노나라에 가서 선비 30여 명을 모집합니다. 하지만 노나라의 선비들은, "당신이 섬긴 임금은 열 명이나 되지만, 당신은 그 임금들에게 얼굴을 앞에 놓고 아첨함으로써 가까이 하게 되고 존귀하게 되었습니다"라고 숙손통을 비난합니다. 그리고 "예약이 일어나는 것은 그만한 까닭이 있어야 하는 것으로, 천자가 100년 이상 덕을 쌓아야 비로소 일어나게 되는 것입니다. 우리들은 당신이 하려는 것을 차마 따라할 수가 없습니다"라며 거절합니다.

숙손통은 "당신들은 정말 고루한 선비들이오. 시세의 변천도 모르다니"라며 웃으며 말합니다. 숙손통은 상황이 조성되고 나서 일어서겠다는 선비들과는 다른 사람이었습니다. 그들은 이상 속에 있었지만 숙손통은 현실 속에 있었던 것입니다. 숙손통은 30여 명의 선비들을 모집해 황제를 모시는 학자들, 자신의 제자 100여 명과 함께 교외에 모여 회장을 설치해 한 달여 동안 예식을 강습(습이習肄)했습니다.

숙손통은 유방에게 "폐하께서 직접 보십시오"라고 권했습니다. 유방은 예식을 살펴보더니 "이 정도면 나도 할 수 있다"며 자신감을 보였고 조회 때에 이를 거행하도록 지시합니다.

한고조 7년 10월, 장락궁長樂宮이 완성되자 제후들과 뭇 신하들 모두 조회에 참가하게 됩니다. 예식은 숙손통이 준비한 대로 착착 진행되었습니다. 날이 밝기 전에 알자謁者가 조회하는 사람들을 인도해 순서에 따라 대궐로 입장시켰고, 뜰 가운데에는 전차, 기병, 보병, 위병衛兵들이 무기를 갖추어 깃발을 세워 위엄을 세웠습니다. 신호를 하자 궁전 아래의 계단을 끼고 낭중들이 수백 명 계단에 도열했고, 공신과 열후, 여러 장군들 및 군리軍吏들은 서열을 따라 서쪽에 열을 지어 동쪽을 바라보고 문관인 승상 이하는 동쪽에 열을 지어 서쪽을 바라보게 했습니다.

황제가 봉련鳳輦을 타고 나타나자 깃발을 들어 백관들을 정숙하게 했고 제후왕 이하 봉록이 600석까지인 관리들을 인도해 차례대로 황제인 유방에게 하례를 했습니다. 제후왕을 비롯한 모든 관리들이 이런 엄숙한 예식은 처음 행해보았고 모두 두려워 떨며 공경하지 않은 사람이 없었습니다.

의식이 끝나고 법주法酒 의식을 거행했는데, 궁전 위에 모시고 있던 사람들은 모두 머리를 조아리고 있다가 서열에 따라 일어나서 황제에게 축수祝手를 했습니다. 어사는 법을 집행하는 동안 의례를 준수하지 않는 자는 즉시 데리고 나갔고 주연을 베푸는 동안 어느 누구도 감히 시끄럽게 예를 위반하는 사람이 없었습니다.

주연을 마치자 유방은 "나는 오늘에야 비로소 황제가 귀하다는 것을 알게 되었다"며 감격했고, 의례를 정한 숙손통을 예의와 제사를 담당하는 태상太常에 임명하고 황금 500근을 하사합니다.

숙손통을 이 기회를 놓치지 않고 "신의 제자인 유생들은 오랫동안 신을 따르고 있습니다. 또 신과 더불어 의례를 만들었습니다. 바라옵건대 폐하께서는 저들에게도 벼슬을 내리옵소서"라고 요청합니다. 유방은 그들을 모두 낭관郎官에 임명했고 숙손통은 궁에서 물러나와 자신이 받은 500근의 황금을 모두 여러 선비들에게 나누어주었습니다. 선비들은 그제야 기뻐하며 "숙손 선생님은 참으로 성인이시다. 그는 당대의 중요한 일을 모두 알고 있다"며 입을 모아 칭송했습니다.

숙손통은 이론을 주로 제시하는 선비였지만 일을 순조롭게 이룰 수 있었던 것은 그가 온건한 자였기 때문이었습니다. 그는 상황과 시대의 흐름을 거스르려 하지 않았고 자신을 받아들일 수 있는 주군을 찾아 다녔습니다. 그는 이론에만 머물지 않았고 반복해서 습득하는 연습[習肄]으로 일의 실행 가능 여부를 면밀하게 따져보았습니다. 그러고도 유방에게 우선은 시험 삼아 한 번 살펴보기를 청하는 조심스러움을 보였습니다.

숙손통은 상황을 우선적으로 파악하고 조심스럽게 거기에 맞추려고 노력했던 유연한 자였지만 한없이 상황에 끌려다니기만 한 것은 아니었습니다. 유방은 한고조 9년, 숙손통을 태자태부太子太傅에 임명해 태자를 보좌하도록 했는데, 한고조 12년에는 태자를 여의로 바꾸려 합니다. 이때 숙손통은 이렇게 강하게 간언합니다.

지금 태자께서 마음이 어질고 부모에게 효성스럽다는 것은 온 천하가 다 알고 있는 일이옵니다. 또 여후께서 폐하와 함께 고생을 같이 겪으신 조강지처라 할 수 있습니다. 폐하께서 굳이 적자를 폐하고 어린 여의를 태자로 세울 생각이시라면, 먼저 신을 죽여 제 피로써 이 땅을 적셔주십시오.

유방은 숙손통의 강경한 말에 놀라, "그만두시오. 난 잠시 농담을 한 것뿐이오"라며 한발 물러섰고, 숙손통은 다시 "태자는 천하의 근본입니다. 근본이 한 번 흔들리면 천하가 따라 움직이게 됩니다. 천하의 일을 놓고 농담을 하시다니 될 법이나 한 일이옵니까?"라고 재차 확인을 요청했습니다. 결국 유방은 "경의 말을 따르겠소"라고 할 수밖에 없었습니다.

숙손통은 유연하게 현실에 맞게 대처하는 자였지만 목숨을 걸고 소신을 분명히 지킬 줄 아는 자였습니다. 그에게 '선비'라는 호칭이 떨어지지 않은 것은 바로 이런 점 때문이었습니다.

숙손통은 유방이 죽은 후 혜제 때에도 많은 공헌을 했습니다. 효혜제의 요청으로 다시 태상의 자리로 옮겨 종묘의 의법을 제정했고 한나라의 여러 의법들의 기틀을 다졌습니다. 숙손통은 효혜제가 장락궁으로 행차하는 복도複道를 잘못 만들어 유방의 묘소 위를 지나가게 되었을 때에도, "임금에게는 본래 허물이 있을 수 없는 것입니다. 복도를 만들기 시작한 것은 백성들이 다 알고 있는 일입니다. 지금 그것을 허물게 되면 폐하께 허물이 있음을 보여주는 것이 되옵니다"라며 유방의 사당을 위수渭水가에 하나 더 만들어 복도를 통해 유방의 묘소 위를 지나가는 일이 없도록 대안을 제시하기도 했습니다. 이처럼 숙손통은 군주의 체면을 살려줄 줄 아는 훌륭한 신하였습니다.

태사공은 숙손통에 대해 이런 촌평을 남겼습니다. 이는 부드럽게 일을 이루어나간 숙손통의 삶을 가장 잘 요약한 것이라 할 수 있습니다.

숙손통은 세상에 쓰이기를 바라며, 그 당시 무엇이 중요한 일인지를 생각하여 의례를 제정하고 진퇴의 절도를 지켜, 시세의 변화에 맞추어 변통하여 마침내 한나라 유학의 대종大宗이 되었다. "너무 곧은 것은 굽어보이고, 길은 본래부터 꾸불꾸불하다[大直若詘, 道固委蛇]"고 하는 것은 바로 그와 같은 사람을 두고 한 말이 아닐는지.

지나치게 곧아서 많이 부딪히는 사람들은 숙손통의 삶에서 많은 교훈을 얻을 수 있으리라 생각합니다. 우리 결국 모두 "세상에 쓰이기를 바라며" 일을 하고 있다는 점을 생각해본다면 숙손통의 처세는 일을 하는 우리가 모두 지향해야 할 방식이라 할 수 있습니다. 시세에 맞추어 변통을 하면서도 대종大宗이 된 숙손통은 가장 이상적인 모범을 우리에게 보이고 있는 것입니다.

뛰어난 언변과 학식을 잘 활용한 협상의 신

육가는 초나라 사람으로, 군신관계라기보다 신분상 좀더 자유로운 객客으로서 유방의 진영에 참가해 있었습니다. 하지만 육가의 활동은 단순한 객 이상이었습니다. 육가는 지혜롭고도 구변이 좋았고 유방 가까이에 있으면서 세객으로 자주 제후들에게 사신을 오가며 유방을 도왔습니다.

육가는 유방이 함양으로 서진할 때부터 도움이 되었습니다. 조고는 2세 황제 호해를 시해하고 유방에게 사신을 보내 관중을 분할해 각자 왕이 되는 협약을 맺자고 제안합니다. 이때 유방은 이를 거짓이라 여겨 서진을 계속했고 장량의 계책을 써 진나라 장수들을 설득하는 한편 뇌물로 유혹하기도 했습니다. 이때 육가는 역이기와 함께 많은 활동을 했습니다.

육가는 항우에게 사로잡혀 있는 유방의 가족들을 풀어달라고 항우에게 가서 설득하기도 했습니다. 비록 소득 없이 끝나버리기는 했지만 육가는 목숨을 걸고 항우와 협상을 진행했고 육가가 시작한 협상을 후에 후공侯公이 마무리를 해 결국 유방의 가족들은 풀려나게 됩니다.

비록 항우를 설득하지는 못했지만 육가는 대단한 설득가였습니다. 그는 뚜렷한 논리로 사람들을 설득하는 탁월한 능력을 가지고 있었습니다. 육가는 멀리 남월南越까지 가서 남월을 평정한 위타尉他를 설득하기도 했습니다.

유방이 천하를 평정한 후 위타는 국경을 침범하며 골치 아픈 문제를 자주 일으켰고 유방은 육가를 사신으로 파견해 이를 해결하려 했습니다. 육가는 유방이 항우를 이기고 중국을 통일한 것은 하늘의 뜻이며, 지금은 전쟁에 지친 백성들을 잠시 쉬게 하기 위해 남월을 평정할 수 있지만 기다리고 있는 것이라 설명합니다. 그리고 자신은 왕인王印과 부절符節을 가지고 온 사신이니 신하의 예로 영접해야 할 것이며 그렇지 않으면 10만의 군사로 남월을 공격할 것이라 위협하기도 했습니다. 그리고 중국의 사정을 묻는 위타에게 중국은 인구와 물자가 풍부하고 남월은 중국의 군郡 하나 정도의 크기에 불과하다는 것을 주지시켜 위타가 중국에 복속하도록 합니다.

위타는 육가의 언변과 학식에 크게 만족해 몇 달 동안 함께 즐기며 술을 마셨고, 천 금이나 나가는 보물을 자루에 넣어 유방에게 바치며 한나라의 신하가 되기를 약속했습니다. 그리고 육가에게도 따로 천금을 주어 감사함을 표시했습니다. 육가가 돌아와 유방에게 보고하자 유방은 매우 기뻐했고, 의견을 관장하는 태중대부太中大夫에 육가를 임명합니다.

이후 한문제 때, 위타는 다시 한나라 변경의 관문들을 공격했고 한나라 군대는 이를 막지 못했습니다. 위타는 기고만장해져 약속을 어기고 스스로 황제라 칭하며 한나라에 대항했습니다. 한문제는 유화책을 사용해 남월을 공격하지 않고 오히려 위타의 선조들의 무덤을 정리해 때마다 제를 지내도록 했으며 육가를 다시 사신으로 파견합니다. 위타는 육가를 맞아 즉시 사죄했고 신하로 남겠다고 다시 약속합니다. 이후 변경에서는 더 이상 소란이 일어나지 않았습니다. 군대가 해낼 수 없는 일을 육가는 해냈던 것입니다.

육가는 세객으로 많은 공을 세웠지만 유방에게 문치의 중요성을 가르친 것이 가장 큰 공이라 할 수 있습니다. 육가가 유방에게 진언을 할 때에는 자주 유가의 경전인 〈시경詩經〉이나 〈상서尙書〉를 인용했는데, 이에 유방은 짜증을 냅니다. 유방은 유가의 형식주의를 좋아하지 않았기 때문이었습니다. 유방이 "나는 마상馬上에서 천하를 얻었다. 시詩니 서書니 하는 것이 무슨 소용이 있겠는가?"라고 말하자 육가는 이렇게 대답합니다.

마상에서 천하를 얻었다고 해서 마상에서 천하를 다스릴 수 있겠습니까? 탕왕과 무왕은 신하로서 역취逆取를 했는데도 천하를 얻은 뒤에는 순리로 나라를 지켰습니다. 문과 무를 아울러 쓰는 것만이 천하를 길이 보존하는 길입니다. 옛날 오나라 왕 부차와 지백은 무만을 지나치게 앞세운 탓에 망했고, 진나라는 형법만을 계속 믿어온 탓에 필경은 조씨에게 망한 것입니다. 앞서 진나라가 천하를 통일한 다음 인의를 행하여 옛 성인을 본받았던들 폐하께서 어떻게 천하를 차지할 수 있었겠습니까?

"마상에서 천하를 얻었다고 해서 마상에서 천하를 다스릴 수 있겠습니까[居馬上得之, 寧可以馬上治之乎]?"라는 육가의 말은 만고의 진리였습니다. 유방은 천하를 차지했지만 그것을 어떻게 질서 있게 다스릴지에 대해서는 알지 못했습니다. 문과 무를 아울러 써야 한다는 육가의 말을 유방은 고려해본 적이 없었던 것입니다. 유방은 마음이 불편했지만 오히려 부끄러워하는 기색을 보이며 육가에게 "나를 위해 진나라는 어떻게 해서 천하를 잃었으며, 내가 어떻게 해서 천하를 얻었는지, 그리고 옛날 성공하고 실패한 나라들에 대해서 글을 지어주지 않겠는가?"라고 요구합니다.

육가는 이 영을 받아 국가의 존망의 징후에 대해 약술해 〈신어新語〉 12편을 지었는데 그가 각 편을 상주할 때마다 유방은 매번 칭찬을 했고 좌우의 사람들도 모두 만세를 외쳤습니다. 유가를 좋아하지 않았고 문치의 가치를 몰랐지만 육가에게 청을 한 유방도, 용감하게 유방에게 문치의 중요성을 가르친 육가도 훌륭했습니다. 유방과 육가는 문과 무가 조화롭게 어울리는 기반을 마련한 한 편의 아름다운 장면을 보여주었습니다.

육가는 유방이 죽은 후 여후가 정권을 잡아 전횡할 때에는 자중하며 나라를 바로잡을 계책을 마련하기도 했습니다. 여태후는 정권을 잡고 유방의 유언에 반해 유씨가 아닌 여씨들을 왕으로 세우려 하면서 대신들 중에서 바른말을 잘하는 사람들을 두려워했습니다. 물론 육가도 여기에 포함되어 있었을 것입니다.

하지만 육가는 바른 말만을 내뱉어버리는 올곧은 선비는 아니었습니다. 육가는 스스로 여태후와는 논쟁할 수 없다고 판단했습니다. 그래서 병을 구실삼아 사직하고 집에서 칩거합니다. 그는 월나라에서 받아온 보화를 팔아 천금을 만들어 다섯 아들들에게 200금씩 나누어주고 생업을 마련하게 했고, 네 마리 말이 끄는 마차에 앉아 가무를 하는 시종 열 명을 데리고 100금이 나가는 보검을 차고 아들들의 집에 열흘씩 머물며 희희낙락하는 세월을 보냈습니다. 그는 아들들에게 "내가 오면 술과 음식을 충분히 내놓거라. 열흘 후 나는 다른 집으로 갈 것이다. 내가 누구의 집에서 죽든, 그 사람은 내가 가지고 다니는 재물을 다 얻게 될 것이다"라고 말했고 아들들은 정성으로 육가를 대접했습니다. 이미 얻은 영화를 마음껏 누리는 육가의 모습은 여후에게 어떤 위협도 되지 않았습니다.

하지만 육가는 여씨 일족들이 정권을 전횡하고 어린 황제를 협박하고 유씨의 한나라를 위태롭게 하는 것을 보고만 있지는 않았습니다. 육가가 진평을 방문했을 때 진평은 깊은 시름에 잠겨 육가가 온 것도 모르고 있었습니다. 육가가 "무얼 그렇게 깊이 생각하고 계십니까?"라고 묻자 진평은 자신이 무슨 생각을 하는지 맞추어보라고 했고 육가는 여씨 일족의 횡포와 어린 황제에 대한 것이라 대답해 정확히 맞추었습니다.

진평은 계책의 왕이었지만 좋은 방법이 떠오르지 않았고 육가에게 방법을 묻습니다. 육가는 재상인 진평과 장군인 주발이 서로 반목하지 말고 협력해야 한다고 권고했습니다. 그리고 여씨 일족을 제압하는 여러 가지 방책들을 일러주었습니다. 진평은 육가의 말에 동의했고 많은 돈을 들여 성대한 주연을 베풀어 주발을 주빈으로 초빙해 화해합니다.

주발도 진평에게 보답했고 진평과 주발이 서로 밀접하게 결속되자 여씨들의 음모는 점차 움츠러들었고, 조정은 중심을 잡게 됩니다. 진평은 노비 100명과 수레와 말 50승, 500만 전錢을 육가에게 주어 감사함을 표시했습니다. 육가는 이것으로 한나라 조정의 공경公卿들과 교유했고, 이로써 그의 명성은 더욱 자자해졌습니다.

육가는 여씨 일족을 주살하고 한문제를 세우는 데도 상당한 공헌을 했습니다. 《사기》는 "마침내 자기 명대로 살다가 죽었다"라는 말로 육가에 대한 열전을 끝맺고 있습니다. 온건하고 조심스러운 삶으로 어려운 정치적 현실을 잘 헤쳐나간 육가의 온전한 삶을 가장 간명하게 표현해준 말이 아닐까 합니다. 육가는 선비였지만 숙손통처럼 현실을 잘 아는 온건한 선비였습니다.

이론적이고 곧은 선비 기질을 가진 사람들은 숙손통과 육가를 항상 마음에 두고 살아야 합니다. 우리는 역사상 많은 사화士禍를 겪었고, 선비들은 "자기 명대로" 살지 못한 경우가 많았습니다. 숙손통과 육가처럼 때로는 참기도 하고 굽히기도 하고 돌아가기도 하는 온건한 미덕을 온전히 구현한 선비들이 부족했기 때문이었습니다. 이런 사람들이 많아질수록 좀 느리고 답답한 감은 있겠지만, 세상은 부드러워지고 온화해질 것입니다.

제12장

권력을 제대로 이해하지 못한 기회주의자

팽월, 영포

"그러므로 사나운 바람은 아침을 넘기지 못하고,

소나기는 하루를 다하지 못한다."

_《노자》, 제23장

조건과 계약만 따지다가 비참하게 죽다

팽월은 산양山陽 창읍昌邑 사람인데 산동지역 거야鉅野의 연못에서 물고기를 잡으며 무리들을 이끌고 도둑질을 하며 살았습니다. 진승과 항량이 병사를 일으킨 즈음에 거야에서 봉기했고 항우와 유방이 전쟁을 시작할 때에 유방에 귀순해 양梁 땅을 공략해 초나라의 후방을 자주 공격했고, 보급로를 끊어 유방의 승리에 크게 공헌했습니다.

유방이 팽월을 죽여 팽월의 머리를 낙양에 효수했을 때, 팽월의 부하였던 양나라의 대부 난포欒布는 유방의 영을 거역하고 팽월의 머리 아래에서 제사를 지내고 곡을 합니다. 유방이 난포를 삶아 죽이려 하자 난포는 다음과 같이 말했는데, 팽월의 공을 가장 잘 평가한 말이었습니다.

바야흐로 황상께서 팽성에 갇혀 있고, 형양과 성고 사이에서 패했는데 항왕이 끝내 서쪽으로 갈 수 없었던 것은 다만 팽왕이 양 지역에 있으면서 한과 더불어 합종하여 초에 고통을 주었기 때문이었습니다. 그 당시에는 팽왕이 한 번 고개를 돌려서 초와 더불어 하였다면 한은 격파될 것이고, 한과 더불어 히면 초가 격파되있습니다. 또 해하의 모임에서 팽왕이 없었다면 항씨는 망하지 않았을 것입니다.

팽월은 유방의 본진과 멀리 떨어진 곳에서 싸움을 해 마치 해외에서 시장을 개척하는 파견팀장과 같은 역할을 했습니다. 비록 욕심을 부리기도 했지만 팽월은 먼 곳에서도 제 역할을 충실히 해서 유방의 승리에 큰 기여를 했습니다.

팽월은 신중하고 강한 자였습니다. 진승과 항량이 봉기하자 소년배들 중 한 사람이 봉기를 권했는데 팽월은 "진秦나라와 진陳나라, 두 용이 지금 싸우고 있다. 조금 더 기다려라"며 진중한 모습을 보입니다.

한 해 남짓 지나서 100여 명 정도의 사람들이 찾아와 팽월에게 수령이 되기를 원했습니다. 이때 팽월은 거부했지만 억지로 청하자 겨우 허락합니다. 팽월은 무리들과 다음 날 해가 돋을 때 만나기로 약속을 했고 약속에 늦은 사람은 참수斬首하기로 약조했습니다. 다음 날 10여 명이 늦었는데 가장 늦게 온 사람은 해가 중천에 뜰 무렵에 도착했습니다. 팽월은 "나는 늙었지만 여러분들이 간청해서 우두머리가 된 것이다. 그런데 약속을 해놓고서 늦게 온 자가 많다. 다 죽일 수도 없으므로, 제일 늦은 놈 하나를 죽이겠다"고 선언합니다.

동네에서 모인 작은 무리들이어서 사람들은 팽월을 말을 심각하게 받아들이지 않았습니다. 그들은 웃으며 "그렇게까지 하지 않더라도 이제는 결코 늦지 않겠습니다"라고 말했습니다. 하지만 팽월은 그 늦은 사람을 끌어내어 목을 베고야 맙니다. 그리고 제단을 차려 제사를 올린 다음 그를 따르겠다는 무리들에게 명을 내립니다. 무리들은 모두 깜짝 놀랐고 이때부터 팽월을 두려워해 감히 얼굴을 들고 바라보지도 못했습니다. 이런 소식이 사방에 전해졌고, 팽월은 여러 곳을 공략해 순식간에 병사 1천여 명을 얻게 됩니다.

팽월은 유방이 서진을 하기 전 창읍을 공격할 때 도운 인연으로 만나게 되었습니다. 유방은 이후 서진을 했고 팽월은 본거지인 거야에 머물면서 위魏나라의 흩어진 병사들을 모아 세를 불려나갔습니다.

팽월이 유방에게로 돌아선 것은 논공행상에서 항우가 팽월을 배제했기 때문이었습니다. 항우는 함곡관으로 함양에 들어가 진을 멸망시킨 후 논공행상을 통해 제후들을 왕으로 봉했는데 팽월에게는 봉지를 주지 않았습니다. 팽월은 이미 1만여 명의 무리를 거느리고 있었지만 돌아갈 곳이 없었습니다. 항우에게 반란을 일으켜 제왕齊王이 된 전영田榮은 팽월을 장군에 임명했고 팽월은 항우의 초나라를 공격합니다. 항우는 소공蕭公 각角을 파견해 팽월을 공격하게 했지만 대패하고 맙니다.

다음 해 유방이 제후들의 군사 56만을 거느리고 외황外黃에 이르렀을 때, 팽월은 군사 3만을 이끌고 유방에게 합류했습니다. 유방은 팽월을 위나라의 상국相國에 임명했고 군대를 마음대로 지휘할 수 있도록 허용해 양나라 땅을 공략해 평정하도록 했습니다. 항우는 논공행상에서 팽월을 배제해 불만스럽게 했지만 유방은 팽월에게 날개를 달아준 것이었습니다.

이후 팽월은 항우의 후방에서 싸움을 전개하며 많은 역할을 합니다.

유방이 팽성을 점령했다가 항우의 반격을 받아 서쪽으로 물러가게 되었을 때에도 항우는 유방과의 싸움에만 전념할 수 없었습니다. 팽월이 늘 후방을 괴롭혔기 때문이었습니다. 항우는 팽월을 공격해 잃었던 성을 되찾곤 했지만 전선이 양쪽으로 분열되어 곤란을 겪을 수밖에 없었습니다.

항우에게 패한 팽월은 그의 군대만을 거느린 채 북쪽으로 가서 황하 연안에 머물다가 한고조 3년, 다시 여기저기서 유격적으로 초나라를 공격해 위나라에서 오는 군량 보급로를 차단합니다. 한고조 4년 겨울, 항우가 유방과 형양 땅에서 대치하고 있을 때 팽월은 수양, 외황 등 17개의 성을 함락시킵니다.

팽월의 후방 교란 작전은 유방에게 큰 도움이 되었습니다. 유방이 성고에서 항우와 대치하고 있을 때에도 팽월은 계속 항우의 후방을 공격해 괴롭혔고 항우는 조구曹咎로 하여금 성고를 지키게 하고 자신이 직접 동진해 팽월을 공격할 수밖에 없었습니다. 팽월의 후방 교란 작전이 없었다면 항우는 유방과의 전면전에 집중할 수 있었을 것이고 유방은 심히 어려운 지경에 처했을 것입니다.

팽월은 항우가 공격해오자 다시 군대를 거느리고 북쪽으로 향해 곡성穀城으로 도주했고, 한고조 5년에 항우가 남쪽으로 도주하자 창읍 부근의 20여 성을 다시 함락시키고 많은 곡식을 유방에게 군량으로 보내줍니다.

항우가 홍구를 경계로 유방과 천하를 2등분하자는 휴전을 제안한 것도 팽월이 큰 원인이 되었습니다. 항우는 팽월의 유격전 때문에 많은 괴롭힘을 당했고 제왕 한신이 대군으로 공격해오자 두려워 휴전을 하게 되었던 것입니다. 항우는 유방의 부모를 돌려보내고 동쪽으로 후퇴를 했지만 유방은 휴전의 약속을 지키지 않고 항우의 뒤를 칩니다. 항우는 반격했고, 유방은 고릉에서 진지를 쌓아 수비하며 한신과 팽월을 기다렸지만 그들은 나타나지 않았습니다.

팽월은 "위나라는 겨우 평정되었을 뿐, 그곳 백성들은 지금도 초나라를 두려워하고 있습니다. 아직 이곳을 떠날 수 없습니다"라며 핑계를 대고 미적거립니다. 결국 유방이 수양 이북에서 곡성까지 땅을 주어 왕으로 삼아야 한다는 장량의 계책을 받아들여 사자를 보내고 나서야 팽월은 군사를 이끌고 해하의 전투에 참여했고, 마침내 항우를 격파하게 됩니다.

팽월은 논공행상 문제로 항우에게 당한 적이 있었고 같은 실수를 되풀이하고 싶지 않았습니다. 그래서 유방의 확약을 받고 나서야 군사를 움직였습니다. 팽월의 충성은 한신의 경우에서처럼 조건적인 충성이었습니다. 유방은 항우를 이긴 후 약속대로 팽월을 양왕梁王에 세우고 정도定陶에 도읍을 정하도록 합니다.

유방은 팽월을 왕으로 세워 약속을 지켰지만, 팽월의 끝은 별로 좋지 않았습니다. 한고조 10년, 진희가 대代 땅에서 반란을 일으키자 유방은 친히 진압군을 이끌고 갔는데 한단邯鄲에 이르러 팽월의 병사를 징발하고자 합니다. 하지만 팽월은 병을 구실로 자신이 직접 가지 않고 장수에게 병사들을 거느리고 한단으로 가도록 합니다.

화가 난 유방은 사람을 보내 팽월을 꾸짖었고, 팽월은 두려워하며 직접 가서 사죄하려 했습니다. 하지만 그의 장수인 호첩扈輒이 "왕은 처음부터 가지 않고 문책을 받은 다음에야 가시려고 하나 지금 가시면 포로가 될 것입니다. 살 방법은 군사를 움직여 반역하는 수밖에 없습니다"
하고 권합니다. 팽월은 영포처럼 반역을 할 용기가 없었습니다. 자신처
럼 행동했던 한신이 이미 모반의 혐의로 처형당한 후여서 가서 항복하
는 것도 두려웠습니다. 그래서 팽월은 또다시 병을 핑계대고 유방에게
가지 않았습니다.

이때 팽월은 그의 태복太僕에게 노하여 죽이려 했는데 태복은 도망해
서 팽월과 호첩이 반란을 꾀하고 있다고 유방에게 고했습니다. 유방은
사자를 보내 팽월을 급습해 체포했고, 낙양으로 압송해 조사합니다. 팽
월을 조사한 관리는 "반란의 형태는 이미 갖추어졌으니, 청컨대 법대로
처리하십시오"라고 유방에게 청합니다. 처벌할 마음이 있으면 처벌할
수 있을 정도로 반란의 혐의를 인정할 수 있다는 정도의 애매모호한 판
단이었습니다.

유방은 팽월을 처벌하지 않고 평민으로 강등하는 것으로 사면해 촉蜀
의 청의현靑衣縣으로 귀향을 보내는 것으로 마무리하려고 했습니다. 그
러나 팽월은 운이 좋지 않았습니다. 팽월이 서쪽으로 가다가 장안에서
오는 여후와 우연히 마주치게 된 것이었습니다. 팽월은 여후에게 울면
서 자신의 무죄를 호소했고 고향인 창읍으로 가서 살 수 있게 해달라고
간청을 했습니다. 여후는 이를 허락한다며 함께 낙양으로 가자고 속여
팽월을 다시 유방에게 데리고 옵니다.

팽월은 여후를 제대로 이해하지 못하고 있었습니다. 한신을 죽인 것
이 여후라는 사실도 잊고 있었습니다. 여후는 유방에게 "팽월은 장사壯
士인데 이제 촉으로 옮겨 보내는 것은 스스로 근심거리를 남겨두는 것
입니다. 그를 죽이는 것이 더 낫습니다. 그래서 소첩이 삼가 그를 데리

고 왔습니다"라고 하며 팽월을 죽여야 한다고 권합니다. 하지만 유방은 허락하지 않습니다. 이에 여후는 다시 팽월의 가신家臣에게 팽월이 또다시 모반을 꾀했다고 고발하도록 사주합니다. 정위 왕념개王恬開가 팽월과 그의 족속들을 모두 죽여야 한다고 주청했고, 유방은 마침내 이를 허락합니다.

팽월의 머리는 효수되어 내걸렸고 팽월의 부하 난포만이 머리 아래에서 제나라에 사자로 갔던 일을 보고하고 제사를 지내고 곡을 합니다. 유방은 난포를 삶아 죽이려 했지만 난포가 팽월의 공을 상세히 설명하고 소소한 의심으로 가혹하게 처리하면 다른 공신들도 위태롭게 할 수 있다고 경고하며 팽월을 따라 죽겠다고 말하자 유방은 난포를 용서하고 벼슬을 주어 군사 업무를 돕는 도위로 삼습니다. 팽월은 단지 난포한 사람의 조문을 받으며 저승길로 향한 것이었습니다.

하지만 여후는 더 독하게 일을 처리합니다. 여후는 팽월의 시체를 소금에 절이고 그 살덩이를 나누어 그릇에 담아 제후들에게 두루 보냅니다. 모반에 대한 강력한 경고였습니다.

팽월은 유방과 멀리 떨어져 있으면서 항우의 후방을 괴롭히는 역할을 잘해 유방의 승리를 도왔지만, 유방에게 전심을 다하지는 않았습니다. 그는 조건적·계약적인 충성을 보였고 스스로 의심을 살 수 있는 행동을 했습니다. 그리고 자신의 존재가 권력에 큰 부담이 된다는 것도 제대로 알지 못했고, 권력의 무서운 속성을 이해하지도 못했습니다.

팽월은 여후에게 눈물을 흘리고 호소하면 용서받을 수 있으리라는 순진한 기대를 가지고 있었습니다. 하지만 그는 한신을 죽인 자가 여후라는 것을 잊고 있었습니다. 그리고 자신이 처한 권력의 상황에 대해서도 어떤 자각이 없었습니다. 권력에 대한 도전과 위협이 되는 상황이었으므로 그는 의심을 없애기 위해 더 성실하게 노력해야 했습니다.

같은 처지에 있었던 한신의 죽음에서 팽월은 교훈을 얻어야 했습니다. 유방과 가장 가까운 소하마저 의심을 불식시키기 위해 가족과 재산을 모두 내어놓아야 했고, 심지어 없는 죄를 뒤집어쓰기까지 해야 했다는 것에서 팽월은 배워야 했습니다. 전쟁에서 많은 공을 세웠지만 권력을 제대로 이해하지 못한 팽월은 비참하게 죽어 본보기가 되고 말았습니다. 영포 또한 같은 운명이었습니다.

항우를 배신하고 유방을 모반하다

이사는 시황제의 축객령에 반대하며, "태산은 흙을 물리치지 않고, 강과 바다는 미세한 시냇물을 가리지 않는다[太山不讓土壤 河海不擇細流]"는 유명한 말을 한 적이 있습니다. 이는 바로 유방을 두고 한 말이었습니다.

유방은 태산이나 강과 바다처럼 많은 사람들을 넓게 포용했는데 자신에게 굽히지 않았던 왕릉을 포용했고, 봉기 초기에 반기를 들어 큰 고통을 주었던 옹치를 용서했고, 한신에게 모반을 종용했던 괴통을 용서하기도 했습니다. 유방의 측근이었던 계포를 용서해 관직에 임명하기도 했고, 끝까지 항복을 하지 않고 항우에게 충성을 바친 노현魯縣을 용서하기도 했습니다.

유방이 항우의 진영에 있었던 팽월과 영포를 받아들일 수 있었던 것도 그의 넓은 포용심 때문이었습니다. 영포는 거친 싸움을 도맡아 한 항우의 오른팔이었습니다. 하지만 유방은 영포를 포섭했고 이로 인해 항우의 세력은 크게 약화되었습니다. 항우가 팽월과 영포를 포용했더라면 결코 유방에게 패하지 않았을 것입니다.

영포는 후일 경포라고도 불리게 되는데, 이는 사연이 있었습니다. 어린 시절 어떤 사람이 영포의 상相을 보고, "그대는 형벌을 당한 후 왕이 될 상이다"라고 예언을 한 적이 있었습니다. 영포는 과연 장년이 되어 법을 위반해 얼굴에 벌의 내용을 문신으로 새기는 경형을 받게 됩니다. 하지만 영포는 "어떤 분이 내 상을 보고 형벌을 당한 후에 왕이 되겠다고 했는데, 바로 이것이구나" 하며 오히려 웃었고, 듣는 사람들도 함께 웃었습니다. 결국 그 예언은 실현되고 맙니다.

영포는 판결을 받고 시황제의 무덤을 조성하는 여산驪山으로 보내집니다. 여산에는 형을 받고 노역으로 끌려 온 무리가 수십만 명이나 되었고 영포는 그 무리들의 우두머리나 호걸들과 사귀며 내왕했습니다. 그는 결국 그 무리를 이끌고 양자강 부근으로 달아나서 떼도둑이 됩니다.

진승이 군사를 일으켰을 때 영포는 파양현의 현령으로 양자강과 포양호 사이의 지역에서 민심을 얻어 파군番君이라고 불리던 오예吳芮를 만나 함께 봉기했고 군사 수천 명을 모으게 됩니다. 오예는 영포가 크게 될 것이라 여겨 자신의 딸을 주어 사위로 삼기까지 합니다.

장한이 진승을 멸하고 여신呂臣의 군사를 격파했을 때 영포는 군사를 이끌고 북쪽으로 나아가 진군과 싸움을 하고 동쪽으로 나아가다 항량이 강동의 회계를 평정하고 양자강을 건너 서쪽으로 온다는 소문을 듣고 군사를 거느리고 항량의 휘하로 들어갑니다.

영포는 항량의 휘하에서 많은 공을 세웁니다. 항량이 회수를 건너 서쪽으로 가서 경구景駒, 진가秦嘉 등을 공격할 때 영포가 많은 공을 세워서 "영포는 언제나 가장 으뜸이었다"라는 평을 받습니다. 항량은 진승이 죽었다는 소식을 듣고 초회왕을 옹립하며 자신을 무신군武信君이라 칭하며 영포에게도 당양군當陽君이라는 호를 줄 정도로 영포를 아꼈습니다.

항량이 정도에서 장한에게 패해 죽은 후 영포는 항우의 오른팔이 됩니다. 항우는 도읍을 팽성으로 옮긴 후 조나라를 구원하러 가다가 상장군 송의를 죽이고 스스로 상장군이 된 후 영포를 측근에 둡니다. 항우는 영포에게 황하를 건너 진나라를 공격하도록 지시했고, 영포는 여러 번 승리를 차지했습니다. 항우는 영포의 승리에 뒤이어 군사를 이끌고 회하를 건너 진군을 공격해 격파했고 마침내 장한의 항복을 받아냅니다.

진나라에 대항해 많은 제후들이 봉기를 했지만 항우의 군사들이 승승장구해 그 공이 으뜸이었고 결국 제후들은 항우를 중심으로 모이게 됩니다. 이는 결국 영포가 여러 차례 적은 군사로 적군을 깨뜨렸기 때문이라고《사기》는 적고 있습니다. 영포는 여러 전투에서 용맹함과 뛰어난 전투 기술을 발휘해 승리를 차지했고 항우의 오른팔로 인정을 받았습니다.

영포는 더럽고 위험한 일도 도맡아 했습니다. 영포는 항우의 명으로 신안에서 항복한 진나라 병사 20여만 명을 구덩이에 묻어 죽였고, 함곡관에서는 먼저 샛길로 쳐들어가 관 아래에 있는 진나라 군대를 격파해 진입로를 열었고, 선봉장으로 함양에 들어가 마음대로 약탈을 하고 방화를 저질렀으며, 항우에게서 장사長沙로 천도하라는 지시를 받고 가는 의제를 공격해 죽이기도 했습니다. 그래서 사마천은 영포에 대해서 이런 평을 남겼습니다.

몸은 형벌을 당했지만 그 출세함이 얼마나 빨랐는가? 항씨가 구덩이에 묻어 죽인 사람은 그 수가 천 만이나 되는데 영포는 항상 그처럼 잔악한 일을 하는 우두머리가 되어, 그 공적인 제후 중에서 제일이었다. 그런 일로 해서 왕이 될 수 있었으며, 나중에는 자신 역시 세상의 큰 치욕을 피하지는 못했다.

이처럼 싸움과 잔악한 일의 선봉에 서서 자신의 역할을 잘 해낸 영포를 항우는 구강왕九江王으로 삼고 육六에 도읍을 하도록 합니다.

항우의 오른팔 역할을 한 영포였지만 유방과 항우의 전쟁이 시작된 후 애매한 태도를 취합니다. 한고조 2년, 제왕 전영田榮이 항우에게 반기를 들자 항우는 제나라를 치러 출병했는데 구강에 이르러 군사를 징발합니다. 하지만 구강왕 영포는 병을 핑계로 직접 출병하지 않았고 부하 장수로 하여금 수천 명의 군사를 이끌고 가도록 했습니다. 유방이 항우의 군을 격파하고 팽성을 차지했을 때에도 영포는 병을 핑계로 항우를 돕지 않았습니다.

항우는 이로 인해 영포를 원망했고 여러 번 사자를 보내 책망하며 불렀지만 영포는 두려워 감히 가지 못했습니다. 하지만 항우가 영포와 싸움을 벌일 수는 없었습니다. 북쪽으로는 제나라와 조나라가 위협을 하고 있었고 서쪽에서는 유방과 전쟁을 하고 있었기에 전선을 분열시킬 수 없었기 때문이었습니다. 항우는 우군이라고는 오직 구강왕 영포밖에 없는 상황이었고 영포의 대단한 재능을 높이 사고 있었으므로 그와 친근하게 지내며 다시 기용하고 싶은 생각에 영포를 치지 않았습니다.

영포는 항우에게 충실하지 않았고 항우와 유방 사이에서 저울질을 하고 있었습니다. 그러다 결국 유방의 신하 수하에게 설득당해 항우를 배신하고 맙니다. 수하는 항우와 대면해 싸우라고까지 영포에게 요구하지는 않았습니다. 단지 항우를 배반하기만 하고 돕지 않기를 요구했고, 그렇게 한다면 항우는 제나라에 발이 묶일 것이며, 결국 유방이 승리할 것이라 주장했습니다. 그리고 유방이 승리하면 회남 땅을 비롯한 더 많은 땅으로 보상을 할 것이라 약속해 영포는 결국 항우를 배반하게 됩니다.

항우는 용저를 보내 영포를 공격했고 몇 달간의 공방 끝에 패한 영포는 유방에게로 달아납니다. 영포가 유방을 처음 만났을 때 유방은 자주 그랬듯이 평상에 걸터앉아 여자들로 하여금 발을 씻게 하고 있었습니다. 유방은 영포가 왔음에도 그대로 앉은 채 맞이했고, 무례한 유방의 모습에 화가 난 영포는 한나라로 온 것을 후회해 자살까지 하려 했습니다. 그런데 나와서 숙사에 들어가보니 의복과 마차, 음식이나 시종들이 유방의 거처와 같았고 기대했던 것보다 더 좋은 대우였으므로 크게 기뻐했습니다. 영포는 가족들을 데리러 구강으로 사람들을 보냈지만 이미 항우의 숙부 항백이 구강의 군대를 몰수했고 영포의 아내와 자식들을 모두 죽인 후였습니다.

영포의 사자는 영포의 오랜 친구들이나 총신들을 꽤 많이 만나 수천명을 거느리고 한나라로 되돌아왔습니다. 유방은 영포에게 더 많은 군대를 나누어주었고 함께 북쪽으로 가며 군대를 모아 성고에 이르렀습니다. 한고조 4년, 유방은 다시 영포를 회남왕으로 삼았고 항우를 공격하도록 했습니다. 영포는 천하가 평정된 후에 육에 도읍을 정해, 구강九江·여강廬江·형산衡山·예장豫章 등의 군郡을 다스리게 됩니다.

영포는 한고조 7년에는 진陳 땅에서, 한고조 8년에는 낙양에서, 한고조 9년에는 장안에서 유방을 알현하며 잘 지냅니다. 하지만 한고조 11년, 여후가 한신을 죽이자 두려운 마음을 가지기 시작했습니다. 영포는 한신처럼 유방 진영에 늦게 합류한 공신이었고 어전히 근 세력을 형성하고 있었기 때문이었습니다. 이후 여후는 팽월을 죽여 그 시체를 소금에 절여 그릇에 담아 제후들에게 두루 하사했는데 영포는 사냥을 하고 있다가 이를 보고 크게 두려워하며 은밀히 병사들을 모아 이웃 고을의 동태를 살피기 시작했습니다.

그러던 중 여자로 인한 문제가 발생합니다. 사마천은 영포에 대한 평가를 마치며, "그 재앙은 사랑하는 여자에게서 싹텄고, 질투가 환란을 낳아 마침내 나라를 멸망하게까지 만들었다"라고 언급했는데 그 일이 터졌고 이로 인해 영포는 유방에게 등을 돌리게 됩니다.

영포에게는 총애하는 첩이 있었는데 병이 들어 의사에게 가서 자주 치료를 하게 되었습니다. 그 의사의 집 건너편에는 중대부中大夫 비혁賁赫의 집이 있었고 비혁은 영포의 첩에게 잘 보이기 위해 자주 드나들며 선물을 바치고 술을 함께 마셨습니다. 어느 날 영포의 첩이 영포와 한담을 하다가 비혁이 장자長者라고 칭찬을 했고, 영포는 비록 첩이 자세히 상황을 설명했지만 비혁과 첩이 간통한 것이라 의심합니다.

비혁은 영포가 자신을 의심하는 것을 두려워해 병이 들었다고 핑계를 댔지만 영포는 더욱 화가 나서 비혁을 잡아들이려 했습니다. 비혁은 말을 달려 장안으로 도망쳐 영포가 반란을 꾀하려는 단서가 있으니 일이 터지기 전에 먼저 목을 베어야 한다는 상소문을 올립니다.

유방은 상소문을 읽었고, 소하는 "영포는 반란을 일으킬 사람이 아닙니다. 아마도 원한 관계의 무고가 아닌가 합니다. 비혁을 구금해두시고 사자를 보내 조용히 회남왕을 조사해보십시오"라며 권합니다. 유방이 사자를 보내 조사를 시작하자 영포는 자신의 비밀을 모두 말했을 것이라 생각해 비혁의 집안을 멸족시키고 군대를 일으켜 모반을 감행합니다. 영포가 모반했다는 보고가 올라가자 유방은 비혁을 장군으로 삼아 진압에 나섭니다. 아내에 대한 의심이 반역과 전쟁으로 비화된 것이었습니다.

영포는 처음 모반하면서 장군들에게, "황상은 늙어서 싸움을 싫어할 것이며, 반드시 친정하지 않고 장수들을 파견해서 싸울 것이다. 장수들 중에 한신과 팽월 두 사람만을 두려워했는데 두 사람은 이미 다 죽었다. 그 나머지는 두려울 것이 없다"며 자신합니다. 영포는 형荊나라를 쳐 형왕 유고劉賈를 죽이고 초나라를 공격해 군대를 격파합니다.

한고조 12년 겨울, 유방은 영포와 진승이 봉기한 기현蘄縣 서쪽에서 만나게 되는데 정예병으로 구성된 영포의 군사들은 항우의 군사처럼 진을 쳐놓았고 유방은 이를 보고 영포가 더욱 미워졌습니다. 유방은 "무엇이 괴로워 모반했는가?"라고 물었고, 영포는 "황제가 되려는 것뿐이다"라고 당당하게 말합니다. 유방이 노여워하며 영포를 꾸짖었고 드디어 큰 싸움이 벌어졌습니다. 이 싸움에서 패해 영포는 회수를 건너 도주하며 여러 번 싸웠으나 계속 패해 결국 100여 명의 군사들만 데리고 강남江南으로 달아납니다.

영포는 장인 오예의 아들 장사長沙 애왕哀王이 사람을 시켜 월나라로 도망하자고 꾀자 이를 믿고 파양番陽으로 따라갔다가 농가에서 파양 사람에게 참살당하고 맙니다.

초나라의 영윤이었던 설공薛公은 등공 하후영에게 영포가 반란을 일으킬 수밖에 없었던 상황을 이렇게 설명한 적이 있습니다.

> 한나라는 팽월을 죽이고 또 한신을 죽였습니다. 팽월·한신·영포 세 사람은
> 같은 공을 세워 한 몸과 같은 사람들입니다. 그러므로 화가 장차 자신에게
> 미처 오리란 것을 의심하여 모반한 것입니다

팽월·한신·영포는 유방이 봉기한 후 유방의 진영에 참가한 자들이
었습니다. 모두 항우의 진영에 있다가 옮겨 온 자들이었고 큰 공을 세워
지위가 왕에까지 이르렀습니다. 이들은 스스로 조건을 세워 유방과 거
래를 했고, 그 조건이 소멸된 후에도 자신들의 지위가 계속되리라는 착
각 속에 빠져 있었습니다. 그래서 더욱 자중해야 할 때 그러지 못했고,
결국 비참한 운명을 맞고 말았습니다.

세 사람과 같이 두드러진 실력을 가진 자들이 장구長久하는 미덕까지
갖추는 것은 어려운 일일 수 있습니다. 그들은 그들에게 주어진 역할을
충실히 다했고 자신의 모습에 따라 주어진 운명을 비극적으로 받아들
였다고 말할 수도 있습니다. 제대로 반항을 해보지 못한 한신이나 팽월
과는 다르게 영포는 적극적으로 반기를 들어 전쟁까지 했으니 덜 억울
할 수도 있습니다. 하지만 영포는 패배했고 설공은 그 이유를 이렇게 설
명합니다.

> 영포는 옛날에 여산의 형도刑徒였는데, 스스로 노력하여 만승萬乘의 주군이
> 되었으나 이것은 모두 자기 몸을 위한 것이지 뒷날을 생각하거나 백성의 만
> 세萬世를 위해 고려한 것이 아니다. 그러므로 하급 계책을 낸다고 말했다.

영포는 전쟁에서 공을 세워 한 나라의 왕이 되었지만 그것은 단순히 "자신의 몸"을 위한 것이었습니다. 그가 왕이 되었다면 왕위를 유지할 만한 이유와 과업을 찾아야 했습니다. 한신이나 팽월, 노관이 그랬듯이 그 역시 왕위를 유지하는 데만 관심이 있었고 왕다운 왕이 되거나 왕위를 유지하기 위해 새로운 과업을 찾아 나서지는 않았습니다. 그러므로 그가 왕좌에서 내려오게 된 것은 당연한 일이었습니다.

결국 그들은 유방에 미치지 못하는 자들이었고, 유방과의 싸움에서 패할 수밖에 없었습니다. 유방은 그들을 모두 포용할 수 있는 큰 나무였고, 그들은 유방의 그늘을 벗어나서는 살 수 없는 자들이었습니다. 그들은 유방의 그늘을 벗어나 자립하려 했지만 결국 고사枯死하고 말았습니다. 그러므로 자신의 그릇 크기를 알고 이에 맞게 처신하는 것은 참으로 중요한 일입니다.

| 인용 및 참고 도서 |

- 김충열,《노장철학강의》, 예문서원, 1995.

- 반고, 노돈기·이리충 편저,《한서》, 팩컴북스, 2013.

- 사마광, 권중달 옮김,《자치통감 1·2》, 세화, 2000.

- 사마천, 김영수 옮김,《사기열전 2》, 밀레니엄북스, 2006.

- 사마천, 김원중 옮김,《사기본기》, 민음사, 2013.

- 사마천, 김원중 옮김,《사기세가》, 민음사, 2013.

- 신동준,《한 권으로 읽는 실록 초한지》, 살림, 2009.

- 양쯔강, 고예지 옮김,《천추흥망》, 따뜻한손, 2009.

- 왕필, 임채우 옮김,《왕필의 노자》, 예문서원, 1999.

- 이중톈, 박주은 옮김,《이중톈의 품인록》, 위즈덤하우스, 2014.

- 임종욱,《중국역대 인명사전》, 이회문화사, 2010.

- 정토웅,《세계 전쟁사 다이제스트》, 가람기획, 2010.

- 풍국초, 이원길 옮김,《중국상하오천년사 1》, 신원문화사, 2005.

귀곡자 | 귀신 같은 고수들의 승리비결

하나의 프로젝트를 완성하기 위해선 시기가 중요하고, 그 일을 이루어내는 사람이 중요하고 또한 순간의 결단이 중요하다. 이 책은 《귀곡자》라는 전국시대의 전략서를 바탕으로 주도적으로 일을 성취하는 방법을 설명하고 있다. 형세를 읽고 사람을 얻어, 결국 일을 성공적으로 마무리하는 매 순간의 과정을 치밀한 전략서의 형태로 일러주고 있다.

박찬철 · 공원국 지음 | 288쪽 | 값 15,000원

 인물지 | 제왕들의 인사 교과서

제왕들이 베갯머리에 두고 읽던 인재 경영의 비서秘書 《인물지》는 위나라의 명신인 유소劉邵가 쓴 인사 교과서다. 지인知人과 용인用人에 대한 실용적이고 구체적인 내용이 담긴 이 책은, 조조의 능력주의를 포괄한 체계적인 인사 체제를 다루고 있다. 인재를 적재적소에 쓰는 일이 리더십의 핵심이 된 시대, 인사 이론을 거시적으로 검토하는 사람들에게 좋은 참고가 될 것이다.

박찬철 · 공원국 지음 | 520쪽 | 값 27,000원

 후흑학 | 승자의 역사를 만드는 뻔뻔함과 음흉함의 미학

기업의 CEO와 임원급들이 성공적으로 글로벌 경쟁에서 살아남는 처세를 정리한 'CEO를 위한 제왕학'이다. '후흑厚黑'은 세계 최빈국이던 중국이 미국과 어깨를 나란히 하는 강대국으로 성장하기까지 가장 큰 원동력으로 작용한 '뻔뻔함과 음흉함의 미학'을 핵심적으로 보여준다. 세계 권력의 축이 서에서 동으로 이동하고 있는 대격변의 시대를 사는 생존이 담겨 있다.

신동준 지음 | 356쪽 | 값 18,000원

 사마천의 부자경제학 | 사기 《화식열전》

관중·자공·사마천으로 이어지는 상가의 흐름을 21세기 경제경영 관점에서 해석한 최초의 해설서. 《사기》 〈화식열전〉의 전문을 정경문화·경제경영·경영윤리·산업경제 등 네 가지 관점으로 나누어 21세기의 경제경영 이론과 비교하고 있다. 부를 향해 줄달음질치는 인간의 본성을 꿴 사마천의 상가 이론에 초점을 맞춰 상가의 출현배경과 전개 과정 등을 정밀하게 추적했다.

신동준 지음 | 432쪽 | 값 20,000원

 한비자의 관계술 | 허정과 무위로 속내를 위장하는 법

온정적인 인간관계보다는 객관적이면서도 냉정한 이해관계에 주목한 동양의 마키아벨리 한비韓非. 시공을 초월한 인간관계의 부조리, 권모술수의 허와 실을 꿰뚫고 있는 한비의 날카로운 통찰이 담긴 이 책을 통해 혼돈의 시대에 자신의 속내를 숨기고, 어둠 속에서 철저히 위장하면서 자기관리를 하는 생존의 법칙을 배울 수 있다.

김원중 지음 | 342쪽 | 값 18,000원

마음을 움직이는 승부사 제갈량 | 승부처는 사람에게서 나온다

파산 직전의 유비를 천하통일의 승장으로 만든 신의 책사 제갈량의 조직 관리 비법을 다룬 책. 별 볼일 없던 지방 서생 제갈량이 어떻게 그의 나이 27세에 유비 집단의 핵심 간부로 발탁될 수 있었는지를 조명하고 중원의 강자들을 제압한 승리의 과정을 날카롭게 분석한다. 조직과 인간의 욕구를 간파해 자신의 목표와 조직의 비전을 달성했던 제갈량의 통찰력을 엿볼 수 있다.

자오위핑 지음 | 박찬철 옮김 | 372쪽 | 값 16,000원

지금 마흔이라면 군주론 | 시대를 뛰어넘는 '세상과 인간'에 대한 통찰

마키아벨리의《군주론》을 통해 마흔이라는 수신(修身)의 시기에 개인의 역사를 바로 세우는 것은 물론, 조직의 리더로서 나아갈 길과 해법을 찾는 책. 역사 속 인물과 사건, 현대 기업의 성공과 실패담 등 130여 가지 사례를 통해《군주론》의 사상을 어떻게 적용할지 이야기한다. 현대 개인과 조직의 생존을 위한 보편적 진리가 마키아벨리의 사상 속에 있음을 확인할 수 있다.

김경준 지음 | 280쪽 | 값 14,000원

채근담, 돈이 아닌 사람을 번다

《채근담》에 담긴 관계론·처세법·용인술을 '나눔'이라는 키워드로 재해석한 책.《채근담》의 나눔 정신을 따른 중국 고전 인물을 살펴봄으로써 나눔과 성공적인 삶의 상관관계를 밝힌다. 이 책에는 공은 남에게 넘기고 지탄은 자신이 짊어져 결국 대공을 거둔 사례가 무수히 나온다. 본문 속 100여 가지 사례는 원전《채근담》의 숨은 뜻을 구체적으로 이해할 수 있게 도와준다.

신동준 지음 | 304쪽 | 값 15,000원

자기 통제의 승부사 사마의 | 자신을 이기는 자가 최후의 승자가 된다

중국 10대 강사 자오위핑 박사가〈백가강단〉에서 진행한 10회의 강의를 정리한 책이다. 실리 없이 군대를 움직이지 않고, 전장에서 승리를 거두고도 왕의 처벌을 바란다는 시를 지을 정도로 언행을 삼갔던 사마의의 처세학을 통해, 참고 감추는 자기 절제의 미학이야말로 냉혹한 업무 환경에서 살아남는 중간관리자의 생존술임을 강조한다.

자오위핑 지음 | 박찬철 옮김 | 370쪽 | 값 16,000원

정관정요, 부족함을 안다는 것 | 이세민을 당태종으로 만든 힘

제왕학의 정본《정관정요》를 통해 중국 최고의 태평성대를 만든 당태종의 행보를 살펴봄으로써 난세를 헤쳐 나가는 리더의 바른 역할을 제시한다. 이 책은 자신의 부족함을 인정하고, 현명한 신하에게 일을 나누며, 일단 나누었으면 간섭을 자제하고 위임하는 리더의 자세를 말한다. 또한 자만을 경계하고, 겸양하는 자세로 간언을 받아들이며, 스스로 성찰할 것을 권한다.

신동준 지음 | 228쪽 | 값 15,000원

통쾌한 반격의 기술, 오자서병법

오나라 왕 합려와 오자서의 대화로 이루어진《오자서병법》에서 뽑은 반격의 기술을 살펴본 책.《오자서병법》을 통해 강자를 이길 수 있는 약자의 반격 전략과 조건을 찾고, 반격의 오체를 실제 전술에 활용한 유비·주원장·마오쩌둥의 실천 사례를 서술하면서, 약육강식 사회에서 살아남기 위한 반격의 의미를 생각해볼 기회를 제공한다.

공원국 지음 | 252쪽 | 값 16,000원

관계에서 밀리지 않는 힘, 삼국지 권력술

불분명해서 이해하기 어려운 권력의 속성을 나관중의 《삼국지연의》라는 프레임으로 들여다본다. 기존의 정사 《삼국지》는 무미건조하게 사실관계만을 나열하기에, 치열한 권력 투쟁의 현장을 제대로 전달하기에는 분명히 한계가 있다. 이 책은 나관중의 《삼국지연의》를 통해 정사 《삼국지》에 제대로 드러나지 않았던 권력에 대한 통찰을 효과적으로 발굴·복원해낸다.

오치규 지음 | 440쪽 | 값 18,000원

판세를 읽는 승부사 조조 | 우세와 열세를 아는 자가 이긴다

관우처럼 위엄과 무력이 특출하지도 않았고, 유비처럼 황실의 친척도 아니었으며, 원소처럼 이름난 가문의 출신도 아니었던 조조가 어떻게 '위촉오' 삼국이라는 제갈량이 만든 절묘한 '판'을 깨고 대륙을 통일할 힘을 갖출 수 있었는지 살펴본다. 그가 천하를 재패할 수 있었던 이유는 바로 우세와 열세를 정확히 파악하고 판세를 읽는 능력이 누구보다 뛰어났기 때문이었다.

자오위핑 지음 | 박찬철 옮김 | 456쪽 | 값 16,000원

욱리자, 한 수 앞을 읽는 처세의 미학

어지러운 세태 앞에 변화를 간파하고 대세의 물줄기가 뒤바뀌는 조짐을 미리 읽어 대비하는 처세의 방략에 대해 논한다. 《욱리자》는 진실과 거짓, 탐욕과 파멸, 허세와 기만, 교만과 비굴, 근면과 나태, 현실과 이상, 착취와 도탄, 술책과 의리 등 일상 속 모든 문제를 다룸으로써 모순과 비리로 얼룩진 난세의 현실을 직시하는 안목을 키우도록 돕는다.

신동준 지음 | 272쪽 | 값 15,000원

사람을 품는 능굴능신의 귀재 유비 | 속내를 감추고 은밀히 지배한다

유비가 숱한 패배에도 천하를 삼분하고 기업基業을 일으킨 비결을 능굴능신能屈能伸에서 찾는다. 그가 역사에 길이 남은 이유는 원칙을 버리지 않고 실패해도 좌절하지 않으며 때로는 머리를 숙이면서도 뜻을 견지하고 한발 한발 나갔기 때문이다. 상황에 따라 지혜롭게 굽히고 펼 줄 아는 능굴능신 자세는 그를 위대한 승리자로 자리매김하게 만든 결정적 힘이었다.

자오위핑 지음 | 박찬철 옮김 | 452쪽 | 값 16,000원

1인자를 만든 2인자, 유방의 참모들 | 유방을 한고조로 만든 18인의 필승 전략

유방을 도와 천하를 통일하고 한나라를 만든 유방의 참모 18인의 활약상과 필승 전략을 담았다. 냉철하고도 치밀한 전략, 현장의 궂은일을 마다하지 않는 강인함, 판세와 상황을 제대로 읽는 유연함, 논리와 명분으로 상대를 설득하는 협상 능력 등 위기 상황마다 결정적인 역할로 유방의 승리를 이끌어내며 역사상 가장 성공한 2인자들로 우뚝 선 그들의 참모술을 들여다본다.

오치규 지음 | 296쪽 | 값 15,000원